미군과 매춘부

6.25전쟁통에 생겨난 미군 위안부의 진실

옮긴이

이신범 李信範

용산중고를 거쳐 서울대 법대를 졸업했다. 민주화운동으로 제적 투옥되어 5년 8개월을 복역하고 워싱턴 소재 국제정책개발연구소 선임연구원, 제15대 국회의원, 한국LPG산업협회 회장을 역임했다. 『서울법대학생운동사』(2008) 등 다수의 저서와 역서가 있다.

미군과 매춘부
6.25전쟁통에 생겨난 미군 위안부의 진실

2021년 10월 8일 초판 1쇄 펴냄

지은이 / 최길성

옮긴이 / 이신범
펴낸이/ 길도형
편집/ 이현수
펴낸곳/ 타임라인
출판등록 제406-2016-000076호
주소/ 경기도 고양시 일산서구 덕산로 250
전화/ 031-923-8668 팩스/ 031-923-8669
E-mail/ jhanulso@hanmail.net

ⓒ최길성, 2021

ISBN 978-89-94627-98-4 03910

미군과 매춘부

6.25전쟁통에 생겨난 미군 위안부의 진실

최길성 지음
이신범 옮김

타임라인

- 이 책은 2014년에 일본의 하트출판사에서 간행된 『한국의 미군 위안부는 왜 생겨났는가』를 재구성하여 증보 개정한 것입니다.

글머리에

나는 제2차 세계대전 전의 빈곤 농촌 출신이다. 우리 집에는 바퀴가 달린 도구라고는 면화의 씨를 골라내는 물레라는 도구밖에 없고, 또 있다고 해봐야 나무절구가 있는 정도였다. 철제 도구는 식칼과 낫 외에 약간의 농기구가 있었지만, 상비약은 없고 종이를 화장지로 쓴다는 것은 상상조차 할 수 없었다. 당시 마을에서는 자동차를 한 대도 본 기억이 없고 일본 경찰의 자전거를 본 적이 있을 뿐으로, 마치 석기시대 같은 상황이었다.

거기에 한국전쟁이 일어났다. 당시 열 살 정도였던 나로서는, 그것이 원시시대와 현대문명의 혼합의 시기였다.

우리는 실제 문제로서 비참한 전쟁이라는 수렁에 휘말린 셈이지만, 그러면서도 비행기나 전차, 총과 대포 등을 보고 감동을 받기도 했다. 왜냐하면 그것들은 당시로서는 최신 무기였고, 요컨대 최신 문화를 접한 것이기 때문이었다. 소년이었던 나는 이렇게 최첨단 기술·문명을 눈앞에서 보고 큰 충격을 받았다.

　지방의 가난한 농촌 출신이라는 것은 일반적으로는 어찌 보면 불명예라고 생각할지도 모른다. 그러나 나는 그렇게 생각하지 않는다. 현재의 나는, '고령자'라고 불리는 세대이기는 하지만, 그것은 단지 연령의 추이만을 가리키는 것은 아니다. 석기시대부터 인터넷 시대까지 제1, 제2, 제3의 물결을 모두 살아왔다는 의미도 있다.

　이것은 내게만 국한된 얘기가 아니다. 전쟁을 겪은 사람들, 전전 전후의 시대를 살아온 많은 다른 사람들과도 공유할 수 있는 감각은 아닐까?

　전쟁으로 말미암아 나 개인뿐만 아니라 사회와 국가도 큰 시련을 겪었다. 한국전쟁은 한국인의 가치관을 크게 바꾸는 계기가 되었던 것이다. 자세히는 후술하지만, 2차대전 후의 한국 사회는 아직 유교와 샤머니즘(무속)의 전통적인 가치관을 가진 사회였다. 마을 사람들은 기독교에는 관심이 없고, 목사나 선교사가 마을에 들어오면 노골적으로 싫은 내색을 했다.

　그러나 한국전쟁은 정신적, 문화적으로도 큰 충격을 주었고 이러한 전통적인 가치관에도 변화를 가져왔다. 북한에 공산주의 정권이 들어서자, 신앙의 자유를 억압받은 많은 기독교 신자들이 한국에 피난해 오고 교회가 급성장한 것이다.

나에게 있어서의 '인생관'이란 무엇인가? 그것은 마치 '전쟁 철학'이라 할 수 있을 만큼 한국전쟁으로부터의 영향이 컸으며, 그것은 나의 강함이고 약함이기도 하다고 생각하고 있다.

예컨대 세간에서 경제 불황이라 하는 때라도 한국전쟁의 시기를 생각하면, 나 자신은 살아남을 수 있다는 자신감이 솟아난다. 나아가서 나는 이러한 한국전쟁의 경험으로부터 성, 유교, 정치, 국제관계까지 사색할 수가 있다.

나는 이제까지 자신이 직접 체험했던 유엔군의 성폭력을 바탕으로 논문이나 논고를 발표해 왔는데, 어느 사이에 자기 자신이 증언자처럼 되어 갔다. 물론 제3자의 증언을 듣고 현지조사도 하고 있지만, 그래도 여전히 나 자신이 증언자처럼 되어 간 것을 이상하게 생각한다.

오늘날 전쟁을 부정하면서 평화를 구하는 경우를 흔히 본다. 반전反戰의 도식에 잇대어 '전쟁 반대'를 외치고 있는 사람들 가운데에는 '전쟁을 논한다'는 것조차 터부시하는 경우가 있다. 그것은 전쟁이 인류 사회에 있어서 가장 보편적인 '절대악'으로 여겨져 왔기 때문이었겠지만, 나는 이런 반전주의자들이나 평화운동가들에게도 물어보고 싶다. 아이러니하게도 평화는 전쟁과 밀

접하다는 것, 그리고 '전쟁과 평화'는 짝을 이루고 있다는 것에 주의를 환기시키고 싶은 것이다.

이제까지 몇 번이나 전쟁을 위해서 평화라는 말이 이용되어 왔다. 역사를 거슬러 올라가 봐도, 전쟁을 정당화하는 데에 '평화'가 차용되는 일이 보통이었다. 그리고 어떤 침략자도 한결같이 입으로는 "평화냐 인도냐"이다. 어떤 이는 "평화를 지키기 위해서 전쟁을 일으킨다. 그것은 '국익'을 위한 것이다"라고 말한다. 즉 종래의, 전쟁을 평가하는 데에서의 표준적인 틀은, 정의가 아니라 이익이었다는 말이다. 그런데 일단 전쟁을 "옳다"고 용인해 버리는 것은 도둑질이나 폭력조차 용인한다는 사고思考로 연결될 수도 있다.

그러면 전쟁을 어떻게 봐야 할까? 인류에게 '싸움'은 보편적인 행동이다. '싸움'은 일상생활과 스포츠 속에도 있다. 우리는 가족을 위해서, 또는 질병 등과도 싸우지 않으면 안 된다.

확실히, 전쟁이란 군인들에 의한 것이며, 전투란 전투원 사이에서 행해져야 할 것이다. 그러나 그렇다고 해서 시민은 단순한 '관찰자'는 아니다. 전쟁을 전략가나 정치인에게만 맡길 수는 없는 것이다.

지금 일본과 한국 사이에서 전쟁 중 성범죄가 문제되고 있다. 이른바 '종군위안부'를 둘러싼 문제이다. 거기서는 '강제연행'이나

'성노예' 같은 말이 난무하는데, 이 문제에 관해서는, 위안부를 어떻게 '강제'했던 것인가, 그 강제성에 대해 논의해야 할 것이다. 즉, 강간, 인신매매, 납치 등이 위안부 문제의 핵심인 것이다.

다음은 이러한 위안부 문제의 움직임을 연표로 정리한 것이다.

　　1982년 9월2일 아사히신문이 요시다 세이지(吉田清治) 씨의 강연을 게재

　　1982년 7월 31일 요시다 세이지 저 『나의 전쟁범죄』(3·1서방) 출판

　　1990년 11월 16일 『한국정신대문제대책협의회(정대협)』 설립(대표 윤정옥)

　　1991년 8월 11일 아사히신문의 우에무라 타카(植村隆) 기자가 '전 위안부'의 증언을 공표

　　1992년 1월 16~18일 미야자와 기이치(宮沢喜一) 수상이 노태우 대통령에게 8회 사죄

　　1993년 8월 4일 고노 요헤이(河野洋平) 장관이 '고노 담화' 발표

　　1995년 7월 19일 일본 정부가 '여성을 위한 아시아 평화 국민 기금(아시아여성기금)' 설립

　　1996년 6월 유엔 인권위원회에서 '위안부'의 수를 20만 명으로 한 '쿠마라스와미 보고'

　　1997년 1월 15일 김영삼 대통령 '아시아 여성기금'에 유감 발언

2002년 5월 1일 '아시아여성기금' 한국 국내에서의 활동 종료

2005년 3월 1일 노무현 대통령, 3.1절 연설에서 위안부 문제 언급

2007년 3월 1일 '아시아여성기금' 해산

2011년 8월 30일 한국헌법재판소 판결 '전 위안부에 보상을'

2011년 12월 14일 '정대협'이 일본대사관 앞에 위안부상 설치

2014년 6월 20일 일본 정부가 '고노 담화 작성 과정'의 검증 결과를 공표

2014년 8월 5~6일 아사히 신문이 요시다 세이지 씨에 관한 기사 취소

이 연표를 대학 강의에서 학생들에게 보여 주었더니 한국에서 온 유학생들이 일제히 소리를 질렀다. 이들은 미야자와 수상이 노태우 대통령에게 여덟 번이나 '사죄'한 것도 고노 관방장관이 한국에 폐를 끼친 것을 깊이 사과한다고 사과한 사실도 전혀 몰랐다고 한다. 그렇다면, 일본국의 총리에 의한 여덟 차례의 사죄는 도대체 무엇이었을까?

위안부 문제에서 한국은 일본에 사과를 요구하고 싶은 마음이 항상 있다. 이는 한국 정부나 언론에 편견(편중·경향)이 있다는 것을 의미한다. 언론은 객관적 보도가 생명일 터인데 이는 어떻게 된 일일까?

실은, 미디어에는 각각 편향이 있는 것이다. 신문이나 잡지에서도 '우'와 '좌'가 정해져 있다. 내가 북한에서 찍은 영상을 학생이나 시민들한테 보여 주면 '미디어 영상과 달리 신선하다'고 한다. 트럼프 미국 대통령은 자신의 마음에 들지 않게 편집되는 언론기사를 '가짜 뉴스(fake news)'라고 단언하고 직접 트위터 등에 글을 올리는데 나는 그 기분을 충분히 이해할 수 있다.

나는 일상생활에서 휴지 한 장도 낭비하지 않고 전기 스위치는 그때그때 끄는 등 어떻게든 절약을 하고 싶어한다. 하지만 그것은 윤리적인 절약 정신이라든가 스스로 쌓아 올린 가치관 같은 거창한 것이 아니라 그저 습관이다. 그 원점은 과거 빈곤 시절의 '버릇'이다. 가난했던 시절 특히 한국전쟁 때의 체험 때문이다. 즉, 그 고난의 시대 생활이 지금 나의 일상생활의 기준이 되고 있는 것이다.

그것은 '전쟁은 무섭다'와 같은 트라우마 같은 것이 아니라, 내가 기대는 신념이기도 하다. 고난이라는 것은 반드시 마이너스의 잔재만은 아니다. 내가 전쟁을 말하는 의미가 여기에 있다. 전쟁을 통해 인생을 이야기하는 것이다. 나는 한반도의 삼팔선 근처 남쪽에 있는 작은 마을에서 태어나 열 살 무렵에 한국전쟁의 비참한 상황을 체험했다. 그곳에서는 유엔군 병사에 의한 성폭행이 있었고 그것을 막기 위해 매춘부들이 마을에 들어왔다. 그녀들은 이른바 '미군 위안부'이다. 나는 이런 것들에 대해 깊이 생각하고 독자를 향해 말하고 싶다. 당시 내게는 반전사상 같은 것은 없었다. 괴롭고, 무섭고, 그리고 한편으로는 재미있는 그런 혼란스러운 심리였다. 이러한 복잡한 생각을 배경으로 '한국전쟁' 그리고 '전쟁과 성性'이라는 것에 대해서 생각해 보고 싶다.

2021년 8월 15일
시모노세키(下關)에서 저자

차례

제3장
현대 한국의 '다방 매춘'

제1장 전전·전후의 한국·북한

일본 통치로부터의 해방

　태평양전쟁이 끝나기 직전에 서울에서 우리 마을로 소개疏開되어 와서 우리 집 이웃에 사는 가족이 있었다. 그들은 일본인은 아니지만 서울에서 일본 문화를 가지고 왔다. 축음기, 식기 등도 마을 사람들이 사용하는 것과는 달랐다. 나는 그 집 아이와 친했다. 그 가족은 서울에서 공장을 경영하고 있다고 했다. 그들은 전후 얼마 되지 않아 서울로 귀환했다.

　나중에 내가 서울로 전학을 갔을 때 그 집 아이를 찾아간 적이 있다. 그 집은 철공소였다. 나는 재회하게 되어 기쁘다고 말했지만 웬일인지 그들로부터 냉대를 받았다. 아마 내가 돌봐 달라고, 의지하려고 온 것이라고 오해한 것 같다. 나는 친구에 대한 친밀함이나 그리움이 배신당한 듯한 기분이었다. 그때 시골과 도시 사람의 인심은 다르다는 것을 실감했다. 마을에서 서울까지의 거리는 40킬로미터 정도이지만 도회지와 시골의 차差, 특히 인정의 차는 심하다고 생각했다.

전쟁이 끝나자 나의 고향 마을에도 징용·징병 갔던 몇 명의 청년들이 돌아왔다. 우리 집에서는 원폭 투하 전에 히로시마 현 (남쪽 항구) 우지나(宇品)의 공장에서 돌아온 사촌의 귀환을 환영하는 연회가 열렸다. 그에게는 1년도 안 되는 일본 경험이었지만 대체로 일본인에게는 좋은 이미지를 가지고 있었다.

이웃집에는 남양군도에서 철수해 온 청년이 있었다. 그는 공습 이야기 등 전쟁 이야기를 인상적으로 이야기하며 B29의 폭탄 투하 때에 도망친 모습 등도 재미있게 이야기해 주었다. 또, 정말인지 어떤지 모르겠지만 남양의 어떤 식당에는 사람의 살이 매달려 있고 거기서 인육을 먹는다는 이야기 등도 해주었다. 나는 그들의 전쟁 이야기를 듣고 즐겼다. 그들은 일본의 전쟁 책임이라든가 배상 따위의 이야기는 일절 하지 않고 무사히 살아남아 돌아온 것만 해도 운이 좋았다고 말했다.

청년은 일본인 여성을 데리고 돌아왔다. 그러나 그에겐 이미 결혼한 본처가 있었다. 여기에는 시어머니를 비롯해 이웃집 사람들도 곤란해 했다. 어쩔 수 없이 같은 방에서 본처와 일본인 여성이 생활하게 되었다. 이윽고 시어머니는 일본인 여성을 무시 멸시하게 되었다. 그래도 일본인 여성은 돌아가지 않았다. 그래서 시어머니는 아들을 다른 마을로 보내 몸을 숨겨 버렸다. 그러자 그제야 일본인 여성은 울면서 마을을 떠났다. 그리고 마을은 평온하게 되었다. 그런데 나의 누이 등은 아직도 그 시어머니의 가혹함을, 그 일이 생각날 때마다 화제 삼아 이야기할 정도이다.

1945년 8월 15일은, 한반도가 일본 통치에서 해방된 기념할 만한 날이다. 이 해부터 4년 조금 못 미친 기간 동안 종전일이 한국에선 '해방기념일'로 되었다. 그 후 1949년 10월 국경일 제정 때 그 '해방기념일'이 '광복절'이 됐다. 매년 8월이 되면 종전기념일, 한국의 해방기념일인 광복절이 일본의 패전과 겹쳐 눈에 떠오른다. 이러한 해방기념일이나 3.1절에는 광화문 거리에서 퍼레이드 등도 있었다. 축하 전차로 일제시대와 같은 꽃전차가 달리고, 나는 플라타너스 가로수에 올라가서 이 광경을 즐겼다. 이날은 창경원이 무료 개방되고 수만 명이 몰렸다고 한다.

전후 미군정에 의한 정치, 국가적인 격변에도 불구하고 그 변화는 그만큼 농촌까지는 영향을 미치지 않았고 말단의 농촌은 이전처럼 전통적인 사회였다. 마을 사람들은 식민지로부터의 해방감이라는 것을 그다지 느끼지 않았다. 다만 무료로 배급된 미국산 분말우유, 설탕, 드롭스 사탕 깡통에 영문자 상표가 나타나거나 하여 그것에서는 다소의 다른 문화를 맛볼 수 있었다. 하루는 기념품 추첨이 있어 나는 드롭스 깡통을 멋지게 맞혔다. 큰 깡통에는 여러 가지 색의 사탕 사진이 있었다. 지금도 그런 사탕 캔을 찾으면 기분이 좋아진다.

그래도 집이나 마을의 언어생활에는 전쟁 전과 마찬가지로 바케쓰(물통), 나와토비(줄넘기), 혼다테(책꽂이), 쟝켐퐁(가위바위보), 옥상(부인), 맘마(밥) 등 일본어 말이 많이 사용되고 있었다.

내가 다닌 중학교는 경복궁 서쪽에 1921년에 설립된 제2중학교로 조선 총독 관저에서는 100미터 정도의 거리였다. 현재의 청와대(대통령 집무실)의 전신인 경무대 정문 앞을 걸으며 일본시대의 전차로 통학하며 고등학교를 1959년에 졸업하였다. 나는 경성제대京城帝大의 후신인 서울대학교를 졸업하였으므로 중·고교를 졸업한 뒤로 한국국립민속박물관에 근무한 것까지 합치면 약 10년간 서울 중심부에서 지낸 셈이다.

국민학교의 전쟁 전과 후

일본의 식민지로부터 해방된 우리는 어떻게 달라졌을까? 식민지 역사는 갑자기 사라지지는 않는다. 그 역사는 일본과 한반도에 지금도 남아 있다. 식민지로부터는 해방되었어도 심리적으로는 아직 해방되고 있지 않다고 하는 사람도 많다. 평소에는 좋은 관계라도 때때로 그 관계가 어려워지면, 반일감정을 가지고 일본 측에 저항하는 것이다.

식민지에 대해서는 부負의 유산으로서의 굴복감이 있지만, 한편으로는 근대화되었다고 하는 긍정적인 면도 있다. 한국인에게도 일본인이 '정직, 친절, 근면'했었다는 이미지는 남아 있다. 한국뿐만 아니라 아시아 전체에 널리 있다고 생각된다.

나는 전쟁이 끝난 이듬해 경기도 양주에 있는 은현국민학교(초등학교)에 입학했다. 그곳은 거의 일본 통치 시대 그대로였다.

나에게는 전쟁 전의 기억은 희미하다. 다만, 8월 15일에 의해 세상은 일변하였지만, 학교 안은 크게 변하지 않았다는 건 기억한다. 교장 관사는 그대로 한국의 교장선생님이 살고, 사물의 이름도 일본어 그대로, 마을 청년들이 일본어로 토론하는 것도 들었다. 아이에게 들려주고 싶지 않은 이야기가 있으면 일부러 부모가 일본어를 사용하는 가정도 있었다.

학교 교과서도 일본어를 직역한 것이 많았고, 가을 운동회도 홍백으로 나뉘어 기마전 등을 할 때에는 "아카 감바레, 시로 감바레(홍군 이겨라 백군 이겨라)"라고 일본어로 응원했다. 337박자에 의한 응원도 있었다. 졸업식에서 졸업장을 받는 양식도, '호타루노 히카리(반디의 빛: 蛍の光)'를 부르며 눈물을 흘리는 것도 일제시대 그대로였다. 즉, 해방 직후의 교육은 전쟁 전의 양식을 한국인들이 바꾸어 들여와 계속 실시하는 것과 같은 상황이었다. 거기에는 아직 반일감정은 생기지 않았다.

다만 학교에서 임시로 부른 애국가는 스코틀랜드 민요인 '이별(올드랭사인)'을 바탕으로 반만년의 역사·삼천리·조선 등의 가사를 넣은 것이었다. 그러다가 어느 새인가 현재의 애국가로 바뀌었다. 나중에 운동회의 홍백전은 '청백전'으로 바뀌었다. 공산주의 국가의 상징이 적색이고 일본적인 것을 없애기 위해서라고 했다. 이 '국민학교'를 '초등학교'로 바꾼 것은 90년대 중반이다.

전술한 바와 같이 3.1절과 8.15 기념일에는 일제시대처럼 꽃전차가 달렸다. 창경원의 벚꽃놀이에는 전차 임시역도 마련됐다. 이처럼 일본통치시대의 영향은 한동안 남아 있었다. 그러나 지금은, 벚나무는 뽑히고 소나무로 바꾸어 심었다. 재미있는 건 이 벚나무를 벌채하는 도중에 벚꽃은 전쟁 전에도 있었다는 '벚의 제주도 원산설'이 확산되면서 벌채가 일시 중단되었던 것이다.

한국에서는 기본적으로 일본어의 잔재나 외래어 등을 배격·배제하는 정책을 취하고 있다. 이를 위해 한글 정화·순수화 운동을 벌이면서 일본에서 온 외래어 없애기 운동을 벌였다. 예를 들어 '와리바시(나무젓가락)'나 '우동' 등의 말을 없앴다.

사실은 한글로 원고를 쓸 때 한자 변환과는 다른 또 하나의 변환이 있다. 예를 들어 내가 졸업한 '국민학교'를 한글로 치면 자동으로 '초등학교'로 변환된다. 시대적으로 말하면 국민학교가 사실이지만, 시스템 상 초등학교가 될 수밖에 없는 것이다.

반일 감정의 고조

전쟁 전후부터 현재에 이르기까지 반일 감정은 서서히 강해져 온 것같이 나는 느끼고 있다. 한국은 항상 전쟁의 역사 등 '과거'를 현재에 이용한다. 식민지의 역사를 모욕적으로 생각하는 감정이 강하기 때문에 정치와 외교에서 한일관계는 항상 삐걱거렸다.

한국에서는 일본의 식민지 정책이 세계에서 유례가 없는 잔혹한 것이었다는 점이 강조되어 왔다. 한국 국내에서는 그것은 아무리 강조해도 지나치지 않다.

게다가 최근에는, '일제(일본) 식민지'를 '일제강점기'로 바꿔 쓰기 시작했다. '강점', 즉 '식민지'를 '점령지'로 바꾼 것이다. 그 정도로, '식민지'라는 말에는 알레르기가 있다.

그러나 '식민지'와 '점령지'는 전혀 다른 개념이다. '식민지'라는 말을 꺼려하고 싫어하는 마음은 알지만 이 '강점'이라는 말은 식민과 점령을 혼동하게 되어 부적절하다. 영어로는 점령은 'occupation', 식민지는 'colony'이고 지배와 통치 체제가 전혀 다른 개념인 것이다.

애당초 그만큼 일본의 식민지 시대가 싫었다고 한다면 전후에 불하된 이른바 '적산'을 방기했어야 하는 것은 아니었을까? 그리고 일제시대의 철도, 도로, 건축물 등도 파괴했어야 할 것이다. 자발적으로 견습한 것을 포함해 일본인으로부터 교육받은 '인격'

도 모두 털어냈어야 하는 것은 아닐까? 즉 그것은, 지금의 현실, 실존을 부정하게 되는 것이다.

어떤 일본인은 "한국의 반일 병은 영원히 낮지 않는다"고 말한다. 한일관계가 최악의 시기에 만들어진 한국의 독립기념관에서는 일본통치시대의 경찰이 행했다고 알려진 처참한 고문 장면이 복원, 전시되고 있다. 한국인들은 진정한 자유·해방의 사상을 가진 자유인이 되어 있지 않다. 한을 풀기 위해 사는 것, 그것은 일시적으로는 활력을 가질지 모르지만 보다 자유롭게 살기 위한 자세라고 할 수는 없다. 이는 정치적으로는 해방되었지만 심리적·문화적으로는 해방되지 않고 있다는 것을 의미한다.

그들에게 한일관계는 기본적으로 경쟁의식에 의해 성립되고 있다. 마치 스포츠 시합 같은 상황이다.

일본 문화는 '일제 잔재'로 여겨져 '저급 왜색 일본 문화'는 금지되었다. 1998년 김대중 대통령이 일본 문화를 개방할 때까지 일본 문화는 오랫동안 경시되고 금지되었다. 그리고 일본 문화를 긍정적으로 소개하는 사람들을 '친일파'라고 지탄하는 정책이나 사회적 분위기가 깔려 있었다.

38도선과 휴전선

제2차 세계대전의 종전에 의해서 한반도는 포츠담 선언에 따라 남북으로 분단되었다. 그 38도선은 직선이었다. 이 직선은 1945년부터 1950년까지 존속했다. 1950년 한국전쟁이 발발하기까지는 38도선은 그다지 실감 나지 않는 것이었다. 군대는 주둔하고 있었지만 그만큼 긴장감은 없었다. 아이들이 삼팔선 부근의 군부대에 놀러갈 수도 있었다.

나는 이 삼팔선 부근에서 태어났다. 나에게 이 선은 운명의 선이었다. 일본 텔레비전 등에서 이 38도선과 휴전선(군사분계선)을 구별하지 않고 혼동해서 얘기하고 있는 것을 들으면 대단히 언짢아진다.

일본에서는 이 둘을 혼동하는 사람이 많고 사전에서도 동의어라고 설명되어 있다. 그러나 38도선과 남북 군사분계선은 확연히 다르다. 나는 38도선과 휴전선의 차이를 지식이 아닌 경험적으로 구별하고 있다. 내가 한국전쟁을 체험한 사람이기 때문이다.

되풀이하지만 1950년 한국전쟁이 발발하기까지는 38도선은 그다지 실감이 나지 않는 것이었다. 한국과 북한의 긴장 관계도 크게 느끼지 못했다. 38선을 북에서 남으로 세로로 질러 흐르는 한탄강과 임진강은 어릴 때부터 친숙한 정든 강이다. 전술한 바와 같이 어릴 때에는 38선 가까운 군부대에 놀러가기도 했다. 따라서 38도선은 국경이라는 의식이 아니라 임시 분리선처럼 여겨졌다. 그러나 한국전쟁으로 인해 생겨난 휴전선에서는 남북은 심각한 적대관계가 되었다.

내가 태어난 고향은 중부지역의 38도선에서 남쪽으로 가까운 곳이며, 한국전쟁 이전까지 마을 사람들은 예를 들면 관혼상제 등 필요가 있으면 38선을 넘어 왕래할 수 있었다. 마을 사람들이 친지 방문 등으로 38도선을 왕래하는 일도 그리 특수한 일은 아니었던 것이다.

나의 아버지는 북한과 한국의 경계인 38도선을 넘나들면서 소를 사고파는 장사를 하고 있었다. 주로 원산까지 대부분 걸어가 소들을 사 와서 집에서 며칠 동안 코뚜레와 목줄 등을 두르고 나서, 치아를 보고 나이와 건강 상태를 점검하고 서울로 보낸다. 이리하여 종형제들과 함께 소를 끌고 가는 것이 일이고 장사는 번창하고 있었다.

1949년 어느 날, 밤의 어둠을 이용해 38도선을 넘어 피난 온 사람들이 있었다. 아버지의 사촌 가족이다. 이 세 세대 전 가족 7명이 38도선 이북의 전곡全谷이라는 곳에서 피난하여 온 후, 잠시 우리 집에 머문 후에 이웃집에 살게 되었다.

호적에 이름이 없는 어머니

나는 (2차대전) 전쟁 전에 태어났다. 그것은 확실하다. 그러나 사실 생년월일은 확실하지 않다.

오래된 호적에 의하면 나의 아버지는 1899년생, 어머니는 1898년에 태어났고 아버지가 어머니보다 한 살 어리다. 두 사람은 당시의 관례에 따라 열 살 나이로 결혼했다.

아버지의 호적상의 이름은 '태복'인데 보통은 '춘원'이라 불렸다. 태복은 부르는 이름이 아니라 기록용인 것이다. 그래서 나는 아버지가 춘원이라는 소리를 들은 적은 있어도 태복이라는 말을 한 번도 들어 본 적이 없다. 게다가 춘원이라 불린 일도 거의 없다. 나는 단 한 번, 아버지의 친구가 나를 "이 아이가 춘원의 아이다"라고 말하는 것을 들었을 뿐이다. 자식이나 가까운 친족이 부득이하게 이름을 부를 때에는 '클 태자와 복자'라고 말하는 것이 예의이다.

또 하나 족보상의 이름이 있는데 유명한 사람은 별호를 지었다. 하지만, 나의 아버지처럼 일반 상인들도 별호를 사용하였다는 사실은 이미 일반적으로 정착하고 있었다는 것이리라. 이는 중국 이름의 기휘忌諱가 수입된 이후 호적상의 이름, 별호, 족보상의 이름 등을 가지게 되었던 것이다. 그런데 한국의 경우에는 이름을 가진다는 것이 그 이름으로 불리는 것을 의미하지는 않는다. 나의 어머니는 이름이 없었다. 하지만 불편하지는 않았다. 이름은 없지만 그 대신 친족 명칭 등이 발달해 있었기 때문이다. 어머니가 돌아가셔서 처음으로 사망신고를 하기 위해 호적등본을 보았는데 거기에는 이름이 '황씨'라고만 적혀 있었다. 보통은 '본관'이라는 것이 있을 텐데 그렇지도 않고, 위패에는 꼭 적어야 하는데 그럴 수도 없어서 황씨의 본관으로서 흔한 '평해'를 빌려 쓰게 되었다.

어머니는 일생동안 한 번도 이름이 불릴 일이 없었다. 그럴 필요성도 없었다는 의미이다. 부부는 서로 이름을 부르지 않고 결혼한 여성에게는 친정 지명에 댁을 붙여 부르는 택호宅號가 있다(예를 들면 '서울댁' 등). 이에 대해 '주부의 중요성을 나타내고 있는 것이다'라는 견해도 있지만, 왜 여자 이름이 존재하지 않았는지도, 부르지 않아도 됐는지에 관하여는 역시 약간의 의문이 들 수밖에 없다.

문화인류학자 라드클리프 브라운에 따르면, 그가 조사한 인도양 안다만 섬 주민들에게 개인적인 이름은 사회적 인격의, 개개인이 사회 구조와 사회생활 속에서 차지하고 있는 지위의, 한 상징이라고 한다. 이런 의미에서 전통 사회 한국 여성은 사회적 지위 자체가 없었다고 해야 하지 않을까?

나는 어머니의 사후에 위패를 쓸 때가 되어서야 비로소 그녀에게 이름이 없었다는 것, 여성의 이름에 관한 인습이라는 것을 알게 되고서야 인식을 새롭게 했다. 하지만 지금까지의 일상생활에서는 이름이 없어도 불편하지 않았다는 것은 굳이 이름을 부를 필요가 없었음을 의미한다. 나의 부모님 세대에서는 어머니처럼 이름을 갖지 않은 여자도 드물지는 않았던 것이다. 그리고 비록 이름을 가지고 있다고 해도 호칭으로 사용되는 경우는 적었다.

아버지는 삼형제 중 차남으로, 다른 형제가 자식들을 남겨두고 일찍 돌아가셨기 때문에 형의 아들 셋 그리고 동생의 남매 두 아이를 양육했다. 이런 많은 '사촌'들과 나는 친하게 유년 시절을 보냈다. 아버지는 교육을 받지 못했지만 독학으로 한글은 물론 한자도 읽고 쓰고 주판도 쓸 줄 알았다. 아버지는 장사를 해서 비교적 풍족하게 살고, 많은 아이들을 양육하고, 물심양면으로 지원하고 있었다.

내가 태어나기 전에 사망한 넷째 형의 사망신고가 되어 있지 않아 나는 5남으로 단기 4271년(1938년) 6월 17일(음력), 호적에는 8월 10일에 태어났다고 기재되어 있다.

호적에는 이름이 을성乙城으로 되어 있고 소(초등)학교에 들어가고부터는 을성이라 불렸다. 이 호적은 전쟁통에 소실되었고 새로 만들어진 호적에서는 나는 1940년에 태어난 것으로 기재되었다. 그러나 뒤에 원적이 발견되었는지 두 가지가 혼재된 적이 있다.

이러한 호적은 상당히 부정확해서 생존자인 누나는 사망이라고 씌어 있고, 다른 사망한 누나에게는 혼인신고가 기록되어 있으며, 어머니는 별세한 지 수십 년이 지나도록 사망신고가 처리되지 않았다. 내가 태어나기 전 사촌이 양자로 들어와 있었는데, 그 이유가 기록되지 않은 채 친자식이 되어 있거나, 그 밖에도 이름이나 출생일이 잘못 표기되어 있기도 하다.

내 성은 최초의 호적상으로는 '최'로 되어 있고 그 글자의 오른쪽 상단에 '산본을성山本乙城'이라고 적혀 있던 것을 본 기억이 난다. 이 '산본(야마모토)'은 창씨다. 창씨개명은 1939년부터 본격적으로 시행됐다.

또 이름이 '을성'이 된 것은 등록 때의 실수라고 들은 적이 있다. 갑을의 순서에 따르면 을이라는 자는 둘째 아들의 뜻이 된다. 아마 부탁받은 사람이 이름을 잊어버리고 그 자리에서 추측하여 신고했을 것으로 생각된다.

자신의 호적상 이름이 을성인 것은 국민학교에 들어가서야 알았다. 학교에서는 호적상의 이름으로 등록되었으므로 이 을성으로 4학년까지 통했다. 그래서 지금도 당시의 동창생 사이에서는 을성이라 불리고 있다. 다만 집에서는 그냥 계속 양자인 형의 이름이 '경성慶成', 나는 '길성吉成'이라는 이름으로 불리고 있었다. 서울로 전학 후에는 호적상의 을성이 아니라 자기가 신고한 길성이라는 이름으로 중학교에도 진학했다. 그리고 중학교 이삼학년 때로 생각되는데 면사무소로부터 통지가 왔다. 그것은 고향의

본적 호적이 전쟁으로 타버려 새로 만드니 신고하라는 것이었다.

나는 좋은 기회라고 생각하고 새롭게 이름을 짓기로 결심하였다. 을성乙城도 길성吉成도 아니고 '길성吉城'으로 신고하기로 하였던 것이다. 길성의 경우에는 길자는 그대로 좋으나, 성成자가 친족의 서열(세대)을 의미하는 것이 마음에 들지 않았고, 나는 당시에 문학을 좋아하는 중학생이었기 때문에 유명한 작가의 필명 '박화성朴花城'을 모델로 삼아 '成'과 발음이 같은 '城'을 써서 '길성吉城'으로 했다. 나는 꽤 멋있는 이름이라고 생각해 신고했다.

그러나 그 후 문중과 친족 간에 문제가 되었다. 성成자는 친족의 서열을 나타내는 것이고 족보에 올릴 때에도 곤란하다고 문중의 대표자인 종손으로부터 연락이 온 것이다. 게다가 어머니가 점쟁이에게 이름을 점쳤더니, '제일 나쁘다. 죽을 운이다'라는 말을 듣고 와서 바꾸라는 말을 했다.

그래도 나는 고수하기로 했다. 이제 수정하려면 재판을 하지 않으면 안 된다는 점, 또한 어머니께는 사람은 모두 죽을 운명이기 때문에 괜찮다고 설득했다. 그 후에도 점쟁이들이 이름을 바꾸라고 한 적이 여러 번 있었다. 그런데 오히려 이렇게 운세가 나쁜 이름을 짓는 사람이 없을 것이기 때문에 전화번호부 등에도 동명이인이 없고 이것으로 좋다고 했다.

최길성을 발음할 때 일본에서는 한국식 발음인 '최길성'과 일본식 발음 '사이 기치죠'가 있다. 같은 최라는 재일동포가 '사이'

가 아니라 한국어 발음 그대로이거나 그것에 가까운 발음인 '체(チェ)'로 해 달라고 주장하는 사람이 있어 화제가 된 적이 있다.

그는 일본인이 외국인의 이름을 일본식으로 부르는 것은 민족차별이라는 이유로 한국식으로 부를 것을 주장하였는데, 그러나 그것은 일본인과 민족감정을 둘러싸고 싸우는 경우는 제외하고는 그다지 합리적이라고는 할 수 없다. 하지만, 이 건을 계기로 일본인 중에서 이러한 일을 걱정하는 사람도 많아진 것 같다.

반면 한국에서는 중국인의 이름을 한국식으로 부르는 것이 일반적이다. 마오쩌둥(毛沢東)도 한국식 발음에 따라 모택동이라고 부른다. 이건 일본어나 중국어도 아니고 한국의 한자음에 따른 것이다. 일본의 고유명사인 도쿄(東京)도 일반적으로는 동경이라고 부른다. 하지만 이렇게 발음 문제는 차별이라기보다는, 이름이나 호칭은 개인이나 국가, 혹은 민족의 정체성과 강하게 관련되기 때문에 주목받고 있는 것이라고 할 수 있을 것이다.

애초에 한국에서는 이름이 있다고 해서 반드시 쓰이는 것은 아니다. 어른의 이름을 쉽게 쓰거나 부르지도 않고 특히 어른의 이름을 빨간색으로 쓰지 않는다. 그러나 이것은 남성에게 한정된 것이다. 여성에게는 '자字'는 짓지 않고 족보에도 올라 있지 않다. 족보에는 남성은 시조 이외에는 자子로서 이름이 실리는데, 여성의 경우에는 배우자의 성명이 실려 성이 다른 것이 눈에 띈다. 이러한 족보, 호적 등에는 한국에서는 사회적 의미가 있다.

나의 매우 부끄러운 추억이지만 이야기하고 싶다. 연구를 위한 현지 조사에서 무속인의 호적을 많이 보게 되는데 그때 자주 놀란 일이 있었다. 예를 들어 전라남도의 장흥에 100세가 넘은 고령자인 무당이 있는데, 노태우 대통령으로부터 새해 축하 점퍼를 받았다는 이야기를 들었다. 그래서 그녀의 생일을 알아보기 위해 면사무소를 찾았을 때 면장이 자꾸 사과했다. 사실은 본처가 죽었어도 사망신고를 하지 못하고 소실이 그대로 전처의 이름으로 살아가고 있다는 것이다.

또 경상도 무속인의 호적에는 아홉 명의 자식이 기재되어 있는데, 많은 딸의 생일이 틀리게 기재되어 있다. 그 이유는, 본처와 소실의 딸을 함께 호적에 올릴 때 연령차를 의식해 조정했다는 것이었다. 원래 출생신고는 형편에 따라 마음대로 하기 때문에 실제 생일과는 크게 구애받지 않는다. 이렇기 때문에 나는 현지조사를 할 때에도 호적이나 족보 등을 보기는 하지만 그것을 중요한 자료로 다루지 않고 단지 참고로 할 뿐이다. '여자는 출가 후 다른 호칭으로 불리며 이름을 부르지 않는다'고 하듯이 한국 여성과 이름의 관계는 특수하다. 족보에는 '여'라고 적고 남편의 성명을 기재한다. 출가 후에는 남편 다음에 배우자 무슨 성씨라고 적는다.

이는 기본적으로 여성은 '안'사람이니까 집안에서 구별하면 된다는 것이다. 심지어는 외부에서 남의 집 여성을 인식할 필요가 없다는 것, 혹은 의식해서는 안 된다는 것을 의미한다. 특히 정조관이 강하게 강조되었던 조선조 시대에는, 어린이들의 아명으로서 부르거나 혹은 아무개(남자)의 딸이나 처로 부른 것으로 보아, 성性이 강하게 의식된 의식구조가 엿보이는 것이다.

더욱이 여성이 호칭 상 성장하지 않는다는 것은 개인화하지 않는다는 것을 의미한다. 요컨대, 개인 혹은 미혼 여성으로서 의식되지 않게 되어 있는 것이다. 그러나 기생 등은 개인 이름을 갖고 있다. 그것은 '바깥' 남성 사회로부터 성性을 의식 받는 존재였다는 것을 의미한다. 즉, 이러한 여성의 이름에 대한 문제는 전통적인 가족 제도에서 가부장제의 의식을 반영하는 것이다.

현재와 같이 한국 여성의 성명을 기재하게 된 것은 개화 이후의 일이다. 또 최근 들어 여성의 이름에 '자'가 붙어 있는 것은 창씨개명의 악몽으로 남아 있다는 말을 듣게 되었지만, 실은 창씨개명보다 이전부터의 일본의 영향에 의한 것이다. 그러므로 꽤 일찍부터 송자松子(마츠코)라는 일본식 이름은 있었다.

또한 여성의 이름 끝 자로 '자'를 붙이는 것은 전쟁 전에는 일반적이었고 지금도 그렇게 이름 짓는 사람도 많다. 전두환 대통령 영부인의 이름이 이순자이며 유명 가수 이미자도 일본식이라고 할 수 있다. 또, 일본에서 활약한 엔카(演歌) 가수 김연자도 한자 표기는 '金蓮子'이다.

제2장 한국전쟁과 미군위안부

내가 본 한국전쟁

1950년에 일어난 한국전쟁 당시 나는 열 살이었다. 이 전쟁을 통해서 나는 한국의 국군 이외에 북한의 인민군, 중공의 지원군, 미국을 중심으로 한 유엔군에 관하여 체험적으로 알고 있다. 그 시기는 다음과 같이 셋으로 크게 나눌 수 있다.

- 북한군의 4개월(1950년 6월~9월)
- 중공 지원군의 3개월(1951년 1월~3월)
- 국제연합(유엔)군의 3개월(1951년 3월~5월)

이 전쟁에 관해서는 몇 번이나 거듭해서 생각나고, 나 자신이 증언자나 이야기꾼이 되어 때로는 재미있고 때로는 비참한 표정으로 이야기해 왔다. 그때는 진실에서 어긋나지 않도록 스스로 경계하면서 전쟁을 둘러싼 평화관 등을 이야기했다.

다음은 한국전쟁에 관한 간략한 연표이다.

1950년   6월 25일 북한 인민군의 남침 개시

6월 25일~26일 의정부에서의 전투

6월 27일~7월 16일 수원에 임시 수도를 두다

6월 28일~7월 3일 한강에서 전투

7월 8일 대구에 임시 수도

8월 18일 부산에 임시 수도

9월 15일 유엔군 인천에 상륙

9월 28일 유엔군 서울 탈환

10월 1일 한국군과 유엔군 38도선 돌파

10월 20일 중공군 참전

11월 5일 중공군 공식 개입

12월 20일 중공군 38도선 넘어 남하

1951년   1월 4일 중공군과 북한군 서울 점령 (1.4후퇴)

2월 10일 유엔군 인천 탈환

3월 14일 유엔군 서울 탈환

3월 24일 유엔군 38도선 돌파

전쟁 발발

1950년 6월 25일 일요일 아침, 어머니가 나를 깨웠다. 그날은 38도선 부근의 군인 행진인가 뭔가를 보러 갈 예정이었다. 어머니가 깨워서 아침밥을 먹는데 하늘을 찢을 듯한 폭발 소리가 들려왔다. 이 단속적으로 이어지는 소리에 깜짝 놀라서 나는 나도 모르게 어머니의 얼굴을 바라보았다.

포성은 한동안 계속됐다. 나중에야 38도선 이북에서 남쪽을 향해 포격을 시작했다는 것을 알았다. 더욱 멀리서는, 차 달리는 소리와 사람들의 고함 같은 소음이 들렸다. 이것은 북이 개성을 점령하고 서울에 이르는 도로를 확보하기 위한 행동이었음을 뒤늦게 알았다.

1950년 6월 25일, 전쟁은 '새벽에 각종 공격지역에 대한 격렬한 포격을 함께 벌이며 시작되었다'고, 미국 리지웨이 장군은 그 저서에 쓰고 있다〈『조선전쟁朝鮮戰爭』, 코분샤(恒文社), 1977년). 하나의 전선은 동두천에 대한 제5전차여단의 진공이었다. 북한군 제1사단과 제4사단이 문산과 동두천을 점령했다. 38도선에서 새벽 4시 반에 한국전쟁이 시작되었다. 조선인민군은 주로 전차와 총을 가지고 침입했다. 대포의 포탄이 북쪽에서 폭음을 울리며 상공을 날았다. 1953년 7월 27일에 휴전이 되기까지 전쟁은 3년 넘게 이어졌다.

나는 처음부터 '북의 남침'이라고 확신하고 있었다. 우리 마을에서는 아침 식사 시간이어서 전쟁이 시작된 지 서너 시간 후가 된다.

아버지는 '피난'해야 한다고 했다. 아버지는 당시 51세였다. 당시 50대는 노인으로 간주되었다. 그래서 아버지는 노인으로 집에 남고, 누나와 나만 대피시키고 자신은 상황을 보고 나중에 행동하겠다며 어머니와 함께 집에 남았다.

누나와 나는 서울 친척집을 향해 출발했다. 서울 친척집까지는 40킬로미터 거리이다. 그 거리를 피난민 무리와 함께 걸었다. 이때 '피난'이라는 말이 아버지에게서 자연스럽게 나왔는데, 내게는 이상한 말로 들렸다.

고향마을과 서울 사이에는 지방 도시인 의정부가 있고, 그 근처에 도봉산이 있다. 우리는 그 산기슭에서 노숙했다. 포성은 간헐적으로 멀리서 들리지만, 적으로부터는 멀어진다는 느낌이 들었다. 노숙하는 동안 살쾡이로 보이는 야생동물이 무서웠지만, 그것보다 무서운 것은 포성砲聲이었다.

서울 청량리 숙부 집에는 하루 만에 도착했다. 우리가 도착해 보니 벌써 시골로부터 피난 온 친족들로 가득 찼다. 다음날에는 어머니도 도착했다. 어머니로부터 전황은 심각하다는 사실을 알게 되었다. 격전지 소리를 들었던 나의 고향은 큰 피해를 보았다고 한다. 어머니는 아버지가 주신 돈을 복대(전대)에 차고 있었다.

서울의 숙부는 일본 통치 시대부터 경찰에 근무하였고, 전쟁 후에도 계속 경관을 하고 있어 우리 친족 중 가장 출세한 인물로 여겨졌다. 숙부는 퇴근하고 집에 돌아와 친척들이 모여 있는 것을 보자 싫은 내색을 했다. 모두가 입을 모아 38도선 부근에서 전쟁이 시작되었으므로 피난해 오고 있는 것이라고 설명해도 숙부는 전혀 믿지 않았고, 모두에게 하룻밤 묵고 내일 아침에 돌아가라고 말했다. 이곳 서울에서는 전쟁이 시작되었다는 정보는 전혀 없고 모두들 반신반의하면서도 어쨌든 전쟁은 아니겠지 안심하고 불안에서 해방된 기분이 되었다. 다들 그래도 경찰에 정확한 정보가 있을 것이라고 믿었기 때문이다. 하지만 사실은 경찰이나 정부는 아무런 정보를 가지고 있지 않고 오직 낙관적인 보도만 듣고 있었던 것이다.

　그날 밤 서울에서도 마찬가지로 포성이 밤하늘을 갈랐다. 아침이 되어 역시 피난을 하려고 했을 때에는 이미 숙부의 가족은 사라지고 없었다. 친족에 대한 배려라는 것이 없는 차가운 인간이라는 생각이 들었다. 그런 것을 신경 쓸 겨를이 없었지만, 전황의 어려움을 불안하게 생각하면서 주인 없는 집에 우리 피난민들만 머물러 있었다.

　포성은 점점 커졌다. 언제 그 포탄에 우리가 맞을지도 모른다는 생각이 들었다. 그 집은 전통 한옥이었기 때문에 우리는 마루 밑에 들어가 이불을 덮고 있었다. 면綿은 포탄을 막는다는 말을 믿고 있었기 때문이다. 그러다가 머물던 사람들도 어느새 허둥지둥 다른 곳으로 피난길을 떠났다.

6월 28일 새벽 1시경 북한군 전차가 시내로 진입하여 한강다리 가 폭파되었다고 한다. 서울 시내, 특히 한강 북쪽 강변은 피난민과 병사들로 인해 대혼란에 빠져 있어 도로 통행은 극히 곤란했다. 이 날 오전 2시 20분쯤 약 4,000명의 피난민들이 한강 인도교를 건너 던 중이었는데 이 인도교에 이어 세 개의 철교가 폭파되었다. 이로 인해 500~800명으로 추정되는 피난민이 희생되었다.

우리는 결국 마지막으로 사촌 부부와 함께 걷기 시작했고 그 한강의 둔치에 닿았다. 공중에서는 몇 대의 소련제 공군기가 미 군기에 피격되어 검은 연기를 내뿜으며 떨어지는 것을 목격했다. 그것은 나에게는 재미있는 사건이었다. 함께 피난하게 된 사촌 부부에게는 감사와 미안한 마음이 크게 느껴졌다. 그리하여 한 강변에 도착하였지만 다리는 국군이 폭파했기 때문에 건널 수 없었다. 그러다가 암거래상의 나룻배를 비싼 운임을 지불하고 빌 려 건너갔다.

강을 건너다 보니 다른 나룻배가 전복된 듯, 한 중년 남성이 물 에 빠져 간신히 강에서 기어 나와 흠뻑 젖은 채 통곡하고 있었다. 아내와 아이는 강물에 휩쓸려 떠내려갔다고 한다. 하지만 불쌍하다고 생각할 뿐, 우리는 그냥 지나갔다. 남의 일에는 말려들지 않고 빠른 걸음으로 앞서갔다. 이 이야기에 관해서는 나 자신의 기억은 희미하고 훗날 누나가 말해 준 것이다. 누나는 아직도 그 때의 장면을 떠올리며 불쌍하다고 술회한다.

그날 밤은 깜깜하고 길도 모르고 서울 강남에 있는 파밭 가운데를 달렸다. 많은 인원이 달리기 때문에 파 줄기가 터지는 퍽퍽 소리가 요란했다. 그 소리는 지금도 귀에 생생하게 남아 있다. 지금 이 지역은 서울의 고급 패션 거리가 되었지만, 이 근처의 지명을 들을 때마다 파가 찢어지는 소리가 들리는 것 같아서 나는 옛날을 떠올린다. 어떤 원두막에서 무리 지어 쉬고 있을 때에는 탐조등 불빛이 몸을 비추자 비명을 지르는 사람도 있었다.

도중에서부터 함께한 친족들도 점점 우리 가족으로부터 떨어져 나갔다. 어머니가 가진 돈이 떨어지면서 떠나갔던 것이다. 이러한 친족들에게는 배신당한 느낌이었다.

돈이 떨어지면 동행해 주는 사촌 부부에게도 거꾸로 신세를 져야 한다. 평소 아버지가 아무리 보살펴 주었다고는 하지만, 돈 없는 우리를 당연히 부담스러워했을 것이다. 하지만 사촌 부부는 끝까지 함께 있으면서 돌봐 주었다. 어머니가 아버지한테 받아 온 돈도 없어지고, 우리는 거지처럼 되어 걸었다. 하지만 이 '피난'은 나에게는 '여행'이기도 했다. 나는 자기가 전혀 모르는 세계라는 것의 존재를 실감하고 있었다.

경기도 수원 가까이에 있는 열차 건널목에서 군용차가 걷고 있던 신혼의 신랑을 납치해 갔다는 참담한 이야기를 들었다. 이러한 많은 비참한 상황은 단순히 흘려 들었다. 그렇지만 이 장면 말고는 우리가 실제로 전쟁을 실감하는 것도 아니었다.

나문재의 추억

우리는 40일 동안 함께 피난 생활을 계속했다. 이 기간 중 수원 서쪽에 있는 남양에서만 1개월 이상 피난 생활을 했다. 그곳에서는 전쟁을 느낄 수 없었고, 군인은 한 명도 본 적이 없었다. 당시의 전쟁에서는 주로 큰길을 중심으로 공격과 후퇴를 한 모양이다. 이곳 남양에서는 주로 사촌 부부가 닥치는 대로 일하며 생활을 했다. 아직 열 살인 나는 무력했다. 하지만 어머니나 누나도 특별히 할 수 있는 게 없었다. 주로 사촌 형수가 농가의 심부름 등을 하며 일했다. 사촌은 바닷가에서 바지락과 게를 잡아 팔러 다녔다.

이 무렵에는 나문재라고 하는 해조류 톳이 주된 반찬이었다. 일본에 와서 식료품 상점에서 톳을 보고는 매우 놀랐고 동시에 강한 거부감도 있었다. 내가 가장 가난했던 시절의 먹거리가 일본에서는 일반적인, 게다가 건강식품으로 알려져 뜻하지 않게 반감을 갖게 된 것이다. 물론 내가 톳 맛에 대해 이렇다 저렇다 하는 것은 아니다. 이 나물재로 연명할 수 있었던 것은 감사하긴 하지만, 동시에 매우 불쾌한 기억이기도 하다.

우리는 남쪽으로 남쪽으로 계속 피난을 갔는데 한 번도 북한 군인을 보지는 못했다. 실은 피난이라고는 해도 피난 중의 우리보다 훨씬 남쪽을 향해 맹렬한 속도로 진격하는 북한군의 뒤를 좇는 듯한 기묘한 형태의 피난이었기 때문이다.

고향으로의 귀로

양주 집을 나선 지 40일이 지난 8월 초순에 이미 북한 인민군은 우리가 피난한 곳보다 훨씬 남쪽(낙동강)까지 침략한 상태였고, 전황은 변함이 없는지라 피난은 더 이상 불필요하다는 이야기를 듣고 우리는 귀가를 결정했다. 귀로에서는 전쟁에 대한 불안감보다는 아버지가 무사하신지가 걱정스러웠다. 먼저 서울로 올라와 거기서 더 북쪽인 양주를 향해 걸었다. 서울에서 북쪽으로 가는 대로에는 차가 전혀 없었다. 전차戰車나 군인을 만나는 일도 없었다.

도중에 서울에 있는 숙부댁에 들렀는데 빈집이었다. 서울에서 북쪽으로 가는 도중, 길가에 10구 정도의 악취 나는 사체가 방치

되어 있는 것을 목격했다. 사체 근처를 지나갈 때는 파리떼가 날아오르는 소리가 났다. 불쌍하다든가 무섭다든가 하는 것도 별로 느끼지 못하고, 어쨌든 냄새가 나서 싫었다. 큰 도시인 의정부는 멀쩡한 건물 한 채 없이 불타고 부서져 버렸다.

귀로의 밤길은 칠흑 같아 길도 모른 채 그냥 걸었다. 드디어 집 근처까지 왔을 때 우리 집 개가 짖었다. 가슴이 두근두근했다. 아버지는 집에 계셨다. 눈물과 환성이 어우러진 그날 밤은 온 마을 사람들이 아버지에게 축하의 말을 건넸고 잔치가 벌어졌다.

피난했던 마을 사람들은 먼저 돌아와 있고 비교적 평화롭게 지내고 있었다. 피난 도중에 우리로부터 떨어졌던 친척들도 벌써 돌아와 있었다. 아버지는 혹시 가족이 모두 죽지 않았을까 걱정하면서 마을에서 기다렸다고 한다. 나는 이 시기가 나의 일생에서 가장 공포스런 시기가 아니었을까 하는 생각을 하고는 한다. 그리고 과보호 아래 자란 자신은 얼마나 무력한가를 반성했다. 비교적 잘 살았던 어린 시절과 달리 절약 정신을 갖게 되었던 것이다.

마을의 공산주의자

때는 '김일성 장군'의 시대였다. 북한의 지배 아래 들어가서도 마을에는 그다지 급격한 변화가 없었다. 전원 풍경은 변하지 않았지만, 정치적으로는 변화가 있었다. 대한민국 경찰이 근무하던 파출소는 인민군에 의해 관리되고 면사무소는 내무서로 바뀌었다. 인민군은 마을 사람들을 동원해 이러한 사무소에서 일을 시키려 하였으나 마을 사람들은 비협조적이었다. 아버지는 장사가 어렵게 되자 익숙지 않은 농사를 시작했는데, 그래도 벼농사는 순조로웠다. 가을이 되자 마을 앞 논밭에는 농작물이 여전히 풍성하게 여물었다.

이윽고 그 수확의 예상을 내무서에 보고하게 되었고, 행정관이 직접 나와 계산 방법을 지도하였다. 한 그루의 벼 알갱이를 계산하여 거기에서 넓이로 전체 생산량을 계산하여 보고를 한다고 한다. 그런 가운데에서도 마을에서는 평온한 상황이 이어졌다.

그 무렵 우리 아이들에게 때때로 노래와 연극 등을 지도해 주는 대학생이 있었다. 그는 우리 집에서 백 미터 정도 떨어진 집의 둘째 아들로, 서울에 있는 한 대학에 다니는 공산주의자였다. 어느 대학의 학생이었는지는 기억하지 못한다. 언제나 그는 대학의 사각형 교모(각모角帽)를 쓰고 있었는데, 그 모자는 일제시대부터 마을 사람들의 동경의 대상이었다.

이 대학생과 한 여성의 '연애'는 마을 역사상 처음 있는 일이었다. 그러나 상대가 공산주의자임에도 그 사실을 비난하며 불평할 수 있는 사람은 없었다. 마을 사람들에게는 이상하게 보이는 일이 있어도 '훌륭한 공산주의자님'에 대하여 불평을 말할 수 있는 사람은 없었던 것이다. 남녀 둘만 다니고 연애한다는 상황에 기이한 시선이 쏠렸다. 당시 마을 내의 혼인은 있을 수 없었다. 전통적으로 보통 마을 바깥의 사람과 중매결혼을 했던 것이다. 따라서 연애라는 것은 당연히 없는데, 두 사람의 마을 내 연애관계는 마을 사람들에게 전쟁보다도 큰 사건이었다. 그만큼 그 연애는 마을에 있어서는 이질적인 것이었다.

그 연애의 한쪽 당사자 여성은 내게 6촌이다. 대학생인 그는 그녀와 함께 나에게 서울 시내를 구경시켜 주었다. 화신백화점에 갔던 것과 종로의 종각을 보았던 것 등을 기억한다. 동양극장에서 무성영화를 보았을 때는 변사의 해설을 듣는 게 즐거웠다. 나한테는 아직까지도 좋은 추억으로 남아 있다. 덧붙여 말하면 한국인은 지금도 이렇게 어린 시절 체험 여행을 즐기는 경향이 있다.

연인이 공산주의자이기 때문에 그녀는 공산주의 행정에 협력하지 않을 수 없게 되었다. 그 때문에 그녀는 예의 내무서에서 일하게 되었고, 내무서원으로서 벼와 밤의 수확량을 조사하게 되었다. 그러나 상대 남성이 활약하는 무대는 우리 마을처럼 작은 곳은 아니었던 듯, 이윽고 그 공산주의자 대학생은 애인을 버리고 마을을 떠났다.

인민군에게 학살당한 일가

　나는 전쟁 중에는 농민이 가장 자유롭고 강하다고 생각했다. 군인은 무서운 존재였지만 농가에 먹을 것을 구하러 올 때는 거지같은 존재였다. 특히 중공군이 농가에 먹을 것을 요구할 때는 거절하기가 쉽지 않았고, 마을 사람들도 동정하는 듯한 태도를 취했다. 전쟁이 끝난 뒤 상이군인이 구걸하러 왔을 때와 같은 태도였다. 물자가 풍부한 미군은 동냥이든 구걸로부터 자유로웠고, 오히려 민간인들이 미군들에게 손을 벌리기 일쑤였다.

　인민군이 왔던 그날 밤인가 다음날 밤에 우리 집에서 2킬로미터 정도 떨어진 마을에서 벌어진 일이다. 일가족 여덟 명과 소 한 마리도 포함된 온 가족이 칼로 잔혹하게 살해당했다. 그 집 아들 모씨가 국군 장교라는 게 이유라고 했다. 그 가족은 우리 집 근처에 사는 아주머니의 친정이었는데, 비상사태이기도 해서 마을 사람들은 문상도 할 수 없었다.

　그 아주머니는 친정에 가서 학살된 가족의 사체를 파내 장례를 치렀다. 인민군은 부모 앞에서 자식을 찔러 죽이고 그 부모도 살해했다고 했다. 그 이야기는 온 마을에 퍼졌지만, 그 상황에서 실행한 범인을 비난할 수 있는 사람은 아무도 없었다. 당시 한국군 장교인 아들 모씨와 우리 집은 인척관계이기도 했다. 그는 훗날 제대하고 나서 면장을 지냈다. 나는 뒤에 언급하는 육군사관학교 교관으로 있던 무렵 어머니의 부탁으로 그를 만나 이야기를 나눈 적이 있다.

인민군의 퇴각

9월 중순 어느 날 밤, 평소와 같이 우리 집 마루에서는 아버지 쪽의 좀 먼 친족인 할머니와 풋 콩깍지를 까면서 정치 이야기를 하고 있었다. 그때 멀리 천둥 같은 소리가 들렸다. 소리에 민감한 아버지가 밖으로 나가 서울 쪽 하늘을 올려다보았다. 그 소리와 동시에 서울 방면의 하늘이 여명처럼 밝게 보였다. 폭풍전야와 같이 마을은 아직 조용했지만 아버지는 이를 이상한 현상으로 눈치 챘다.

6.25전쟁 발발 이후 3개월 동안 마을은 평화로운 상황을 되찾아가고 있었지만 역시 불안하기도 했다. 매일 밤 그렇듯 마루에서는 정치를 둘러싼 의론議論을 주고받았다. 이야기를 주고받던 중 이승만 대통령의 민주주의냐 김일성 장군의 공산주의냐, 어느 쪽이 좋겠냐는 화제도 등장했다. 민주주의와 공산주의의 차이도 잘 모르는 상황이면서도 이승만인가 김일성인가, 어느 쪽이 어떻게 될 것인가가 쟁점이 되었다.

이 대통령이 또 반격을 해서 이쪽이 '해방'되는 것 아니냐는 얘기도 나왔는데 실제로 마을은 북한의 지배에서 해방됐다. 그러자 마을은 자연스레 이승만 대통령의 민주주의 체제로 이행하였다. 그러나 농민들에게 그다지 정치적인 영향은 없었다.

결국 마을은 다시 '민주주의'로 되고, 북한 인민군이 북쪽을 향해 패잔병처럼 걸어갔다. 그 모습은 '패잔병'이었다. 어느 날 우리 집에 인민군 세 명이 들어와 아버지에게 포탄을 날라 줄 수 있느냐고 하면서 식사를 요구했다. 그래서 어머니가 급히 접대했다. 식사 후 그들은 서둘러 북쪽으로 가고 아버지는 무사했다.

다시 한국 측이 되었던 시대

앞서 언급했듯이 아버지가 서울 방면의 이상을 알아차린 9월 15일은 저 유명한 인천상륙작전이 전개되고 있었음을 뒤에 알게 되었다. 맥아더 장군이 지휘하는 가운데 그날 새벽 인천항에 최초의 작전용 선박을 유도하기 위한 등대에 점화하여 유엔군이 상륙한 것이다. 그리고 9월 28일에는 서울을 탈환했다. 유엔군은 10월 1일에 38도선을 넘어 그대로 북쪽으로 진공해서 10월 17일 함경도 흥남을 점령했다.

유엔군은 주요 국도를 따라 그대로 북쪽으로 진격했고, 그 때 우리 마을도 해방되었을 터인데 마을에서 국군의 모습을 본 적은 없었다. 우리는 아무것도 모르고 있는데 북한의 지배에서 해방되었다는 소식만이 들어왔다. 마을에서는 아무 일도 일어나지 않았고, 아무 것도 변하지 않았고, 아주 자연스럽게 다시 이승만 대통령의 민주주의 시대로 바뀌었다. 지서도 면사무소도 한국 측의 운영으로 돌아갔다.

미군이 이동한 후 마을에는 국군이 들어왔다. 유엔군과 교대했던 국군도 호된 짓을 했다. 국군은 우리 마을이 일시적이나마 북한의 지배하에 있었다는 점에서 북한에 협력한 자를 적발하기 시작한 것이다. 그 이후로도 오랫동안 38선 부근 마을에는 북한으로 끌려간 사람이나 스스로 간 사람들이 많이 있기 때문에, 무슨 간첩사건이 벌어지면 그것을 이유로 또 폭행당하는 사람이 나오지 않을까 하고 언제나 불안해하고 두려워하고 있었다.

마을에서는 두 청년과 한 소녀가 실종되기도 하여 마을 사람들의 불안은 점점 커지고 있었다. 북한 점령 시대의 내무서나 경찰서에서 근무했던 부역자나 늦게 도망친 인민군들은 갈 곳을 잃고 산에 숨었다. 그렇게 산에 숨어 있던 인민군 '무장공비'가 밤에 산에서 내려와서는 지서를 습격하는 사건도 일어났다. 마찬가지로 한국전쟁 때 지리산 등을 거점으로 하여 폭동을 일으킨 '공비共匪'는 문학이나 영화의 소재가 되기도 했다. 이 무렵에는 과연 '농민이라고 해도 안전하지는 않다'고 말들을 했고 불안한 날이 계속됐다.

시간이 지날수록 마을에는 점점 불안감이 퍼져 갔다. 마을 청년들 몇 명이 월북했고, 그렇게 가족 중에 월북한 자가 있는 집들은 그들이 간첩으로 돌아올지도 모른다는 공포를 느끼고 있었다. 전술한, 인민군에 의해 가족 여덟 명이 학살당한 한국군 장교도 귀가했다. 그는 격노했고 마을에서는 공산주의에 협력한 사람들을 벌할지 어떨지가 문제가 되었다.

국군은 마을 안에서 북에 협력한 사람들을 잡아들여 죽이고 있었다. 나는 얼음판 위에서 썰매를 타고 놀면서 그들이 사람을 죽이는 장면을 목격했다. 그때의 나는 사람이 죽임을 당하는 장면을 보고도 그다지 놀라지 않았다. 한 사람이 삽을 들고 사람을 묶어 걷게 하고 그릇을 만들기 위해 팠던 구덩이 옆에서 뒤에서 쏴 총살하고 시체를 구덩이에 넣고 그들이 돌아갈 때까지 나는 그냥 계속 썰매를 타고 놀고 있었다. 나는 살인 장면을 정말 아무렇지도 않게 보고 있었던 것이다. 그 겨울이 끝날 때까지 이런 복수극의 총살은 계속됐다.

그런 가운데 당연히 공산주의자 대학생의 집이 문제가 되었다. 그의 집에 남아 있는 양친과 형을 어떻게 처리할까 하는 문제였다. 마을 사람들은 몇 차례 모여 그들을 벌할지 말지에 대해 연이어 논의했다. 그 집이 공산주의자에게 협력한 것은 틀림없지만, 총살해야 할지 말아야 할지 격론 끝에 마을 사람들은 그들을 벌할 수 없다는 결론을 내렸다. 마을 사람들의 순수한 양심이었다.

또 대학생과 연애한 앞서 말한 여성(나의 6촌)도 벌을 받게 되었지만, 이쪽도 친족이나 마을에서 처벌하는 것으로 끝내려 했다. 그날 밤 토론이 한창일 무렵, 그녀의 사촌이 빨랫방망이를 들고 쫓아가 머리를 때려 피를 흘리는 일이 있었다.

하지만 그것으로 끝낼 수는 없었다. 연애는 차치하고, 그녀가 북한 내무서의 일을 하기도 했고, 그녀는 사상적인 범죄자라는 점 때문에 국군에게 끌려가 버렸다. 그녀는 국군의 신문을 받고 10일 이상이나 국군 부대에 유치되어 불특정 다수에 의해 마구 성폭행을 당했다고 한다. 가족들 말로는 살해당하지 않은 것만도 다행이라는 것이었지만, 정말로 불쌍했다. 그래서 미혼 처녀였음에도 아이를 낳을 수 없는 몸이 되어 버리고 말았다.

그 후 그녀는 서울로 갔고, 양녀를 두어 홀로 키웠는데 불행의 밑바닥과 같은 상태로 숨어 살아야만 했다고 들었다.

그녀는 오랫동안 고향을 방문하지는 않았지만, 얼마 후 다시 이따금씩 마을을 찾아오게 되었다. 아무도 가슴 아픈 전쟁 시절의 일을 언급하는 사람은 없었다. 서로 전쟁으로 상처받은 것이 많았으며 부끄러운 일도 많았으니까 관용의 정신 같은 것이 몸에 밴 것이리고 생각된다.

중공군에 점령된 마을

1951년 초 겨울은 유난히 추웠다. 중국 지원군(중공군)의 참전으로 1950년 12월 5일, 중공군이 평양을 되찾았다. 이후 유엔군이 후퇴하면서 중공군은 서울까지 손에 넣는 데 성공했다. 이것이 바로 1951년 '1월 4일 후퇴(1.4후퇴)'의 날이다. 하지만 우리 마을에 중공군이 나타난 것은 그것보다 며칠 더 빠른 1950년 12월 31일이었던 것으로 생각된다.

중공군이 마을에 들어오자 그들은 사람의 코에 구멍을 뚫어 끈으로 연결하고 그것을 끌고 다닌다는 소문이 돌았다. 전쟁 때에는 이러한 소문이나 선전이 매우 쉽게 받아들여진다.

그런 소문을 듣고 공포감을 가지고 있는데, 심야인 1시나 2시, 나팔을 불고 징을 울리는 듯한 소리가 음악처럼 들려왔다. 그러나 그것은 음악이 아니라 중공군이 행진하는 소리이며 마을 사람들에게는 지옥으로의 만가挽歌처럼 느껴졌다. 우리는 옷을 입은 채로 이불 속으로 들어가 비몽사몽간에 가만히 있었다. 대문을 두드리며 "여보세요"라고 이상한 억양의 한국말로 부르는 소리를 들었지만, 아무도 대답하지 않고 있는데 뜻밖에도 그냥 조용해졌다.

하지만 아침에 일어나 보니 앞산은 흰 옷차림의 중공군 일색으로 뒤덮여 있었다. 그들의 군복은 안팎이 흰색과 녹색으로 되어 있고, 겨울에는 눈 색깔의 보호색으로 흰 쪽을 바깥으로 하고 있었다.

잠시 상황을 보니 아무래도 중공군은 무서운 군대는 아닌 것 같다는 생각이 들기도 하여 피난하든 않든 무방할 것 같았지만, 일단 피난해 두자는 쪽으로 생각이 기울었다. 군대의 위협도 느끼고는 있었지만, 그보다도 피난하지 않고 그대로 있으면 이후 정세가 변할 때에 다시 보복을 당할지 모른다는 두려움 때문이었다. 즉, 피난하지 않으면 나중에 국군 측으로부터 무슨 일을 당할지 모른다는, 경험으로부터 나온 걱정이었다.

그래서 주민들은 다시 남쪽으로 피난하게 됐다. 중공군은 마을 사람들의 피난에 관해서는 간섭하지 않았다. 중공군은 매우 순한 군대였기 때문에 곧 유엔군에게 격퇴될 것이라고 생각되었다. 그래서 우리 마을의 피난민들도 빈집에서 하루 자고 돌아올 작정이었다. 그래서 몇 킬로미터 피난을 가서 그곳에 있는 빈집에 머물다 집에 가기로 했다.

산마다 중공군이 많았는데 마을 사람들은 그 산기슭 길을 따라 4킬로미터 정도 걸어 국군 부대가 있는 곳에 도착했다. 마을에 중공군이 침입해 있다고 알려도 국군은 장교들이나 병사들이나 사람들 얘기를 제대로 들어주지 않았다.

그리고 하룻밤을 자고 돌아와 보니 우리 집은 중공군으로 가득 차 있었다. 그들은 온돌에 불을 지피고 그 따뜻한 곳에 머리를 붙이고 자고 있었다. 어머니는, 머리를 따뜻하게 하니까 그들은 머리가 나쁠 것이라고 말했다. 어머니는 내게는 절대로 머리를 따뜻한 곳에 붙이고 자도록 허락하지 않았던 것이다.

그 중공군은 연초(담배) 보급반이었다. 나의 양친은 당시 오십대 초반이었지만 노인 취급을 받아 담배를 받았다. 마을 사람들에게는 한방약을 주기도 했다. 그들은 결코 여성에게 관심을 보이지 않았다. 무서운 소문과는 전혀 다른 좋은 군대처럼 보였다. 성폭력 같은 행위도 없고 오히려 부드러운 느낌이 들고 주민들도 차츰 친밀감을 갖게 되었다.

그들은 군대라고는 하지만 총을 가진 병사는 거의 없었다. 박격포는 봤지만 개별적으로는 무기를 소지하고 있지 않았다. 단지 삽 같은 농기구나 그런 종류의 것은 가지고 있었다.

그들은 비행기 소리에 매우 민감해서 바로 엎드려 버렸다. 나는 비행기가 그다지 무섭지 않았기 때문에 중공군이 무서워할 때마다 웃음이 나왔다.

주둔 중에는 우리 아이들과 놀기도 하고, 병사라고 해도 15살 전후, 그 중에는 내 친구들과 싸우다가 운 병사도 있어 그때는 '무슨 군인이 이렇게 약해?' 하고 어린 나이에도 비웃고는 했다.

모든 군대가 성폭행을 저지르는 것은 아니다. 그것은 군의 성관리 정책에도 기인할 것이다. 중공군은 내가 견문한 범위에서는 한국 여성을 상대로 강간 등의 성폭행을 저지르지 않았다. 나중에 알아보았지만, 아마도 중공군의 군율 세 가지 가운데 하나가 '민중으로부터는 실 한 올, 바늘 하나 취해서는 안 된다'는 것이고, 또 여덟 개 항의 주의사항 가운데 하나로 '부녀자를 희롱하지 않는다'는 규율이 있었기 때문이라고 생각하고 있다.

지금부터 10여 년 전, 나는 비디오 〈만주滿洲 영화〉에서 보기 드문 영상을 봤다. 비디오에서는, 소련군이 찍은 것으로 되어 있는데 국민당 군대와 깃발이 보이고 있는 것으로 보아 아마 국민당과 공산당의 합작 시대를 그린 것이리라. 이 동영상에는 가짜 팔로군(중공군) 병사인 강간범을 재판에 회부하고, 거리에서 조리돌린 뒤 총살하는 장면이 있다. 아마도 군이 성범죄를 엄하게 다룬 현장을 찍은 영상으로서는 유일할 것이다. 나는 6.25전쟁 당시에도 이러한 중공군의 엄격한 군율이 있지 않았나 생각하고 있는데, 이 영상은 그 유력한 증거가 아닐까 생각된다.

다만, 주둔한 지 몇 달이 지나자 중공군은 식량이 넉넉하지 않게 되어 지역 주민들에게 공출을 요구하기 시작했다. 이때 군대는 거지같은 존재가 되었다고 생각했다. 주민들은 곡식 등을 땅에 묻어 숨겼지만, 그들은 쇠막대로 땅바닥을 두드리고 그 울림을 들으면서 파낸 적도 있다. 하지만 서로 말이 통하지 않기 때문에 그 이상의 일은 하지 않았다. 역시 온순한 군대 같았다.

우리들이 그보다 전에 경험했던 북한 인민군에 의한 일가족 학살이나 한국군의 잔학한 복수에 비하면 매우 좋은 군대라고 생각했다. 통역하는 사람도 없어 그들과는 소통이 전혀 되지 않았지만 표정으로 막연히 아는 척하고 있었다. 나는, 나의 집 안을 가끔 들여다보았는데 항상 중공군들로 가득했다.

어쩔 수 없이 우리는 방공호에서 살게 됐다. 그 방공호는 어머니와 내가 호미로 백토 구멍을 파고 세숫대야로 흙을 퍼내서 만든 것이다. 나는 나의 첫 작품인 것처럼 생각하고 오히려 집보다 낫다고 생각했다. 안에 앉아서 생활하고 시간을 보내는 데는 별 불편이 없었다.

그 방공호는 우리 집 바로 뒤에 판 것인데 무슨 일이 있으면 곤란할 것 같아서 우리 가족들은 눈앞에 있는 집인데도 잘 들어가려고 하지 않았다. 그래서 한동안 그대로 방공호에서 지냈다. 나는 굴 속에 또 옆으로 길게 굴을 파서, 내가 숨는 독방 굴을 만들었다. 마을 사람들은 집 단위로 이렇게 해서 자신들의 방공호를 파고 있었다. 이로 인해, 폭격 등에 의한 마을 사람 희생자는 많이 줄어들었을 것으로 보인다.

전투기가 4기 1조로 편대를 지어 날아오면 중공군은 예외 없이 엎드리지만 나는 흥미롭게 관찰했다. 조종사는 전방을 비스듬히 내려다보기 때문에 그 시각에서 벗어나면 안전하다고 들었다. 그러나 이때의 비행기는 두 대가 한 조였고, 눈앞의 산을 넘고 나서 상공을 선회하여 돌아오면서 산꼭대기에 폭탄을 투하했다. 순간 붉은 불꽃과 검은 연기가 하늘을 물들였다.

이 비행기 소리가 쌕쌕으로 들리기 때문에 우리는 '쌕쌕이'라고 이름 지었다. 후에 제트기라고 일컫게 되었는데, 북한에서는 아직도 쌕쌕이라고 불리고 있다. 폭탄은 맥주병 모양이어서 맥주병이라고 불렀다. 이 폭격에 의해 산꼭대기에서는 중공군 병사들이 다수 죽은 것 같았다.

이렇게 우리 집은 중공군에 점거되고 가족들은 살 곳을 잃었다. 어머니는 식기 등을 가지러 자택에 출입은 하셨지만 그래도 집에 살지는 않았다. 군인들과 함께 자는 것도 재미있는 경험이었겠지만, 무엇보다 폭격당할 두려움이 있어 결국은 방공호에 사는 것을 택했다.

유엔군 낙하산 부대

5월 말경 어느 날 아침, 맑게 갠 하늘에, 지금까지 본 폭격기와는 다른 비행기가 날아왔다. 그 비행기는 대형이었고 날개 양쪽에는 럭비공 같은 검은 것이 붙어 있었다. 이윽고 그 비행기는 낙하산을 투하했다. 하늘에서 떨어지는 낙하산은 오색찬란했다. 그 장면은 웅장하며 아름다운 경관이었다. 전쟁 중에 이렇게 아름다운 광경을 본 나는 전쟁이 마치 놀이인 것처럼 느껴졌다.

낙하산으로 하늘에서 내려온 군인들은 낙하산 천과 같은 색

깔의 목도리를 하고 있었다. 그게 나중에 '빨간 마후라(머플러)는 하늘의 사나이'라는 유행가가 되었는데 그 노래가 나올 때마다 나는 이 낙하산 장면이 생각났다. 노래의 바탕이 된 영화는 한국의 공군 중위가 자폭한다는 이야기인데, 내가 실제로 본 것은 유엔군의 낙하산이었다. 이 전쟁 전체를 통해 한국군의 존재는 매우 미미했다.

　낙하산을 타고 내려온 유엔군 병사들은 총을 가슴 앞에 얹고 조심스럽게 우리 마을을 향해 왔다. 나는 그들을 무섭게 생각하지 않고 오히려 그들의 내방을 반겼다.

　마을을 향해 걸어오는 완전무장한 유엔군들 사이에 흑인들이 섞여 있었다. 깜짝 놀랐던 것은 일단 키가 컸다. 나는 당시의 인상을 사람들에게 "전봇대가 걸어오는 것 같았다"고 말한 것 같다. 나는 흑인을 무섭다고 생각하고 있었고, 특히 밤중에 만나면 얼굴이 보이지 않고 이빨만 보여 약간 우스꽝스러운 느낌도 들었다. 그들은 유엔군이지 무서운 존재가 아니라는 것을 납득은 하지만 그래도 조금 무섭고 신비한 존재였다.

　낙하산 부대는 대부분 10인 1조로 구성된 것으로 보였는데, 그 중에는 흑인 혹은 통역자 같은, 완전무장한 동양계 군인 등도 있었던 것으로 생각된다.

　그 무렵의 나는 전쟁에 대한 두려움을 그다지 느끼지 못하고 오히려 즐기고 있었다. 같은 학년인 조카의 권유로 총을 방공호 안에서 발사해 본 적도 있다. 총이라고 하는 것의 반동의 강함을 몸으로 느꼈다. 평시에는 상상도 할 수 없는 경험이었다. 처음에는 긴장되고 무서웠지만 해보니까 재미있었다. 총소리에 귀가 아플 지경이긴 했지만, 방공호 안이라 밖에는 소리가 그리 크게 새나가지 못한다는 이유로 우리는 사격을 즐겼다. 그러나 총기는 곧 치안 담당자에게 압수되어 버렸다. 공포와 즐거움, 그것은 요즘의 공포영화 같은 감각이었을지도 모른다.

그런 가운데 마을 사람들에게는 미군 담배와 레이션(야전식)이 배급되었다. 레이션에는 통상 깡통 따개가 붙어 있지만, 없는 것들도 있어서 그 경우는 부엌칼로 무리하게 열었다. 이 레이션이 얼마나 맛있었는지……. 하지만 가끔 맛없는 콩 통조림도 있었다.

금세 맛을 들인 우리는 연합군 병사들을 식료품을 들고 올 메신저나 되는 양 기다렸다. 마을 사람들도 키 크고 똑똑한 미군들을 모두 손을 흔들어 환영했다. 대체로 자동차 같은 건 본 적도 없는 마을 사람들이었으므로 큰 부대가 오고 지프들이 많이 오는 것만으로도 매우 기뻐했다. 또 변변한 음식도 먹지 못한 터에 그들은 많은 양의 초콜릿이나 드롭스 사탕, 비스킷 등을 주민들에게 나누어 주었다. 그들이 준 통조림 따위를 배불리 먹을 수 있어서 우리는 정말로 기뻤다.

마을을 강타한 거센 폭격

그러나 그 후 우리 마을은 격렬한 전쟁터가 되었다. 그 이전 9월 유엔군이 서울을 탈환할 때에는 군인을 본 일이 없었다. '1.4 후퇴' 때에도 중공군의 행군과 같은 침입이 있었으나 마을에서의 교전은 없었다. 하지만 그때의 전투는 매우 격렬했다.

마을 앞 밭과 야산에는 미군 부대가 주둔하고 있었다. 점령의 징표인 붉은색 휘장이 마을 앞에 펼쳐져 있는 것이 보였다. 그것은 우리 마을이 아직 미군 편이 되지 않았다는 것을 의미한다. 우리는 그것을 불길한 징조처럼 느꼈다.

폭탄 투하가 오전부터 시작되어 낮 내내 이어졌다. 그건 전에는 본 적이 없는 난폭한 폭격이었다. 그러나 마을에는 별다른 영향이 없었다. 폭탄은 마을을 넘어 북쪽에 떨어졌기 때문이다. 이어 비행기가 단속적으로 날아오고 이번에는 서쪽을 폭격한다. 그러나 이때에도 주민들은 굳이 농민을 폭격하지 않을 것이라고 비교적 안심하고 있었다.

그날 밤은 비가 내려도 폭격이 계속됐다. 그 사이에도 하늘에는 헬리콥터가 선회했고 중형 전차가 마을 뒷산에 먼저 가솔린탄과 같은 것을 발사하고 나서 발포하고 그로 인해 산이 불타고 있었다. 밤에는 총탄에 맞아 숨진 중공군이 불에 타기도 했다. 하지만 이런 산불을 아무도 쳐다보려 하지 않았다. 마을 사람들은 그저 미군의 움직임에 주목했다.

빗속에서 밤새 울리는 폭탄 소리와 진동의 무서움으로 떨고 난 후, 화창한 아침을 맞이했다. 어디선가 '방공호에서 나오라'는 소리가 들렸다. 그래도 아직 방공호에 남아 있는 사람이 있다는 것으로 사정을 살피러 간 사람이 마을의 한 가족이 방공호 입구를 이불 등으로 꽉 막았기 때문에 산소가 부족해 질식할 뻔한 것을 발견하고 이를 구출하였다.

점차 전날 밤 폭격의 피해를 알게 됐다. 어떤 집에서는 폭격을 피하려고 암소를 마을 뒤 야산에 방공용 벽을 만들어 고삐를 바짝 매 두었지만 폭격을 맞아 죽고 말았다. 그 암소에게는 갓 태어난 송아지가 있었다. 폭격을 맞아 죽은 암소는 엉덩이 부위가 헤진 채 산산이 흩어져 버렸다. 마을에서는 그대로 두면 썩는다면서 각자 칼을 가져와서 고기를 썰어 가기로 했다. 마을 사람들은 이 고기를 간장과 함께 끓여 장조림을 만들어 한동안 맛있게 먹었다.

그러나 암소의 주인 할머니를 보는 일은 참 안쓰럽기 짝이 없었다. 송아지가 좋아할 만한 먹이를 들고 도망 다니는 송아지를 울고불며 붙들러 다녔지만, 송아지는 좀처럼 붙잡히지 않았다. 할머니는 거의 날마다 송아지를 찾기 위해 온 마을을 헤집고 다녔다. 이 장면은 6.25 전쟁 기간 중 가장 슬픈 장면으로 나의 기억 속에 남아 있다.

또 다른 비극도 있었다. 우리 옆 마을에서는 한 임산부가 아직 방공호에 남아 있었다고 한다. 그 마을에서는 군인들이 십여 명씩 한 조로 다니면서 안전 확인을 위해 방공호마다 수류탄을 던져 넣어 폭파하고 있었다. 혹시라도 낙오한 잔존 적병들이 숨어 있을 수도 있기 때문이었다. 군인들이 어느 방공호 앞에 섰는데 방공호에서 갑자기 임신부가 뛰쳐나온 것이다.

놀란 군인 하나가 순간적으로 방아쇠를 당겨 버렸고, 총알이 임산부의 복부를 꿰뚫고 말았다. 당황한 군인들은 무전으로 급히 헬리콥터를 불러 임산부를 병원으로 옮겼는데, 산모는 수술을 받고 한 달 정도 후에 귀가했지만 아기 목숨은 건질 수가 없었다고 한다. 당시 우리는 미군과는 전혀 의사소통이 되지 않았지만, 그들의 그런 행동을 보면서 좋은 군인이라고 판단했다.

중공군 사체 처리

폭격을 받고 있을 때는 모두 필사적으로 숨었다. 이제 죽는 것이 아닌가 하는 두려움에 떨지만, 그게 지나가면 꽤나 뿌듯한 느낌이 들었다. 예를 들면 헬리콥터 같은 것, 나는 그것을 '멋있다!' 하는 느낌으로 바라보고는 했다.

헬리콥터를 지금 한국에서는 '헬기'라고 하는데, 아마 학교 교육이 시작되기 전까지는 헬기라는 말은 몰랐던 것 같다. 우리는 그때까지 헬기를 '잠자리비행기'라고 불렀다. 또 전투기는 쌕쌕이기라고 했다. '쌔액!' 하는 비행 음에서 이름을 지었기 때문이었을 것이다. 이처럼 다들 자연스럽게 이름을 붙이고 있었다. 이 전투기를 볼 수 있는 것도 당시의 나로서는 설레는 일이었다.

이번 전투로 인해서 열 명 넘는 미군이 전사했다. 미군 시신들은 우선 보자기 같은 것에 덮인 채 우리 집 옆 공터에 가지런히 놓였다가, 얼마 후 날아온 헬리콥터에 의해 옮겨졌다. 한편, 중공군 전사자는 70여 명이었는데 그 처리가 문제였다. 마을 사람들에게 적군 시체를 매장하라는 지시가 떨어졌고, 아버지는 마을 사람들과 함께 볏짚으로 꼰 새끼줄로 사체를 묶어 미리 파놓은 여러 개의 구덩이마다 몇 구씩 사체들을 묻고 있었다. 그러나 저수지 가까이나 물속의 시신은 접근할 수가 없어서 잠시 그대로 둘 수밖에 없었다. 아버지는 중공군 사체에서 시계를 비롯한 소지품들이 모두 없어져 버렸다고 하셨다. 나는 사체에서마저 물건을 훔치는 심경을 당시로서는 잘 이해할 수 없었다. 아버지는 군인들이 그러지 않았겠냐며 혀를 차셨다.

이러한 일련의 전투에서 초가집 한 채가 폭격으로 불탔다. 실은 그 집이 우리 최가의 본가이고 이 본가에는 할머니와 아들 내외, 그리고 손자 일곱, 손녀 한 명의 대가족이 살고 있었다. 그 집이 불타고 조상의 유물인 갓과 제례 의복 등 조상 대대로 전해 내려오는 유품이 모두 없어진 것이다. 하지만 모두가 방공호 안에 있는 동안의 일이며, 가족들은 불에 타고 남은 재와 숯밖에 볼 수 없었다.

유엔군에 의한 성폭행 피해

격전이 끝나고, 우리 마을의 밭과 동산에는 미군 부대가 주둔했다. 그리고 우리는 마침내 유엔군의 성폭력이란 것을 눈앞에서 보게 되었다.

미군 병사들은 두세 명씩 마을을 배회했다. 때로는 군용견 셰퍼드를 끌고 다녔다. 마을 사람들은 그들의 행동을 관찰하고 있었다. 그것은 군사적 활동으로 보이지 않았기 때문이다. 미군은 여자를 찾아다닌다는 소문이 났다.

병사들은 마을 사람들이 우려했던 대로 곧이어 여성들을 약탈하고 성폭행하기 시작했다. 마을 사람들은 전쟁과는 다른 두려움과 불안을 강하게 느끼게 되었다. 그들은 낮 동안 마을을 어슬렁거리며 여자들을 눈여겨본다. 그리고 저녁이 되면 언덕길 등 마을 전체를 바라볼 수 있는 곳에 지프를 세워 놓고 망원경으로 눈여겨 둔 여성을 찾는다. 그래서 찾으면 맹렬히 지프를 몰고 온다. 그리하여 여성들을 강탈해 가는데 우리는 그런 미군 지프를 보면 큰소리로 "군인이야! 숨어!" 하고 외치곤 했다.

다행히 밤에는 군인들이 마을에 오지는 않았다. 그들도 신변의 위험을 느꼈거나 혹은 '야간 외출 금지'였을지도 모른다.

나의 누나는 다른 마을에 몸을 숨겼으므로 피해를 입지 않았다. 마을에서는 젊은 여성들은 수건을 쓰고 아이를 업고 있었다. 여자들은 쌓여 있는 볏짚 속에 숨기도 하지만 금세 셰퍼드가 찾아내고는 한다. 마을 사람들이 이를 눈치채고 그들을 에워싸고 나서면 뭔가 수사를 하는 척하고 가버리지만, 한눈파는 사이에 끌려간 여성도 있었다. 그런 사건들 중에서도 아래에 소개한 현지 소녀에 대한 영국군 병사의 행위는 지금도 기억에 남아 있다.

어느 해질녘, 이웃집에서 가족이 저녁을 먹고 있었다. 그때 옆집 앞마당에 갑자기 영국군 헌병 2명이 탄 지프가 멈추어 섰다. 나는 그 집까지 가서 그들이 무엇을 하는지 지켜봤다.

옆집에는 15살의 여자아이가 있고, 그들은 그 딸을 목표로 온 것 같았다. 나는 빨간 모자를 보고 그들이 헌병임을 알게 되었다. 그들은 시동을 건 채 총을 들고 집 안으로 들어갔다.

차가 멈추는 소리를 듣고 옆집 사람들은 외동딸을 다락방 벽장에 숨겼다. 그러나 병사는 방안으로 신발을 신은 채 들어갔고 방안을 뒤지기 시작했다.

한 사람이 창호지문에 총을 들고 서고 한 명은 찾는다. 그 소녀는 들킬까 봐 겁이 났을 것이다. 벽장 속에서 군인 앞에 뛰어내렸다. 그런데 틈을 노려 도망가려고 하다가 붙잡혀 버렸다.

병사는 그녀를 붙잡았고, 문 바깥쪽에 총을 겨누고 서 있었다. 가족들은 방 밖에서 떨고 있었다. 그랬더니 그 집 할머니가 농기구인 쇠갈퀴를 들고는 엄청난 기세로 마루를 두드린 것이다. 이에 놀란 병사는 자신도 모르게 소녀를 놓아주었고, 시동을 건 채로 있던 지프를 타고 서둘러 떠났다.

이 할머니는 귀가 성치 않았는데 어디에 그런 용기가 있었느냐고 새삼스럽게 마을 사람들로부터 평가받았다. 그 후 그녀는 군사도로 상에서의 교통사고로 사망했다. 그녀에 대한 배상은 물론 한 푼도 없었다.

또 어느 갓 결혼한 여성은 밭에 거름을 주고 있던 중에 병사들이 지프로 끌고 갔다. 그녀는 한 달 가까이 행방불명이 된 후 어느 날 같은 장소에서 지프에서 내려 마을로 돌아왔다. 정조를 생명처럼 중요시해 오고 있는 유교 사회 마을이지만, 아무런 소문도 나오지 않고 모두들 입을 다물고 있었다. 그녀의 성도덕이 문제시되는 일은 없었던 것이다.

어느 날 밤, 옆 마을에서는 흑인 병사가 성폭행하는 장면을 발견한 마을 사람이 농기구로 그 흑인 병사를 죽여 버렸다고 한다. 곧 미군 헌병이 조사를 나왔지만 농민들은 도망쳤고 또 부대도 이동해야 했기 때문에 수사는 더 이상 진행되지 않은 채 사건은 유야무야되어 버렸다.

습격당하는 것은 젊은 여성만이 아니라 소년도 습격당했다. 마을의 남자아이가 군인들의 오럴섹스(구강성행위)에 이용되는 일 등이 있었다. 나보다 한 살 위인 열한 살 소년이 할머니와 함께 고구마밭에서 작업을 하고 있었는데, 미군 병사가 성기를 꺼내어 그것을 핥도록 강제하였다. 미군이 싫다고 하는 소년을 억누르고 성기를 입에 넣는다. 억지로 입을 벌렸기 때문에 입에서 피가 났다. 옆에서 할머니가 엉엉 울고 있는데도 그들은 태연하게 그런 짓을 하고 있었다. 이러한 성폭행은 부대에 가까운 곳이나 도로변에서 일어났다. 그러나 이러한 성폭행도 그리 오래가지 않았다.

군인이 여자를 강간하는 이유

전쟁 중에 무기를 가지고 있는 군인은 무섭다. 무슨 짓을 할지 모른다. 분명히 그럴지도 모른다. 그러나 한국전쟁의 지원군으로 참전하여 우리 마을에 주둔한 중공군 가운데에는 아직 어린 소년 같은 군인도 있고 가끔 외로운 것 같기도 하고 울먹이는 것도 보았다.

전쟁 중에는 이웃 마을의 온 가족이 학살되기도 하고 마을 사람들도 잔학해져 군인을 살해하기도 했다. 모든 감정이 마비되어버려 불쌍하다거나 무섭다거나 하는 것도 그다지 느끼지 않았다.

윤리관은 말할 것도 없고, 치안이라는 것이 전혀 존재하지 않는 기간을, 나는 몇 번이나 경험했다. 국가 간의 전쟁은 군인끼리의 싸움처럼 보이고, 실은 일반 민중조차도 타락하게 한다는 것을 나는 비록 어린 나이였지만 나의 눈으로 직접 보았다. 지금까지는 운명공동체라고 생각했던 가까운 친족조차도 의지할 수 없다. 자기들 가족 말고는 어떤 형태의 집단이든 다 의미도 없고 소용도 없었다.

분명히 많은 유엔군 병사들은 평화를 위해 목숨을 바쳤지만, 일부 병사들은 악마 같은 존재였다. 평화를 만들고 그것을 지키기 위해 싸우는 군인들이라도 죽음을 앞에 하고 도덕을 지키라고만 할 수는 없다. 아니, 애당초 전쟁터에서 도덕을 찾는 것 자체가 무리일 것이다. 전쟁터에서는 역전의 용사들조차 모순된 행동을 한다, 다시 말해 전쟁 자체가 문제라고 봐야 옳을 것 같다.

내가 본 교전 중의 병사들은 죽음의 공포를 느끼면서도 총을 가진 자유로운 왕자가 된 듯한 극단적인 감정, 즉 양가감정兩價感情을 가지고 있는 것 같았다. 사람을 살상하는 무기를 가진 군인이 무제한의 자유와 극단적인 만족을 찾으려 한다. 거기서 무서운 성폭력이 일어나는 것이다.

일반적으로 전쟁 중에 일어나는 성폭행은 주로 적국에 상처를 주기 위해 자행되는 것으로 알려졌다. 그것이 일종의 전투 행위인 것처럼 일컬어지기도 한다. 즉, 강간하는 여성뿐만 아니라 오히려 그 여성의 남편이나 가족, 그리고 국가의 명예와 자존심을 욕되게 하기 위해 저질러지고 있다는 얘기이다. 그래서 적국의 여성을 성폭행하는 것이다.

예를 들어 프랑스군은 전쟁 중 대부분이 무슬림인 알제리 남자들의 명예를 빼앗기 위해 많은 알제리 여성들을 강간했다. 세르비아군은 보스니아의 무슬림과 크로아티아 여성에 대한 조직적인 강간을 자행했다. 그 수는 3만에서 5만이라고도 하며, 그렇게 강간당한 여성 백 명에 한 명꼴로 임신을 했다는 증언도 있다. 베트남전쟁에서는 한국군이 적측 여성을 강간하고 죽였다고 한다.

전쟁 때에는 돌발적이건 조직적이건 강간이 많이 일어나는 것은 주지의 사실이다. 만약 군대가 진정으로 '평화를 위하여' 전쟁을 하는 것이라면 최전선에서 싸우는 장병들은 천사 같은 존재여야 한다. 그리고 최소한의 도덕을 가지고 있어야 한다. 그러나 실제로는 이러한 평화의 전사들 가운데 일부는 거리낌 없이 적국의 여성들을 강간한다.

그러나 한국전쟁 당시 유엔군에 의한 한국 여성 성폭행은 이런 사례와 다르다. 정반대이다. 자기들을 환영하는 사람들에게 위해를 가하고, 그뿐만 아니라 강간을 한다. 그 이유는 무엇이었을까? 앞서 말한, 전술적인 적측에 대한 성폭행은 교전 중 전술과 같은 것이겠지만, 후자는 교전이 끝난 뒤의 일이다. 치안이 전무하다시피 하고, 더욱이 전쟁 중의 군인들로서는 교전 뒤의 살아

남았다는 안도감과 살육의 주인공이라는 극단적 감정의 교차 속에서, 단지 자신의 성욕을 채우고 발산하려는 행위였던 것은 아닐까? 지금은 비록 살아남았지만, 또 이어질 전투에서도 생존을 기약할 수 없는 상태에서의, 이른바 '위안부'적인 것이 그들에게는 필요했던 것은 아닐까?

유엔군은 분명 적국이 아닌, 적의 침략으로 곤경에 처해 있는 한국 여성을 범했다. 한국군 병사에 의한 자국민 성폭행도 내 기억에 남아 있다. 일본군이 일본이나 조선의 여성들을 전쟁터로 데리고 다닌 것도 실은 병사들의 그러한 '위안' 때문이었던 것은 아닐까?

그러나 우리 마을에서의 이런 성폭행 기간은 길어야 두 달 정도밖에 되지 않았다. 왜냐하면 마을에 매춘부들이 들어오면서 성폭행은 사라졌기 때문이다. 다만, 물론 매춘부가 있을 때에도 간혹 강간 소문은 있었다.

전쟁은 제정신(正氣)이냐 광기狂氣냐 하는 논란이 있다. 전쟁을 전부 광기라고까지는 할 수 없지만, 적어도 사람과 사람이 서로 죽이는 최전선에서는 서로가 자신의 생명을 지키기 위해서 필사적이며, 도저히 제정신이라고는 할 수 없는 패닉 상황에 빠진다.

이러한 상황에서 군인들의 성적 행위를 단지 광기로만 볼 것이 아니라 그 정체를 이해해야 하는 것이다. 위험으로부터 자신의 생명을 지키면서 동시에 적을 죽여야 한다는 상황, 실제 전투라고 하는 매우 위험한 상황에서는 폭력이 일어나기 쉽다. 그런데 그때 그들이 섹스를 요구하는 이유는 무엇일까? 위안부 문제도 그런 성의 근본적인 문제로부터 생각하지 않으면 안 된다고 생각한다.

중공군에 의한 성폭행은 없었다

전술한 바와 같이 한국전쟁에서 유엔군은 '평화군'이며, 공산화로부터 민주주의를 지켜주는 천사 같은 군대로 여겨졌다. 하지만, 나의 고향에서, 우리에게 있어서, 우리 편인 유엔군에 의해 자행된 성폭행은 처참하기 그지없었다. 우리는 전시 하에서의 인간은 그처럼 흉폭凶暴한 존재가 될 수밖에 없는가를 생각하지 않을 수 없는 것이다.

'천사 같은' 유엔군 병사들도 전쟁 때는 수많은 나쁜 짓을 했다. 미군은 마을의 상징인 소나무를 베거나 묘비를 표적으로 삼아 사격 연습을 하기도 했다. 전쟁에는 살인만 있는 것이 아니다. 도덕이 배제된 오락과 낭비도 범람한다. 그래도 최악은 마을의 여자들이 성폭행을 당하는 것이다.

이들의 성폭행이 한국 국내에서 얼마나 넓은 범위에서 이루어졌는지 이제 와서 확인할 도리는 없다. 하지만 유교적인 윤리관이 강한 우리 마을에서도 그 전까지는 마을에 유곽이 들어서는 것을 허용하지 않았는데, 전쟁이라는 불가항력과 성폭력에 대한 공포로 말미암아 주민들은 '매춘'을 인정하고 유곽이 들어서는 것을 받아들일 수밖에 없게 되었다.

물론 모든 군대가 성폭행을 저지르는 것은 아니다. 다시 말하지만, 나는 한국전쟁 때 중공 군대가 성폭행을 전혀 하지 않은 것을 체험적으로 알고 있다. 그것이 중공군의 성을 관리한다는 군율과 관련된 것일 수도 있다는 것은 앞서 말했다. 하지만 '중공군'은 실제로 한국전쟁 당시 한국인 여성에게 성폭행은 하지 않았다.

그러나 미군이 주둔하자 성폭행이 많이 일어났다. 미군 상대 매춘부들이 마을에 많이 나타나게 되자 마을 사람들은 매춘부들을 환영했다. 그녀들은 마을의 구세주였다. 그녀들이 없으면 동네 여성들은 모두 성폭행을 당하지 않을까 하는 생각마저 들었다.

이렇게 해서 우리 마을은 매춘촌, 즉 유곽이 되었던 것이다. 단순히 매춘을 인정한 것만이 아니라 마을 여인들의 정조를 지키기 위해 매춘부는 '필요'하다고 생각되었다. 동시에 마을 사람들은 매춘부들에게 방을 빌려줌으로써 현금 수입도 올렸다.

전쟁 중 병사에 의해 일어나는 성폭행은 경찰은 물론 헌병조차도 물리적으로 감당하기 힘든 상황에 처하고 만다. 법과 질서가 없어지고 본능이 시키는 대로 섹스를 구한다. 거기에는 당연히 폭력이 동반되기 일쑤이다.

앞에서도 설명한 바와 같이, 이런 병사들의 성적 행위를 그저 광기로만 볼 것이 아니라 정확하게 이해하고 나서 제재를 준비해야 한다. 나는 그것이 진정한 교육이라고 주장하고 싶다. 최근에도 유고슬라비아 분쟁으로 성폭력이 있었고, 또 러시아의 분쟁에서도 마찬가지였는데, 왜 70년 전의 일본의 위안부 문제만 거론되는 것일까?

미군의 주둔과 유곽의 탄생

어찌 되었든 이러한 과정을 거쳐 성폭행을 모면하기 위해 마을 사람들은 매춘부를 환영했다. 유엔군 병사들을 상대로 하는 젊은 매춘부들이 속속 마을에 나타나면서 마을 사람들도 이렇게 매춘부들을 환영했다. 이들은 마을의 구세주가 되었다. 그녀들이 없다면 마을 여자들은 대부분 성폭행을 당했을지도 모른다. 매춘부들에게 방을 빌려주고 수입도 얻고 마을을 성적 위험으로부터 보호한다는 의미에서 일석이조로 여겼다.

이렇게 해서 마을은 한순간에 유곽이 되었다. 거친 군인에 의한 성폭행을 막기 위해 주민들은 전통적, 유교적인 성 윤리를 느슨하게 하여 매춘을 인정하며 정당화하고, 나아가 *그*것을 적극적인 수입원으로 삼았다.

마을 사람들은 이러한 매춘부들을 긍정적으로 바라보았지만, 결국에는 자신의 가족과 친족의 정조를 지키기 위해서 밖에서 오는 매춘부는 타인이며 필요악으로 여겼을 것이다. 이러한 유곽은 군대가 주둔한 기지를 중심으로 해서 퍼져나갔고, 병영을 끼고 형성되었다고 해서 기지촌이라고도 불렀다. 거기서는 매춘부가 거의 반半 공창公娼적인 형태로 존재하게 되었다.

일본의 위안부 문제를 놓고 항상 단순한 매춘인가 성 노예인 것이냐는 논란이 있다. 나는 '성폭력'과 '위안'에는 밀접한 관계가 있음을 강하게 느끼고 있다. 이것은 현대의 오락 시설 일반에 대해서 말할 수 있다. 거기에 가는 사람에게는 '놀이'라는 의식이 있어도, 거기서 일하는 사람에게는 '일'인 것이다.

전쟁터에서의 위안소를 관리하는 위안업도 전시 중에는 풍속업, 즉 부끄러운 추한 업業이라는 의식은 없었던 것 같다. 매춘도 위안업도 같은 '섹스산업'이다. 위안소는 군인을 상대로 영업을 하며 수입을 올렸다는 것이다. 이렇게 매춘이 전쟁터로 반입되어, 전쟁 중 전쟁터에서도 장사로서의 매춘이 성립되었다는 것은 사실이다. 이 주제에 대해서는, 졸저 『조선 출신 경리원(일본어로 죠바)이 본 위안부의 진실』(ハート出版, 2017년)에 상세히 썼다. 이 책에서는 버마나 싱가포르의 위안소에서 경리원(경리 담당)으로 일했던 실존 인물 박씨의 일기를 상세히 엮어 그러한 위안소의 '실태'를 밝히고 있다.

확실히 전쟁은 무서운 것이지만, 누군가는 그 상황을 즐기기도 한다. 전쟁이 우리 마을을 변화시켜 마을은 고스란히 유곽이 되었지만, 이는 사람의 운명을 바꿀 기회이기도 했다. 나는 그것을 전쟁의 기억으로 남기고 싶다. 그 비참함을 일방적으로 부각시킬 생각도 없고, 올리버 스톤 감독의 전쟁 영화에 나오는 휴머니스트에 대해 쓸 생각도 없다.

나는 전쟁 체험담이나 식민지로부터의 귀환에 관한 증언을 많이 읽어 왔다. 그때에도 단지 비참할 뿐인 이야기를 계속 읽는 것은 꽤 어렵다고 느꼈다. 그러므로 그것과는 다른 성격의 메시지를 후세에 남기고 싶은 생각이다.

메밀밭의 추억

메밀이라고 하면 한국에서는 이효석의 소설 『메밀꽃 필 무렵』을 떠올리는 사람이 많다. 메밀로 만든 막국수나 묵은 한국에서는 매우 대중적인 음식이다. 묵은 메밀가루나 녹두가루, 도토리가루를 침전시켜 졸여 굳힌 젤리 모양의 식품이다. 늦은 밤 시간, 이 묵장수 행상의 '메밀묵 사려!' 하는 아련한 외침도 그립다. 겨울밤에 이 동네 저 동네 떠돌며 장사하는 풍경이 지금도 남아 있을까! 일본에서 오래 살고 있는 나에게는 향수를 불러일으키는 추억이지만, 한편으로 가난했던 시절을 떠올리게 하는 음식이기도 하다.

지금은 건강식으로 널리 생산되고 있는 메밀이지만 옛날에는 곡물로서의 가치는 낮았다. 산촌을 제외하고는 재배하는 사람도 적고 논이 적은 우리 고향에서는 흰 꽃의 아름다움을 관상하는 것 같지도 않았다. 어쨌든 좋은 논이나 밭에서 재배할 만한 작물은 아니었다. 하지만 나에게는 그것이 한국전쟁에 대한 기억을 되살려 주는 귀중한 곡물이다.

나의 사촌 형수는 서울에서 시집왔다. 부부싸움을 자주 했지만 언제나 형수가 이겼다. 평소 남편이 패배 선언을 하고 화해를 하기 마련이었지만, 때로는 남편 쪽이 강하게 나오면 형수는 기절했다. 남편은 황급히 정신을 잃은 아내의 얼굴에 찬물을 끼얹어 의식을 되찾는 일이 빈번하게 일어났다. 그들에게는 세 자녀가 있었는데 논밭은 없고 매우 가난했다. 소를 끌고 다니거나 우리 집의 가사를 돕거나 아버지의 도움으로 근근이 생활하면서 약간의 밭도 마련했다. 그것은 개울가에 있던 모래땅 밭인데 그들은 그 밭에다가 메밀을 재배했다.

그 유일한 메밀밭에 미군이 텐트를 치고 주둔했다. 사촌 형수는 "모처럼 싹이 텄는데 망했어! 이러면 굶어 죽으란 말이냐!" 하며, 주둔하고 있는 미군들에게 격렬하게 항의했다. 그녀는 극도로 분노해서 목숨이라도 걸겠다는 심정으로 미군들에게 비난을 퍼부었던 것이다.

그랬더니, 무슨 일로 젊은 여자가 소리를 지르고 있나 해서 미군 중대장이 나와 통역을 통해 사정을 들어 주었다. 그런 다음 그녀를 동정하고 그들 나름 배상을 해 준다고 한다. 그날 밤 그녀의 집 앞마당에 미군 차들이 담배와 통조림 등을 운반해 왔다. 그녀는 이런 물건들이 비싸게 팔리는 것을 알고 있었다. 전쟁 중의 일이고 땅값은 싸다. 그래서 그 물건들을 팔아 새로 논을 산 것이다. 또한 그녀는 매춘부의 세탁 등 주변 일을 도와주고 현금 수입도 올리고 있었다. 마을 사람들은 그녀를 비난하기보다는 아내를 밖에 내보내지 않을 수 없는 남편의 무력함을 비난했다. 그녀는 미군 부대 철조망 주변을 걸으며 "워시Wash, 워시Wash"라고 소리치며 세탁 주문을 받으며 일을 했다. 한편, 남편은 그녀의 귀가가 조금이라도 늦어지면 그녀의 등짝을 살폈고 미군에게 몸을 파는 것은 아닌가 의심하기도 했다. 그렇게 십 수년 후 그녀의 집은 마을에서 가장 잘 사는 집이 되었다. 바야흐로 빈부 역전이 일어난 것이다. 그들은 수도 서울로 이주하였다.

마을 사람들은 여성의 정조를 지키기 위해서 매춘부들을 환영했고, 마을은 유곽이 되었다. 전통적인 성도덕에서는 상상도 할 수 없는 '매춘'이 마을의 일상적인 일이 되었다. 당시의 나는 매춘부에 대해 매우 좋지 않은 이미지를 가지고 있었지만, 가까이에서 본 그녀들은 대부분 순수했다. 정신이 타락해 그렇게 되었다거나 윤리나 도덕이 어떻다 하는 것은 전혀 찾아볼 수 없었고, 집이 가난해서 가족 때문에 어쩔 수 없이 매춘부가 됐다는 사람이 많았다.

그 시대를 회상해 보면, 전쟁과 사회의 혼란이 역으로 사람에 따라서는 생활의 전환점이 되기도 한다는 것을 알게 된다. 내가 본 전쟁에는 이러한 기회와 도전도 있었다.

미군 위안부의 양면성

성폭행을 당한 마을에 서울에서 매춘부가 들어왔다. 동네 사람들은 저마다 방을 임대해 주고 방에서의 매춘을 흔쾌히 허락했다. 먼저 미군의 성폭행으로부터 주민의 안전이 지켜지는 것과 방을 빌려줌으로써 현금 수입이 생기게 되어 경제적으로도 보탬이 됐기 때문이다. 우리 집도 한 여자에게 방을 빌려주었다. 또 다른 방은 농사일을 거들어 주는 머슴의 방이었다. 얼마 지나지 않아 동네 모든 집이 그런 상황에 이르렀다. 우리 동네는 바로 매춘촌, 즉 유곽이 된 것이다.

미군 상대 매춘부는 '양갈보'나 '양공주'로 불렸다. 이 두 용어는 기본적으로 비하하는 말이지만, 전자가 그저 '매춘부'를 일컫는다면 후자에는 '공주'라는 용어가 쓰이고 있다. 이렇게 단어 상으로도 부정과 긍정의 두 측면을 갖는 셈이다. 그리고 그녀들은 때와 장소, 경우에 따라 멸시받기도 하고 영웅시되기도 했다. 이두 가지 요소는 사회가 극도로 혼란스럽거나 전쟁이 벌어지면 다이내믹하게 변동한다. 즉, 그녀들이 '매춘부(갈보)'와 '아가씨'라는 두 가지 면을 갖듯이, 소위 위안부도 희생자=애국자가 되는 경우가 있는 것이다. 매춘부=위안부는 외화를 버는 조국 근대화의 영웅이라는 것이다.

이렇게 미군 상대 매춘부, 즉 '미군 위안부'는 생겨났다. 그러나 한국 내에서 미군 위안부 시비에 관해 이야기할 때도 현재 시점의 인권사상으로 재단하고 논할 일은 아니다. 미군 위안부가 나타난 것은 사람과 사람이 서로 죽인 전시 중의 일이다. 인권 의식도 인간성도 아닌, 전쟁 중 군인의 성 문제로서 위안부 문제를 생각하기 바란다.

전쟁 중 일시적이나마 성폭행이나 성범죄를 막기 위해 마을 주민들은 매춘을 인정하고 정당화했다. 그리고 이를 적극적으로 수입원 삼아 매춘은 군대 주둔지를 중심으로 확산되었고, 매춘부는 반半공창적인 것으로 인정받게 되었다. 매춘은 성 윤리의 일탈로 치부되는 한편, 외화를 획득하는 위대한 행위로서 묵인되었던 것이다.

후술하는 것처럼 과거 박정희 정권은 유교의 성 윤리를 지키려고 하면서 한편으로는 매춘을 인정하는 듯한 정책도 취하고 있었다. 당시 한국 정부는 그녀들의 행동을 애국적 행위로 여기고 있었다. 이것은 정부가 매춘부, 즉 위안부를 외화를 획득하는 소중한 존재로 여겼음을 반증하는 것이다.

매춘촌의 활황

내가 태어난 고향에서는, 세련된 옷차림이나 화장은 기생이 하는 짓이며 피해야 할 행위라고 말하고는 했다. 입술연지(립스틱)를 바르면 쥐를 잡아먹은 고양이와 비슷하다고 마을 사람들은 입버릇처럼 말하고 있었다. 그 기준으로 보면, 현대의 여성은 전부 매춘부처럼 보일지도 모른다. 그런 작은 마을이지만 거기에 젊은 여자들이 들어오자 마을에는 갑자기 활기가 돌았다.

미군 지프와 트럭이 일제히 몰려와 곳곳에 주차한다. 공터는 차로 가득 찬다. 미군들이 왔다 갔다 하면서 조용하던 동네가 왠지 흥청거리고 활기가 있다. 미군의 외출이 없는 날은 마을이 마치 죽은 듯이 조용해진다. 매춘부들도 장사를 할 수 없고, 내일은 미군이 올까 걱정하며 다들 침울해진다.

마을 곳곳에 콘돔과 성에 관한 영어가 범람했다. 미군들은 파파상, 마마상 같은 일본어를 사용했다. 이들이 대부분 일본에 주둔했던 부대이기 때문이라고 한다. 가끔은 일본 노래도 불렀다. 축음기에서 리샹란(李香蘭)의 '지나(중국)의 밤' 등이 흘러나왔다. 마을 사람들도 영어를 열심히 외우려고 했다. 미군은 마시고 노래하고 춤을 추었다. 복싱도 했다. 이들이 부르는 노래는 당시 미국의 유행가였다.

이렇게 해서 성폭행의 공포에서는 벗어날 수 있었지만, 이윽고 또 하나의 불안한 요소가 발생했다. 그것은 마을 남자들이 매춘부와 관계를 맺지 않을까 하는 여성들의 불안이었다. 실제로 이로 인해 가정불화도 생겼다. 또 남성은 남성대로 자기 아내를 감시하거나 의심하거나 하여 역시 부부싸움이 끊이지 않았다. 매춘부들은 농가에서 하숙하는 모양새를 하고 있었던 만큼 주민과의 접촉도 당연히 늘어났기 때문이다. 사교성 있는 남자들은 매춘부와 종종 이야기를 나누고 농담을 하게 되었다.

'오야'라고 불린 매춘부

서울에서 온 매춘부 중에는 '오야'라든가 '오야카타'라고 일본어로 불리는 여성이 있었다. 미모가 상당한 그녀는 병사들에게 인기가 있었다. 마을에 30명쯤 있는 매춘부 중에서도 영어 실력과 관록이 있어 병사가 날뛰거나 했을 때 그것을 해결할 능력도 있었다. 예를 들어 그녀는 성폭행의 위험에 시달린 소녀를 자신의 아이를 돌보거나 집안일을 해주는 식모 삼아 서울의 자기 집으로 데려간 적도 있다. 그리고 서울에서는 자기가 매춘을 하고 있다는 것을 다른 사람에게는 말하지 않고, 자기 아이를 마을에서 데려간 식모에게 맡기고, 사업을 한다고 말하고는 했다.

또한 그녀는 매춘부들로부터 미군용 물품과 달러를 모아 서울로 가져가 팔았다. 게다가 비밀리에 군 트럭을 빌려 돈을 받고 화물이나 승객을 실어 나르기도 하고, 그렇게 모은 돈으로 서울에 집을 샀다. 많은 매춘부들이 먹고살기가 어려운 상황에서 매춘을 어쩔 수 없는 것으로 생각했지만, 그녀에게 매춘은 단순한 '사업', 그 이상도 이하도 아니었다. 당연히 그녀는 자신이 매춘하는 것을 부끄럽게 생각하지 않았다.

콘돔과 영어의 범람

앞서도 언급했듯이 마을에는 미군의 콘돔과 성에 관한 영어가 범람했다. 미군들은 파파상(아빠), 마마상(엄마), 타쿠산(많이), 스코시(조금) 등 일본어를 섞어서 이야기했다. 하바(빨리), 워시워시(세탁), 스톱(중지), 헬로, 오케이, 예스, 노, 챱챱(음식), 슈샤인보이(구두닦이 소년), 쓰리코타(트럭), 컴온(와라), 갓뎀선오브비치(욕), 케이아우(떨어짐), 슬립(자다, 성행위), 스레키보이(도둑), 숏타임, 롱타임, 올나잇 같은 것들이 미군에게도 잘 통했던 말이었다.

그리고 '챺챺(음식), 스톱(중지)'은 소화불량으로 인해 약을 요구하는 것을 나타낸다는 것처럼, 어느 정도 피진pidgin 언어[1]적인 말도 나타났다. 이는 마을 사람들도 영어를 열심히 배우려고 노력한 결과이다.

이렇게 전쟁이 마을의 윤리 도덕을 바꾸어 놓았다. 원래 윤리 도덕적으로는 상업이라는 것에 부정적이고 특히 여성들의 장사는 경시되고 있었지만, 기지촌 부근을 돌며 영어로 더듬더듬 물건을 파는 여성도 나타났다.

그러나 결국 미군 부대는 오래 주둔하지 않고 조금 떨어진 동두천으로 옮겨갔다. 이름 없는 한적한 시골이었던 동두천은 미군 제7사단이 주둔하면서 기지촌으로 유명해졌다.

국제결혼을 꿈꾸며

미군 병사들은 한국 여성들에게서 성과 위안을 구했다. 하는

---

1) 혼성어. 비즈니스 등의 이유로 여러 언어가 혼합되어 쓰이되 극단적으로 축약되어 제한적인 의미 전달 역할을 하는 말. 언어 생활권이 다른 민족이나 인종, 문화 등이 접촉한 초기에 주로 발생하며, 시간이 흐르면서 반복 사용을 통해 일반 언어 자격을 획득하게 되는데, 이런 언어 현상을 두고 언어학적으로 크리올créole이라 한다.(편집자 주)

일은 매춘일지라도 병사들에게는 위안의 의미도 강했던 것 같다. 반대로 매춘하는 여성들에게는 결혼할 행운을 찾을 수 있는 기회이기도 하다. 한국의 빈곤과 미국의 부를 대조하고는 궁핍한 한국으로부터 풍요로운 나라 미국으로 탈출하려는 사람도 많았다. 그것은 미국이라는 땅에서의 새로운 삶과 꿈을 향한 출발이기도 하였다. 전쟁과 빈곤, 한국의 가부장제에서 해방되어 꿈의 미국으로 가는 지름길이 곧 미군 병사와의 만남이자 관계라는 생각을 갖고 있었다. 그리고 그것은 현대의 한국인들 다수가 가진 아메리칸 드림의 기원이었다.

그 무렵, 미군 위안부였던 여성들이 미국 병사의 신부로서 미국에 입국했다. 당시 그런 여성의 수가 1만 명쯤 된다고 한다.

한국 정치는 분명 허술했다. 일본에 주둔하고 있는 미군보다 한국에 주둔한 미군의 매춘 쪽이 성황이라는 사실은 한국과 미국 사이의 외교정책에 기인하고 있었다. 1970년대 박정희 대통령은 외화를 벌어들이는 정책을 펼쳤고, 미군 기지에서의 매춘은 미군의 성적 욕구를 충족시켜 사기를 높이고, 나아가 그것이 한반도의 안전보장으로 이어진다는 애국적 행위로 생각되고 있었던 것이다. 그래서 한국 정부는 미군의 매춘과 성병 등의 문제는 원칙적으로 미국 측의 문제라며 적극적으로 단속하는 정책을 펴지 않았다.

외국 군대의 강간이나 매춘에 대한 정책이나 태도는 해당 국가 간의 관계에 따라 양상이 달라진다. 미군을 상대로 한 매춘부의 수는 휴전 후 40년간에 걸쳐 25만 명에서 30만 명이라고 추정되고 있다.

이런 배경이 있는 가운데 1992년 10월 '윤금이 사건'이 일어났다. 미군 클럽의 여종업원이었던 윤금이 씨가 미군 케네스 마클에 의해 살해되고 전신에 타박상을 입은 지 얼마 되지 않은 상처가 있는 상태로 발견되었다. 유체의 전신에는 폭행을 숨기려 한 듯 세제 가루가 뿌려져 있었다.

이 살인사건이 하나의 계기가 되어 여성 인권단체가 반미운동을 일으켰다. 페미니스트들은 미군기지 주변의 여성들이야말로 성의 피해자라고 호소했다. 그리고 이런 여성 단체, 기독교 단체 등이 연대하여 큰 사회 문제가 되었다. 한 여성 단체는 '주한미군은 한국에서 매년 2천여 건의 범죄를 저지르고 있다. 그 범죄의 근본적 해결을 위해서도 한미행정협정(SOFA) 개정을 포함해 범죄 근절 대책을 요구한다'고 클린턴 당시 미국 대통령에게 청원했다.

미군 주둔으로부터 반세기 가까이 지나 이와 같은 미군 비판이 나오는 변화가 일어난 것이다. 이는 종래부터 있는 정조관·성윤리가 저류低流로서 존속하고 있으며, 그것이 사회운동 등에 의해 페미니즘과 인권 의식으로 확산되어 국민의 정조관·성윤리로 다시 표출되었던 것이라고 생각된다.

그런 상황 속에서 이번에는 한국인 매춘부가 미군 흑인 병사에게 살해당해 동료 매춘부들이 그녀의 시신을 메고 시위를 벌이는 사건이 일어난 것이다. 그러나 한국 정부는 이를 큰 문제로 다루지 않았다. 즉, 한국전쟁 시의 미군과 한국 정부의 구도가 지금도 계속되고 있는 것이다.

동두천에는 현재도 미 제2사단이 주둔하고 있다. 이전에는 4만 명이던 것이 지금은 2만 명으로 알려져 있으며 기지 주변으로는 매춘 지대, 즉 기지촌이 형성되어 있다. 밤에 가보면 기찻길 선로에서 불쑥 매춘부가 나타나 서 있다. 1980년대 말, 내가 동두천에 갔을 때와는 인상이 크게 달라져 있었다. 대낮에 큰길이나 번화가에서 매춘부라고 여겨지는 여성은 보이지 않았다. 현지인에게 어떻게 된 거냐고 물어보니 지금은 음식점이나 카바레 등에 있다고 한다. 그래서 한 음식점에 들어가 보았다. 그럴듯한 여자가 여럿 있었다. 그러나 그녀들은 러시아 인과 필리핀 인인 것으로 알려졌다.

미군 부대가 있는 곳이라면 어디나 마찬가지이다. 서울의 이태원, 경기도 파주와 오산이 전국적으로 유명하고, 상대적으로 규모가 작은 대구가 그 다음이다. 이 도시들은 마치 미국의 풍경처럼 보이며 치외법권 지역으로 알려져 있다. 매춘부들은 이런 도시들에서 오피스텔 등을 임차하여, 실내에 가정적 분위기를 느끼게 하는 장식을 하고 미군을 단골손님으로 삼고 있다. 향수병에 빠진 미군에게는 가정적인 분위기 맛을 볼 수 있고 위로(위안)가 될 것이다.

취재 인터뷰를 해 본 결과, 매춘부들 중 상당수는 운이 좋으면 미국으로 갈 수 있을지도 모른다는 국제결혼에 대한 꿈을 가지고 있었다. C녀는 매춘부가 되어 백인 아이를 낳아 키우다가 다른 미군과 사귀어 서로 결혼까지 예정한 상태로 그 미군에게서 생활비를 받고 있었다. 그런데 중간에 그 미군과의 연락이 끊기며 국제결혼을 단념했다. 그녀는 모은 돈으로 찻집을 운영했지만, 불행히도 얼마 뒤 교통사고로 사망했다. 매춘부들은 단골을 만들어서 국제결혼을 노리거나 돈을 벌어서 스스로 장사를 하기 위한 자본금을 만드는 것이 주된 목적이었다.

나는 대구시의 캠프 헨리나 캠프 워커의 미군기지 앞에서 국제결혼을 취급하는 점포의 간판을 본 적이 있다. 1970년대 한국의 상류층들은 미국 문화를 접하기 위해서 미군기지 내 골프장이나 레스토랑에 다니는 것을 많이들 좋아한다고 한다. 한국전쟁 이후 백인 남성과 걷는 여성은 매춘부로 여겨졌지만, 이후로는 국제결혼도 많아지고 있고 매춘부가 미군과 국제결혼을 한 사례도 많은 것 같다.

한국 사회에서는 여성은 정조를 잃으면 결혼 시장에서 도움을 받지 못한다는 생각이 있다. 그래서 매춘부들에게는 미군 혹은 서양인들이 자신들에게 이상적인 결혼 상대가 되는 것이다.

매춘부들은 미군뿐만 아니라 한국군 주변에도 있다. 주로 군인들이 이용하는 기차역을 중심으로 그러한 '윤락가'가 형성되었다. 얼마 전까지만 해도 서울역과 청량리역 주변에는 매춘부가 밀집한 대규모 유곽이 자리하고 있었다. 그러나 이 같은 성매매가 기지 주변에만 국한된 것은 아니다. 다음 장에서는 좀 더 일반적으로 매춘이 이루어지는 현실로서 '다방', 즉 찻집을 이용한 한국의 독자적인 매춘 시스템을 살펴보고자 한다.

한국에는 영리를 목적으로 하는 성행위를 방지하는 '윤락행위등방지법'이 있지만, 매춘의 제도화에 의해서 사회 전체의 성적 욕구를 만족시키려는 사회도 있다. 즉, 정도의 차이는 있지만 어떤 사회에도 매춘은 존재하고, 또한 어떤 방식으로도 다양한 방식의 규제도 병존하는 것이 현실이다.

그런데 현대사회에서는 결혼이나 매춘의 개념도 크게 변화하였고, 매춘의 방식도 변화하고 있다. 결혼에도 일종의 '단골 매춘' 같은 것도 있으며, 매춘에도 '애인 관계'라고 부를 수 있는 것이 있다. 따라서 매춘을 정확히 정의하기는 어렵다.

결혼과 매춘의 구별이 어렵다는 것은 단순한 빈정거림은 아니다. 전통적으로 동아시아에서는 창기娼妓 제도가 있고, 현대사회에서도 표면적으로는 단속하고 있지만, 비공식적으로는 성 산업이 번창하고 있는 것이다.

한국전쟁 당시에도 주둔지 주변의 매춘에 대해 미군 MP(헌병)

가 어떻든 단속하는 것 같았지만, 내 기억으로는, 마을에서는 한 번도 단속된 적은 없었다. 한국전쟁에 참전한 미군들은 '귀휴제도' 등에 의해 일본을 경유하면서, 한국에도 일본에도 '양공주 경기(일본어로는 빵빵경기)'를 가져왔다.

일시적이나마 마을은 경제적으로 풍요로워지고 서양 문화와 접할 기회도 늘었다. 마을의 여성들은 매춘부들의 복장에 상당한 영향을 받았고, 남성은 미군의 군복을 작업복으로 입고 있었다. 당시 라이터는 신기한 물건이었는데 특히 담배를 피우는 노인들은 미군으로부터 라이터를 받고 기뻐했다.

마을에 정착한 매춘부

미군의 주둔으로 인해 양주 나의 고향 마을은 매춘으로 번성했다. 미군과 마을 사람들은 항상 우호적으로 사귀었고, 미군의 이동에 대해서는 반대도 했다. 한동안 미군의 주둔은 계속되었으나 마침내 부대가 이동하고 말았다.

마을은 빈곤한 농촌으로 돌아갔다. 매춘부들은 마을을 떠나 부대가 있는 곳으로 옮겨 갔다. 그 뒤로 마을은 이전의 전통적인 농촌으로 되돌아갔지만, 소수의 매춘부들이 그대로 마을에 남았다.

한 여성은 30세가 넘어 매춘부로 이 마을에 들어왔다. 아쉽게도 용모가 그다지 좋지 않아 좀처럼 미군이 상대해 주지 않았다. 그러나 그녀는 곧 미군과 관계하여 임신해 버렸고, 출산이 가까워지면서 매춘도 할 수 없게 되었을 무렵에는 마을 사람들에게 의존하지 않을 수 없게 되었다.

출산과 함께 매춘을 접고 마을에서 가난하게 살면서 혼혈 남자아이를 길렀다. 마을 사람들도 그녀가 매춘부라고 해서 별다른 차별을 하지 않았다. 가난한 살림이었지만 아들의 성장만이 그녀의 기쁨과 희망이었다. 그러니까 그녀에게 부끄럽다는 것은 2차적인 것이었다.

여성이 낳은 백인 미군의 자녀는 아버지가 누구인지도 모른 채 마을의 초등학교에 다녔다. 나중에 미군과의 성관계로 태어난 혼혈아를 미국 정부가 받아들인다는 이야기가 있었지만, 그 여성은 완강히 거절했다. 부끄러운 과거일지라도 엄마의 자식 사랑은 여전했다. 마을 사람들은 이에 감동하여 그녀를 마을 주민으로 받아들였다.

그러나 당시 매춘촌이라는 현실 속에서 나의 어머니는 큰 결단을 해야만 했다. 나를 마을에 둘 것인지 밖으로 내보내야 할지, 그러한 교육 문제로 고민한 것 같다. 어머니는 옥순이라는 이름의 매춘부에게 방을 빌려주고 싶었지만, 내가 그것을 어떻게 느끼는지 궁금했던 것 같았다. 그래서 어머니는 나를 서울로 전학

보내기로 생각을 굳히셨다. 그것은 돌아가신 아버지의 유지이기도 했다. 그래서 서울에 있는 숙부에게 부탁해서 나를 서울의 초등학교 4학년에 편입시켰다.

어머니는 나를 서울로 전학시킨 후 사촌 부부의 반대에도 불구하고 옥순이라는 여인에게 방을 빌려주었다. 그녀는 나의 어머니를 '어머니'라 부르고 더부살이를 하며 매춘을 했다. 나중에 그녀는 자신의 남편과 아이를 불러들여 마을에 농민으로 정착하였다.

또 한 여성은 마을에 30여 명 있었던 매춘부 중 가장 나이가 많았다. 그녀도 나이 서른이 넘어 서울에서 우리 마을로 옮겨 온 것이다. 그리고 마찬가지로 마을에 세를 들고 매춘을 시작했다. 그녀는 그 집 안주인에게 자기 형편을 이야기하고 매춘을 하지 않을 수 없는 사정을 이해해 달라고 했다. 그리고 주인집 사람들과 가족처럼 친해지고 양녀처럼 받아들여지고 있었다.

매춘부로서 오래가지 못한다는 것을 알고 있던 그녀는 미군 부대가 이동해 마을을 떠날 때 따라가지 않았고 마을에 남기로 했다. 그리고 농지를 사서 서울에서 남편을 불러와 농가로 전업한 것이다. 마을 사람들은 남 보듯 그녀를 이름으로 부르던 것을 멈추고 친족에 하는 것 비슷한 호칭으로 부르게 되었다.

그녀는 매춘부 출신이지만 서로 사정을 잘 아는 마을 사람들과 어울려 친하게 지냈다. 비참한 전쟁을 겪은 같은 피해자끼리라는 의식에서였는지 마을 사람들은 전쟁의 비참함과 부끄러움을 서로 잊으려고 했다.

그녀가 환갑잔치를 할 때에는 마을 사람들이 다 와서 축하해 주었고, 죽었을 때에는 장례도 훌륭하게 치러 주었다. 누구도 그가 매춘부였다는 사실을 발설하는 사람은 없었다.

매춘부에게 방을 빌려주고 산 사람들은 외부인이 보면 창피고 체면이고 뭐고 없는 일당이라고 생각될지도 모른다. 그러나 전쟁은 사람을 관대하게 하고 남에게 용서하는 마음을 갖게 하기도 한다는 것을 체험적으로 알 수 있었다. 전쟁이 사람을 성숙하게 한다는 것일지도 모른다.

네 명의 매춘부를 낸 집

나의 아버지를 의지하여 한 일가가 한국전쟁 발발 전 38도선을 넘어 우리 집에 왔다는 이야기를 앞에 썼다. 그들은 농지를 조금 사서 그냥 마을에 살게 되었다. 그 집 가장은 농사를 잘 짓지 못하였고, 시도 때도 없이 술을 마시고 곤드레만드레 취해 있는 게 일인, 말하자면 주정꾼이었다. 얼마 되지 않는 밭일은 전적으로 그의 아내 몫이었고, 그것만으로는 생계를 유지할 수 없어서 재봉틀을 사용한 바느질로 가족의 생계를 꾸려갔다. 이 아주머니는 마을의 다른 여성들에 비하면 '신식' 여성이었다. 마을 사람들로부터는 개화된 여성으로서, 바꾸어 말하면 조금 특이한 사람으로 생각되고 있었다.

앞서 서술한 공산주의자 청년과 마을 내에서 연애했다는 여성(나의 6촌)이 이 집의 큰딸이다. 애인은 인민군과 함께 북한으로 내뺐고, 그녀는 한국군에 단속되어 집단 성폭행을 당했다는 것은 앞에서 말한 바와 같다.

그녀의 여동생은 두 명인데 그 가운데 하나인 둘째 딸 명자(1939년생)는 미군을 상대로 한 위안부가 되었다. 매춘이라고 해도 미군 한 명과 독점적 관계를 유지한 준결혼 같은 관계를 가지고 서울에서 생활했다.

그 두 사람 사이에 혼혈 사내아이가 태어났다. 당시에는 국제결혼도 적었고 백인 미군과의 혼혈아는 매춘부였다는 증명 같은 것으로서 부끄러운 일이었다. 그래도 그녀는 자식을 손에서 놓지 않았다.

미군 병사인 남편은 귀국한 뒤로도 일 년에 몇 번씩은 그녀의 집을 찾아왔다. 나는 그를 한 번 만났고 아이 교육에 관해 이야기한 적이 있었다. 그녀는 남편의 후원으로 찻집을 운영했는데, 승용차를 구입하기도 하는 등 당시로서는 꽤나 여유 있는 생활을 했다. 하지만 운전 부주의 교통사고로 숨졌다.

그녀의 아들은 혼혈인으로서 차별받으니까 한국 사회가 싫어져 고등학교를 졸업한 후 미국에서의 생활을 꿈꾸고 미국으로 건너갔다. 하지만 영어를 못하기 때문에 적응할 수가 없고 한국에 돌아와서 카바레 등 밤의 세계에서 일하다가 어떤 시비에 말려들어 자살했다. 이 아들의 모친인 명자의 어머니와, 그녀의 아버지의 누나, 그러니까 고모도 결국 윤락녀가 된 뒤로는 마을에서 쫓겨났다.

그 가운데 명자의 어머니는 첫 번째 남편을 잃고, 50세의 나이에 매춘부가 되었다. 그녀는 재혼을 했고 새 남편과의 사이에 외동딸을 두었는데, 그 남편도 생활력이 없고 그녀 자신이 생계를 유지해야만 했던 것이다.

당시 50세이던 그녀는 나이든 매춘부로서 파주의 미군 부대 기지촌에서는 유명했다. 그 소문은 친족의 귀에까지 들렸지만, 친족은 부끄럽다고 화를 내면서도 족보상 서열이 위인 그녀를 대놓고 꾸짖을 수는 없었다. 게다가 그녀도 '아이나 가족을 위해서 달리 방법이 없었다'며 당당했다. 그러니까 그 일가족으로부터는 매춘부가 넷씩이나 배출됐던 것이다.

미군이 가져온 미국 문화

나는 열 살 때 미군 덕분에 처음으로 통조림과 커피를 맛보았다. 앞에서도 언급했듯이 당시 마을 여성들은 매춘부의 복장에 영향을 받았고, 남성은 미군의 군복이나 군모 등을 작업복으로 하고 있었다. 드럼통은 농기구로 여겨졌다. 목에 거는 군인들의 인식표는 목걸이로, 부엌에서는 영문자가 들어간 빈 깡통 등이 장식으로 쓰였다.

미군 병사들은 한국 식기를 가지고 싶어 했다. 한국인이 '요강'으로 쓰던 작은 항아리에 미군이 과자를 담아 사용하는 것을 보고 우리는 웃지 않을 수 없었다.

마을 사람들은 다양한 서양 문화와 접하게 되었다. 미군 철모에 긴 막대기를 가로로 걸치고 끈으로 연결하여 물을 긷는 두레박 바가지로 쓰기도 하고, 군용 천막이나 판초 우의(폰초poncho)를 펼쳐놓고 고추나 참깨 같은 농작물을 건조하기도 했다. 드럼통은 저수용으로도 사용됐다. 처음에는 군복을 그대로 입는 사람도 많았지만, 이윽고 민간인들의 군복 착용이 금지되자 군복에 잉크를 뿌려 물들이기도 했다.

하지만 나의 어머니는 이런 군용품을 사용하지 않았다. 한 번은 내가 미군 부대 주변에 버려진 드럼통을 굴려 집으로 가져오자 어머니는 호되게 야단을 치셨다. 다른 집에서는 미군이 준 통조림의 빈 깡통이나 상자, 빈 술병 등을 식기로 사용하기도 하고 부엌에 장식하기도 했지만, 어머니는 아예 거들떠보지도 않으셨다. 그런 짓은 품위 없는 일이라고 했다. 그와 마찬가지로 사과 상자 위에 서거나 앉거나 하는 것도 품위 없는 일이라고 했다.

이런 일들은 나에게 유전자처럼 전달되고 있다고 생각한다. 그러니까 나도 상품의 포장이나 상자 등을 집에 장식하는 것 같은 일은 절대로 하지 않는다. 어머니의 아버지, 즉 나의 외조부는 항일운동의 지도자였다고 이야기하지만 증거는 없다. 단지 어머니의 기억일 뿐이다.

아버지의 죽음과 친구의 배신

그 무렵, 나의 아버지는 소화기계 지병을 앓고 있었는데 어느 틈엔가 그것이 악화하며 자리에 누운 지 열흘 만에 돌아가시고 말았다. 전쟁 중이기도 하고 전염병일지도 모른다고 해서 장례는 간략하게 한다는 부고를 냈다. 하지만 아버지와 가장 친했던 사람은 장례식에 모습을 보이지 않았다. 어머니는 "내가 죽고 아버지가 살아 있었다면 그는 반드시 조문을 왔을 것"이라고 말했다. '대감 집의 개가 죽으면 문상객이 많아도, 대감 자신이 죽으면 코빼기도 안 비친다'는 속담대로였다.

아버지는 그때까지 친족이나 주민들에게 봉사를 많이 하였는데, 아버지가 세상을 떠나자 갑자기 사람들의 태도가 변했다고 어머니는 무척 안타까워했다. 특히 아버지의 친구가 분상을 오지 않은 것에 대해 배신감을 느끼시는 것 같았다. 아버지 생전의 따뜻한 마음씨가 새삼 존경스러우면서 나는 그들의 얕은 마음씨가 마음에 사무쳤다. 마음씨가 얕은 그런 마을 사람들이 싫었다.

이렇게 나의 어머니는 남편을 잃고 주변 사람들에게 실망했다. 그 무렵 어머니에게는 누나를 결혼시키는 것이 당장 가장 중요한 일이었다. 누나는 앞에서 언급한 가족 8명이 학살당한 집의 국군 장교와 결혼했다. 하지만 장교는 집에 있을 시간이 전혀 없었고 누나는 얼마 지나지 않아 이혼했다. 어머니는 크게 낙담했다. 나는 개인, 가족, 친족, 나아가 국가의 무력함을 강하게 느꼈다.

아버지가 사망했어도 아버지의 가장 친했던 친구는 얼굴을 내밀지 않고, 또 다른 친구는 아버지에게 진 빚을 부정하고 갚지 않는다. 어머니는 인간에게, 우정에, 크게 실망했다. 아버지가 돌아가시고, 어머니와 나는 가까운 친척에게도 배신당했다. 그래서 어머니는 점점 강해졌다. 아들 교육에 열과 성을 다했고 모든 것을 걸다시피 했다.

원래 아버지는 집 밖으로 나도는 일이 많아 나는 아버지로부터 부정을 느낄 기회가 별로 없었다. 하지만, 교육에 관한 아버지의 가르침은 엄하고 강력했다. 어머니에게는 때때로 나의 교육에 대해 말씀하셨다는 것을 알았다. 집안의 부富보다 자식을 교육하고 인격을 키우겠다는 것이었다. 아버지는 노래와 춤 등 예능 쪽의 재능은 전혀 없었다. 술은 마시지 않았지만, 담배는 피웠다.

아버지가 집에서 가족과 함께 자는 경우는 극히 드물었다. 그 래서 어느 겨울의 일이 생각난다. 우리 집 농기구를 넣어 두는 헛 간에 주기적으로 와서 잠을 자는 거지가 있었다. 아버지보다 나 이가 많았다. 기온이 영하가 되는 겨울에도 지푸라기를 걸치고 자고 있었는데, 어느 날 아버지가 어머니와 상의해서 그 거지를 방안에서 재우기로 했다.

이불은 부모님과 나 3인용 하나밖에 없는데 그를 그 안에 들였 던 것이다. 다음날은 당연히 이가 기어 다녀 소동이 벌어졌다. 아 버지는 왜 그런 일을 했을까? 한참 후에야 그것은 나에 대한 아 버지의 교육적 메시지였던 것을 알게 되었다. 아버지는 이 한 건 으로 나에게 큰 교훈을 남겨 주었던 것이다.

수도 서울로의 전학

미군들을 성병으로부터 보호하기 위해 미군에서는 콘돔을 대 량으로 비축하고 있었다. 비가 내리면 콘돔이 여기저기서 흘러 내 려온다. 나는 그 콘돔에 물을 넣고 놀기도 했다. 나중에 기술하 는 서울에 있던 나의 숙부 집에서는 그것을 어디선가 싸게 사 와 서 면도칼로 가늘고 길게 잘라 고무줄을 만들고 양말 발목 부분 에 감아 재봉을 해서 팔고 있었다. 그래서 그 동안 뭔가 성적으로

부도덕해 보이던 콘돔도 아무렇지 않게 되었다.

　나는 마을의 초등학교에서 4학년을 마쳤는데, 전쟁으로 1년 동안 학교에 가지 못하다가 4학년 학기 끝 무렵에 서울의 한 초등학교로 전학했다.

　겨울이었다. 이웃에 사는 친척 할아버지에 이끌려 20킬로미터 정도 걸어간 뒤, 기차를 타고 서울로 가게 되어 있었다. 그런데 10킬로미터쯤 눈길을 걷던 중 할아버지가 미끄러져 넘어지는 바람에 계속 걷기 어려운 상황이 되었다. 그때 우리 집과 절친하게 지내는 무당네 집이 보였다. 나는 어머니가 데리고 온 기억이 있었기 때문에 그 집을 방문했다. 무속인 조영자 씨는 따뜻한 방에서 할아버지를 간호해 주었다.

　다음날 나는 서울역 뒤편 중림동에 있는 경찰관사에 도착했다. 거기에는 친척들이 많이 모여 살고 있었다. 그 서울의 친척 중 경찰관 생활을 하는 숙부가, 생활비는 어머니가 부담한다는 조건으로 나를 맡아 주기로 되어 있었다. 경찰관 숙부는 상당한 미남으로 일본 통치 시절부터 경찰관을 했지만, 그가 친일을 했다고 여기는 사람은 아무도 없었다. 오히려 우리 친척으로는 수도 서울에 존재하는 힘을 가지고 있는 인물로서 존경받고 있었다. 당시 시골에서 경찰관은 부러운 직업의 하나였다.

　그 근처 주택가는 대중목욕탕 등 일본 통치 시대 그대로였다. 다만, 일본 통치 시대의 도시가스는 끊긴 지 한참 지났고, 수도관은 고장 난 채 거기서 물이 새어 언덕길이 얼어 있었다. 하지만 아이들이 미끄럼 타고 놀기에는 좋았다. 다만 그 언덕길에서 주차되어 있던 트럭의 브레이크가 풀려서 사촌 동생이 치어 죽은 것을 나는 어제 일처럼 기억하고 있다.

이렇게 서울로 전학을 간 나는 소외감, 향수병 등으로 자주 울었다. 특히 어머니가 쌀 등을 머리에 이고 와서 돌아간 뒤에는 화장실에서 소리가 밖으로 새 나가지 못하도록 수건으로 얼굴을 덮은 채 오래도록 서럽게 울었다.

내가 신세 진 숙부 집에서는 부업으로 양말을 짜고 있었다. 나도 양말 발목 부분에 예의 콘돔을 가공한 가는 고무줄 넣는 것을 도왔다. 이 노끈은 빨래를 두드리는 막대기에 콘돔을 덧씌우고 그 위에 가느다란 코일을 나선형으로 감고 면도칼로 잘라 끈을 만든다. 그것을 실과 함께 짜는 것이다. 당시 마을에서는 군인들의 군복과 철모, 삽 등을 농기구로 이용하고 있었는데, 수도 서울에서는 콘돔을 이런 식으로 정교하고 치밀하게 이용한다는 사실에 야릇한 감탄마저 했던 기억이 새롭다.

내가 중학교에 입학하자 어머니도 시골집과 농지 등을 팔고 서울로 이사 오셨다.

참고로 숙부는 경찰관을 퇴직한 후에 운전면허를 위조한 죄로 유죄 선고를 받고 죄수가 되어 형무소(현재의 공식 명칭은 교도소)에 들어가게 되었다. 나는 면회도 갔다. 그때 본 숙부는 젊은 시절의 잘생긴 풍모와는 전혀 다른 용모가 되어 있었다. 범죄자 신세가 되는 바람에 가족도 잃고 말았고, 한동안 혼자 살다가 쓸쓸히 생을 마감했다. 하지만 나에게는 작은아버지이자 전학을 받아 준 은인이었다.

판문점 '관광' 여행

1950년 6월 25일 한국전쟁이 발발한 이후 종래의 38도선은 무용지물이 되고, 1953년 7월 27일 휴전에 의해 '휴전선'으로 바뀌었다. 그리고 그 휴전선은 '사선死線'이라고도 불릴 만큼 휴전선 일대 지역은 적대 의식이 강한 긴장의 땅이 되었다.

그 지역 안에 있는 '판문점'은 긴장의 접점으로 세계적으로 알려지게 됐다. 여기서는 1951년 1월부터 1953년 7월까지 유엔군 측과 조선인민군·중공군 측이 휴전 회담을 하고, 현재도 연락 회담을 비롯한 남북대화가 이루어지는 장소이다.

판문점은 서울 북방 48킬로미터 지점에 있다. 이 구역은 적대하는 군대가 '공점 공유'하는 지역이며, 그것은 세계적으로 유일한 장소이자 공간이라고 일컬어진다. 1976년 북한군 병사에 의한 '도끼 사건(미루나무 사건)' 이후 경비만은 분리되었다.

중립국 휴전감시위원회 본부가 설치되어 있으며 스웨덴, 스위스, 체코슬로바키아(당시), 폴란드에서 온 감시위원이 상주하고 있었다. 한국전쟁 이후 이 휴전선에서 남북한은 엄중히 대치하게 되었다.

동서 155마일의 휴전선은 철제 울타리(철책)에다가 지뢰를 매설한 인계선 망을 설치하고 있으며, 철책 부근에는 발자국 확인용 모래를 뿌리고 있다. 이 선을 넘는다는 것은 죽음을 의미한다. 2008년 7월에는 금강산을 관광하던 52세의 여성이 그 선을 넘었다는 이유로 북한군 병사에 의해 사살되었다.

지뢰 줄로 엮은 경계선, 그 휴전선은 국경이 아니라 그대로 전선이라 할 수도 있다. 이 전선을 사이에 두고 남북이 대치하고 언제 전쟁이 재발할지 모른다. 그것을 막기 위한 유일한 창구가 바로 판문점이다. 우리 고향에서도 그리 멀지 않다. 한국에서는 남북회담 등의 '보도'를 통해 알 수 있을 뿐, 아직 자유롭게 갈 수 있는 곳이 아니다.

그것이 지금은 비참한 전쟁과 적대하는 긴장을 파는 '관광지'가 되어 있다. 게다가 한국 정부는 명물名物 여행지로 소개하고 있으며 관광객도 많다. 하지만 이 여행은 외국인들에게만 허용되고 있다. 따라서 '외국인 대상 관광'으로 인기 있는 상품이다. 특히 일본인들에게 인기가 많다고 한다.

그렇다고 아름다운 경치나 역사적인 문화유산이 있는 것은 아니고, 한낱 '남북 긴장'을 파는 관광이란 점에서 참으로 얄궂다.

나도 일본 거주자로서 이 투어에 참가했지만, 일본인들과 함께 탄 버스에서 국적이 당시 한국 국적이라고 거절당한 적도 있다.

서울에서 고속도로를 타고 북상하여 이 지역을 달리면 '길을 벗어나면' '과속하면' 등 '○○을 하면 죽는다'라는 표어가 자주 나타난다. 이 표어는 휴전선을 경계하는 군인들을 위한 것이다.

나는 북쪽으로 향하는 버스 안에서 가이드로부터 '38도선'이 '휴전선'으로 바뀌기까지의 역사를 들었다. 1953년 7월 27일 한국전쟁 휴전으로 새롭게 만들어진 것이 휴전선이고, 제2차 세계대전으로 남북으로 분할되었을 때의 '38도선'과는 다르다. 이 둘을 혼동해서는 안 된다.

군사분계선을 중심으로 남북으로 각각 2킬로미터씩 비무장중립지대(DMZ)를 갖는다. DMZ는 군사적 충돌을 방지하기 위해 서로 일정한 간격의 완충지대를 두고, 이 지역에서는 새로운 군대의 주둔이나 무기 배치, 군사시설 설치가 금지되어 있다.

버스 안에서 안내원은 복장 규정을 설명했다. 민소매 셔츠, 작업복, 얼룩무늬 옷, 온갖 종류의 청바지, 반바지, 미니스커트, 등이 보이는 드레스, 배꼽이 보이는 옷, 속살이 비쳐 보이는 옷, 샤워용 슬리퍼 등의 착용을 불허한다. 또 카메라는 가방에서 절대 꺼내지 않도록 하는 등 세세한 주의 사항을 말해 주었다.

나는 한국전쟁에 대한 아픈 기억을 많이 가지고 있으며 이렇게 남북이 적대하는 것에 대해서는 항상 불안해하고 있다. 나는 한국전쟁에서 큰 교훈을 얻었다. 그것은 역시 '평화'에 대한 가치 인식이다. 일본에는 전쟁 포기를 결의한 평화헌법이 주어졌다. 그리고 전후 70년간에 걸쳐 평화를 지키고 있다. 그것은 일본만의 일이 아니고, 인근 아시아는 물론 세계에 대한 큰 메시지이다. 연합국은 전후에도 점령지를 영구적으로 지배할 수도 있었지만, 점령지를 해방·독립시켜 준 것에 더하여 원조까지 해준 것에는 감사해야 할 것이다. 그런 가운데 그러한 제국주의와 냉전 구조가 무너지고 있는데도 아직 대국주의를 내세워 작은 무인도를 무단 점령하여 영토 확장의 계기로 삼으려는 나라도 있다. 중국이 대표적이다.

한국전쟁의 결과로 상이군인, 남북 이산가족, 고아, 혼혈인 등의 문제가 발생하였다. 이 상이군인은 거지처럼 마을을 돌아다니며 전쟁에서 나라를 위해 부상했다는 이유로 난폭한 행동도 했고 사람들에게는 두려운 존재였다.

또한 한반도의 1천만 이산가족은 남북 분단의 비극을 상징한다. 한국전쟁은 '남북통일을 위한 전쟁'이었다는데, 결과적으로는 남북이 더욱 적대 관계가 되었고, 세계에서 가장 긴장된 동족 간의 관계가 되어 버린 것이다.

버스는 바리케이드 건조물을 통과했다. 안내원의 설명에 의하면, 국도에 몇 군데 있는 콘크리트로 된 수문 같은 문(방벽)은 북쪽의 군대가 쳐들어왔을 때 떨어뜨리고 길을 막는 역할을 한다는 것이다.

거의 인가가 없어질 무렵, 과거에는 북한을 거쳐 중국, 거기서 더 계속 갈 수 있었지만, 지금은 경의선의 종착역이 된 문산역을 오른편으로 바라보며 나아간다. 임진강을 건너는 다리에 도착한다. 여기서부터는 비무장지대로 점점 다가간다. 이 근처에서는 한국군 종군기자 추모비, 육탄 10용사 충혼비 등을 관람했다. 이윽고 민간인 통제구역 앞의 임진각에 이른다. 이 임진각에서 유엔군에 의한 보안 검색이 있어 몇 분 후 임진강 자유의다리를 건너 판문점으로 향한다. 탱크나 지프, '지뢰 위험(MINE ZONE)' 표지판, 기관총을 든 병사 등이 곳곳에 보이는 것이 자못 삼엄하다. 그리고 몇 분 후에 판문점의 유엔군 캠프에 도착한다.

한국군 헌병은 경계선 부근 및 남북회담장에서는 직립 부동의 자세인 채 조금도 움직이지 않고 표정도 바꾸지 않는다. 우리는 아직도 전쟁을 치르고 있다는 현실을 실감 나게 웅변한다. 일본에서는 결코 느껴 볼 수 없는 긴박감이 있다.

이전에 북쪽의 판문점 투어에서 소련 인 청년이 갑자기 남쪽을 향해 달려가 망명을 했다는 사건이 있었고, 그 후 관광객들에게는 엄격한 제한이 있다고 한다. 그런 일도 있고 해서 '이 투어에서는 어떤 일이 일어나도 유엔에 책임을 묻지 않습니다'와 같은 내용의 서약서에 서명을 시킨다.

우리 일행은 유엔군 캠프에 도착해서 점심식사부터 했다. 그리고 오후 일정으로 슬라이드를 보고, 앞에 말한 서약서에 서명했다. 여기서부터는 유엔군 병사가 버스에 동승하여 해설과 호위를 해준다.

　북쪽 감시탑이 보였다. 북쪽에는 '판문각'이라는 큰 건물이 있고 병사가 서 있었다. 휴전선상에 세워진 회의장 다섯 개 중 하나로, 남측이 관리하는 건물로 들어간다. 여기서는 북쪽으로 발을 들여놓을 수 있다.

　이어서 판문점이 한눈에 내려다보이는 높은 건물로 올라간다. 그리고 '돌아오지 않는 다리' 바로 앞에까지 갔다가는 되돌아왔다. 그 다리는 이름 그대로 한 번 건너면 두 번 다시 돌아올 수 없다는 다리이다.

　정전위원회 본회의장 내 회의용 책상을 사이에 두고 왼쪽은 유엔군, 오른쪽은 조선인민군이다. 우리의 투어는 이후에도 계속됐다.

제3장 현대 한국의 '다방 매춘'

다방을 이용한 매춘 시스템

전라남도의 섬들을 답사차 다녔을 때의 일이다. 섬마다 있는 많은 다방(찻집) 입구에 '당점에서는 티켓을 거절합니다'라고 쓴 안내문이 붙어 있었다. '티켓'이란 무엇일까? 한국에서는 영화『티켓』(임권택 감독)에 의해서 일반인에게도 잘 알려져 있다고 한다. 영화의 줄거리는 다음과 같다.

과거 반체제 문인의 아내였던 지숙(김지미)은 신세를 망치고 강원도 항구도시에 아가씨(한국어로 미혼 여성을 가리킨다) 세 명을 데려와서 티켓다방을 경영하고 있다. 그 가운데 한 명, 처음으로 아가씨 생활(즉, 매춘)을 하는 세영(전세영)은 손님의 요구를 거절하고 마담인 지숙에게 혼난다. 세영은 대학생 연인인 민수의 학비를 벌기 위해 계속 매춘을 하는데 그러한 가운데 박 선장과 친밀해진다. 이렇게 박 선장과의 관계뿐 아니라 성병에 걸린 것도 모자라 임신까지 하고 있다는 것을 알게 된 민수가 세영에게 절교를 선언하고 두 사람은 파국을 맞는다. 그것을 알게 된 지숙은 민수를 설득하려고 하다가 거절당하자 그를 죽이려고 바다에 빠뜨린다. 마침내 지숙은 정신병에 걸려 격리시설에 수용되어 버린다.

나는 이런 다방을 자주 다닌 적이 있었는데 그곳에서 매춘이 이루어지고 있다는 사실은 전혀 몰랐다. 농어촌에서 현지 조사를 할 때 반드시 들르는 곳이 다방이었는데, 한국에서는 도시나 시골을 불문하고 다방은 사교의 장이자 휴식처로서 중요하며, 단골손님이 되면 하루에도 몇 번씩 들르는 일도 드물지 않다.

그리고 단골이 되면 더욱 융통성이 있게 되기 때문에, 자기의 단골 다방을 정해 놓고 있다고 말하는 사람도 적지 않다.

그런데 나는 비로소 거기서 행해지는 매춘이라는 것을 알게 된 것이다. 그것을 계기로 이 다방이라는 것의 특징이나 기능에 관심을 가지게 되었다.

다방은 1960년대 이후 얼굴 역할 여성인 마담, 젊은 여성 웨이트리스인 아가씨, 그리고 주방장 남성이라는 경영 시스템이 정착하여 대형화되고 급증해 왔다. 1955년에는 286개소, 1960년에는 1041개소, 1977년에는 3359개소가 되었다.

대개의 경우 한 명의 마담이 경영하면서 아가씨 두 명 정도를 두고 있고, 오토바이로 (아가씨를) 배달하는 남성이 한 명, 주방장 남성이 한 명인 구성으로 영업하는 시스템이었다. 다방에는 치마 저고리 차림의 마담이 있는데, 가게(홀)에서 일하는 젊은 아가씨들을 관리하는 것이 바로 마담의 역할이다. 마담은 아가씨들의 언니처럼 화장하는 방법, 근무하는 시간, 접객 방법 등을 지도한다. 그러나 마담의 주요 역할은 손님 관리이다. 커피를 배달하고 나서 매춘하고 오는 여성들이 돈에 집착하는 이유는 한 가지, 가족을 부양해야 하기 때문이다.

배달 주문은 관청의 사무실, 여관, 식당, 개인 가정까지 다양하다. 나는 그러한 것을 조사하는 가운데, 다방에 '티켓'이라고 하는 시스템이 있다는 것을 알았다. 이 시스템은 원칙적으로 비밀이며, 웬만한 단골손님이 되지 않으면 알려지지 않는다고 한다. 한편, 일반적인 배달에 대해서는 일정한 단골 관계가 아니어도 어디서든 주문이 있으면 응한다.

언젠가 내가 면접 조사를 위해 다방 아가씨와 길게 이야기를 하고 싶다고 자청했는데, 마담이 '뿅'이라는 은어로 통하는 '티켓' 시스템이 있으니까 그것을 사용하라고 알려 주었다. 거기서 나는 비로소 그 존재를 알게 되었다. 즉 이것은 시간당으로 아가씨를 전유專有할 수 있는 시스템이며, 손님이 마음에 드는 아가씨나 마담을 전유하고 싶으면 이런 티켓을 사면 된다는 것이다.

1980년대에 있었던 현지 조사에서는 팀을 꾸려 인터뷰를 시작했다. 이하에 그 내용을 채록한다.

티켓 이용은 아침 8시부터 저녁 9시까지, 값은 다방마다 다소의 차이는 있다. 하지만, 두 시간 단위로 2만 원(조사 당시인 1980년대 가격 기준)의 요금을 내면 된다고 한다.

손님이 티켓을 주문하면 마담은 시간 등의 조건을 고려하여 가부를 대답하고, OK를 하면 시간당 가격을 알려 준다고 한다. 특히 야간에는 식당이나 술집으로의 티켓 파견이 많으며, 만취한 손님은 힘들다고 한다.

이런 식당에서는 인건비가 비싸기 때문에 가게에는 자체 아가씨(웨이트리스)를 두지 않고 일단 다방 아가씨를 이용한다고 한다.

티켓 주문이 있으면 아가씨는 자신의 의지와 상관없이 시스템으로서 갈 수밖에 없다. 이때 아가씨는 '뽕'이라고 하는 드링크제(2000원)를 가져간다. 손님은 마음에 드는 마담이나 아가씨와 함께 지낼 수 있다. 이 드링크제 '뽕'이 조금 전 은어의 어원인 듯하다.

마담은 경영이 힘들다고 말한다. 아가씨들이 가끔 선금만 챙기고 도망도 가기 때문에 그것도 곤란하다고 말하고 있었다. 이러한 다방의 하루 매출은 간신히 25만 원 정도 된다고 한다. 매출의 비율은 홀(점포 내)이 30~40%, 배달이 50%, 티켓이 20%라고 한다.

티켓의 매출은 모두 마담에게 지불되고, 아가씨는 거기서 월급으로 받는다. 하지만 아가씨는 이 티켓 제도를 이용해 개인적으로 돈을 벌 수 있다. 즉, 고객에게서 직접 '목욕비'(화대=매춘대)로 받는 '팁'이 큰 금액이 되는 것이다. 바로 다방과는 무관하게 완전히 개인의 능력에 의한 것이다.

손님 중에는 특별히 망측한 짓을 하거나 무리한 행위를 요구하거나 하는 사람도 있지만, 그때는 그 내용에 따른 '목욕비'를 받거나 혹은 거절할 수도 있다.

또한 매춘 행위를 했는데도 돈을 안 주는 사람도 있지만, 아무리 어떻게 하려고 해도 매춘은 법률상 불법이기 때문에 고발할 수도 없고 이럴 때는 단념하는 수밖에 없다고 한다. 물론, 손님이 외상으로 달아놓고 마신 커피 값을 내지 않으면 고발할 수 있다.

다방 경영의 어려움은 다른 업소와의 경쟁에도 있다. 인근 찻집에 손님을 빼앗기지 않기 위한 서비스를 해야 하고, 더 많은 단골손님을 확보하기 위해 치열하게 영업해야 했다. 더욱 어려운 것은 단골이 외상을 달지 않고 그 자리에서 회계를 끝내는 '현금 장사'를 하지 않으면 장사가 안 된다는 것이다.

그리고 무엇보다 장사를 번창시키기 위해서는 커피 배달 범위를 확대해 나가야 한다. 오토바이를 운전하는 남성은 아가씨를 태우고 돌아다니며 배달을 효율적으로 한다. 경우에 따라서는 아가씨가 직접 오토바이를 몰고 배달하러 달리는 광경도 도시 지역에서는 드물지 않다. 배달에 있어서 특히 오토바이의 등장은 상권 확대를 의미했다.

아가씨를 채용할 때, 경영자는 급료의 10퍼센트에 해당하는 소개료를 직업소개소에 지불하고, 아가씨에게는 1개월분 급료를 선불하고 데려온다. 아가씨의 급료는 침식 제공하고 월 120만 원이니까 소개소에는 12만 원의 소개료를 지불한다. 이 급료만으로도 대학 교수 초봉보다 조금 높은 편이고, 여기에 침식을 포함하면 꽤 높은 급료라고 할 수 있다.

평판이 좋은 마담에게는 당연히 손님이 많아진다. 그러다 보니 자신이 자주 가는 다방을 정해 놓고 있는 사람도 적지 않다. 지방 도시에서는 다방마다 드나드는 손님의 면면도 대체로 정해져 있다.

R다방은 하루 130군데 배달한다고 한다. 남성이 운전하는 오토바이 뒤에 아가씨가 커피포트와 컵을 들고 동승한다. 가급적 많이 돌기 위해 몇 군데 가까운 곳을 모아서 배달하고, 커피를 손님에게 내놓고는, 손님이 그것을 마시는 동안에 다른 곳으로 배달하고, 거기서부터 역순으로 컵을 회수해 돌아온다.

T다방은 관공서 주변에서 운영하는 9곳의 다방 가운데 종업원 대우가 비교적 좋다고 알려져 있다. 마담의 급료는 150만 원, 아가씨는 140만 원이다. 아가씨가 멀리 배달을 가는 일은 없기 때문에 오토바이 배달원은 따로 두지 않고, 가까운 곳에 한하여 아가씨가 직접 걸어서 배달한다. 이 찻집에도 출입구에 '티켓 사절'이라고 안내문이 붙어 있었는데, 한 시간당 '뽕'대(티켓값) 1만 원 받는 매출이

20~30퍼센트를 차지한다고 한다.

이 가게에서 일하는 G녀(29세)는 아가씨가 된 지 2년 됐는데, 광주의 직업 소개소를 통해 140만 원을 선불로 받고 이 다방에 왔다. 다방 경영자는 소개료로 20만 원을 더한 합계 160만 원을 소개소에 지불하고, 더욱이 그녀가 가불을 요구했기 때문에 500만 원을 빌려주었다. 이는 아가씨의 수가 적기 때문에 경영자가 그녀의 요구에 응한 것이며, 조금이라도 오래 일하게 하기 위한 보증금이기도 하다.

그러나 여러 가지 사정 때문에 이런 일은 오래 가지 않는 것이 상례이다. 만약 단기간에 그만둘 때는 그 빌려준 만큼을 새로 고용하는 측에서 부담하게 되어 있다고 한다.

대도시권, 예를 들어 서울시의 다방에서는 아침 9시 출근해서 밤 10시 퇴근, 거기에 비번으로서의 휴일이라는 시스템인데, 아가씨의 급료는 85만 원 정도밖에 되지 않는다. 그래서 시골이라도 월급이 높은 곳에서 근무하게 되는데 그만큼 힘든 일도 있다고 한다. 예를 들어 6개월마다 성병 검사 등 건강진단을 받아야 증명서를 받을 수 있고 그것이 없으면 영업을 할 수 없다는 것이다.

K녀(31세)는, 본래의 성씨는 K이므로 처음에는 그 K를 사용했지만, 앞의 가게에서는 H를, 여기 T다방에서는 M을 사용한다. 이 세계에서는 본성을 쓰는 사람은 거의 없지만 대개 성씨 아래 이름은

그대로 쓴다.

한 번 쓰기 시작한 성은 계속 쓰되 다방에 같은 성을 가진 사람이 있을 때와 실연당했을 때는 바꾼다. 때로 같은 성을 가진 사람이 있으면 새로 온 사람이 다른 성으로 바꿔 쓰도록 한다. 그런데 이름 전부를, 즉 성과 이름을 전부 다른 이름으로 바꾸어 쓰는 사람은 거의 없다고 한다.

처음 아가씨로서 다방으로 오는 사람은 대개 술집에서 흘러온다. 시골에서 가출한 처녀나 소행이 불량한 여성은 우선 술집에 근무하지만 조금이라도 세상에 체면이 좋게 서는 편인 일을 찾기 위해서 다방으로 옮긴다고 한다. 왜냐하면 술집에 비하면 다방은 낮에 하는 일이기도 하고 손님으로부터 정상적인 교제를 요구받으면 결혼 가능성도 있기 때문이다. 요컨대 다방은 결혼상담소가 필요 없는 좋은 인연을 맺는 장場이라고 한다.

그래서 각각의 다방에는 그 다방에서 결혼 상대를 찾아서 '성공한' 예가 신화처럼 전해 내려오고 있다. 얼마 전에도 이 다방의 아가씨가 돈 많은 상냥한 남성과 결혼했다는 것이다. 그는 부인이 바람을 피우고 집을 나가자 집안일이나 아이를 돌볼 수 있는 사람을 다방에서 찾았고, 그녀와 결혼해서 행복하게 살고 있다는 것이다.

또한 마담인 A녀(30세)는 끝내 본래의 성을 말하지 않았다. 마담답고 경계심이 매우 강한 여성이다. 그녀는 진도에서 다방을 3년 동안 했고 그곳에서 여기에 왔다. 이 다방은 얌전한 손님들뿐이라이 가게를 골랐다고 대답했다. 그녀는 다방에 관한 질문이나 촬영에 대해서는 단호히 거절하면서도 그 나름 정보를 제공해 주었다.

여기서 '다방에서 커피 배달을 한다'고 하는 특징에 관하여 생각해 보자. 이것은 원래 커피 배달이라기보다도 여성을 파견하는 이유 쪽이 강했다. 한국에서는 음식점은 배달을 거의 하지 않는 것이 보통이다. 특히 농촌의 경우는 농민들이 논밭 일을 할 때 직접 도시락을 챙겨 가서 먹거나 점심이나 새참을 아낙들이 직접 가져오는 것이 일반적이었다. 도시의 중국 음식점은 이제 배달을 하고 있지만, 다른 식당이나 술집은 배달을 전혀 하지 않는다고 해도 좋다.[2] 요컨대 이러한 상황에서 커피만이 배달을 하게 되었다는 것은 꽤나 예외적인 것이다.

이러한 커피 배달은 중세의 중동에서도 왕성했다고 알려져 있다. 『커피와 커피하우스』(하톡스 지음)에는 다음과 같이 씌어 있다. 중세 중동의 커피숍은,

본질적으로 '배달'하는 가게였기 때문에 시장에서 장사하는 사람들의 편의를 고려하여 대개 상업 지구에 있었다. 가게는 아주 작

---

2) 저자 팀이 면접 조사를 실시한 1980년대 기준으로 음식 배달은 중국집에서만 제한적으로 행해졌다. 음식 배달이 본격화하기 시작한 것도 1980년대 후반 무렵으로, 초기에는 주로 제조업 중심의 소규모 사업장들부터 배달이 이루어지기 시작했다.(편집자 주)

은 방 정도인 것밖에 없었다. 거기서 커피를 끓이면 종업원에게 넘겨지고 그는 시장에 늘어선 다양한 가게로 커피를 날랐다. 이렇게 상인들은 손님을 대접하고 쉬었던 것이다. 중동의 어떤 장소에서도, 시장이나 사무실에 있어 본 사람들은 잘 알겠지만, 그 습관은 지금도 살아 있다. 젊은 남자, 소년들, 커피점 종업원들과 심부름꾼들이 컵과 1인용 크기의 포트를 쟁반에 받쳐 들고 길거리와 뒷길을 달려가는 것을 보는 것은 드문 일이 아니다.

(랄프 S. 하톡스 지음, 사이토 후미코·타무라 아이리 역
『커피와 커피하우스』 도분칸 출판. '斎藤富美子·田村愛理 訳
『コーヒーとコーヒーハウス』同文館出版', 1993년)

다방 아가씨도 시스템으로서는 '고객에 대한 서비스'라는 명목을 가지고 있으며 반드시 매춘이 강요되고 있는 것은 아니다. 그것은 완전히 '아가씨 개인의 의지에 의한 것'인 것이다. 하지만 결국에는 그것이 매춘으로 이어지고 있는 현실이다.

한국에서 본격적인 다방 영업이 시작된 것은 일본 통치 시대였다. 한말 개화기에 서양 외교관에 의해 들어온 커피(가배차, 가비차, 양탕)와 홍차는 상류사회로 퍼졌다. 먼저 인천의 호텔에 딸린 다방에서 팔린 것이 최초이며, 수도 서울에서는 1902년에 생긴 독일계 러시아 인에 의한 호텔식 다방이 최초였다고 한다.

그러면 조금 더 현지 조사에서 들은 이야기를 계속해 보자.

앞서 설명한 바와 같이, 결혼을 노리거나 결혼을 바라는 아가씨는 많다. 하지만 좋은 상대는 적다. 여기서 말하는 좋은 상대는 부자이고 나아가 마음씨 고운 사람이다.

가능하면 농촌에는 가고 싶지 않다. 상인이 좋다. 결혼은 그녀들의 꿈이다. 실제로 행복한 결혼생활을 손에 넣은 사람도 있다. 그러나 대체로 아가씨의 결혼은 어렵다. 좋은 상대를 찾았다고 해도 상대방의 주위에서 반대하기도 하고 잘 되는 비율은 매우 낮다.

K녀라는 아가씨는 전라남도의 한 섬에서 아가씨로 10개월 일한 후 장흥, 영암, 구례, 진도 등을 거쳐 지금은 관산(전남 장흥군 소재)에 와 있다. 그녀는 광주의 직업소개소를 통해 이동한다고 한다. 광주에는 직업소개소가 일곱 곳 정도 있는데 그녀는 한 군데만 이용한다.

옛날에는 다방에서 다방으로 옮겨가는 것은 화장품 장수 아주머니에게 의지했지만, 지금은 대부분이라고 할 수 있을 정도로 직업소개소를 이용한다. 하지만 일반적으로는 다방 아가씨가 커피포트를 들고 다니는 것을 멸시하는 경향이 있다.

어떤 사람은 남편의 폭력 때문에 이혼하고 다방에 들어가고 양육비를 월 30만 원씩 내고 아이를 다른 사람에게 맡겨 기르고 있다고 한다.

오랜 경험을 쌓고 능력이 있는 사람은 마담이 될 수 있지만, 마담은 책임을 지는 어려운 일이기도 하기 때문에 30세가 넘도록 그대로 아가씨를 계속하는 사람도 많다고 한다. K녀도 이제 마담이 되어도 좋을 나이인데 그대로 아가씨로 일하고 있다. 그러나 그녀는 결혼은 하고 싶지 않다고 한다. 왜냐하면 남자들은 모두 바람둥이이고 이중인격자이기 때문이다. 남자는 아무리 얌전하게 보여도 언젠가는 짐승처럼 된다고 한다.

이 다방에 오는 손님의 70퍼센트 정도가 노인 남성이고 그들 대부분은 아가씨를 건드리고 싶어 한다. 이러한 손님들은 주로 '어디에서 왔나', '몇 살이냐'와 같이 판에 박힌 이야기가 많아서 재미가 없다. 젊은 손님은 그런 사람이 적고 정직하기 때문에 대하기가 좋다고 한다. 여성 손님은 남성과 함께 오거나 여자들끼리 오기도 하지만 혼자 오는 사람은 없다.

가장 좋은 손님은 사람을 많이 데리고 와서 조용히 대화를 나누고 짧은 시간에 돌아가는 사람들이고 그 반대의 경우는 곤란하다고 한다. 예를 들어 혼자 와서 오래 눌러앉아 아가씨를 상대로 귀찮은 짓을 하는 사람이다. 어떤 이들은 아가씨에 대해 폭언을 퍼붓지만 좋은 고객들은 욕을 해도 나쁘게 느껴지지 않는다. 말은 얌전해도 비겁한 사람은 싫다고 한다.

작은 마을에서는 경영자와의 인간관계 때문에 남성들이 사람과의 약속 장소로 이용하거나 많은 사람을 데려오기도 한다. 여러 개의 다방에 얼굴을 내밀어 이용하는 사람도 있다.

아가씨는 되도록 매출이 좋아지도록 노력한다. 급료는 정해져 있지만 매출이 좋으면 역시 일하는 보람이 있기 때문이다. 하지만 어려움이 많은 일인 것만은 사실이다.

K녀에게는 쓰라린 경험이 많다. 이곳은 항구가 가까워 특히 난폭한 사람들이 많으며, 입과 손이 거칠고, 가게에서 아가씨의 몸을 건드리고 싶어 하는 사람도 많다. 티켓을 사면 뭘 해도 좋다고 생각하는 손님도 있고 성교를 강요하기도 한다.

어느 날 27세의 남자가 혼자서 티켓을 샀기 때문에 주의해서 상태를 지켜보니, 수박에 소주를 붓고 그걸 마시게 하고 폭행하려고 했다. 거절하고 다방으로 돌아가자 그 남자가 화가 나서 다방에 전화를 걸어오고 마담에게 "너희 가게의 종업원이 좋지 않다"고 시비를 걸었다.

그럴 때 아가씨를 감싸주는 게 마담의 직업상 관례라고 한다. 그리고 마담의 실력을 시험받는 때이기도 해서(그때 마담의 경험 또는 노하우가 드러난다) 한 술 더 뜨는 욕설로 맞받아치고 그 자리를 해결해 버린다.

손님이 신이 아니라 아가씨가 여왕님 같다는 말을 듣기도 하지만, 가끔 일이 없어 집에 돌아왔을 때는(부모에게는 물론 공장의 휴가라고 거짓말을 한다) 긴장이 풀려 꼬박 24시간 동안 잠을 자 버리곤 한다. 쉬는 날에는 다방에서 만난 사람을 개인적으로 만나기도 하고 동료들의 모임에 참가하기도 한다.

앞에서도 말했듯이 한 마디로 '매춘'이라고 해도, 불특정 다수를 상대로 하는 것으로부터 상대방을 한 사람으로 정한 애인 관계 같은 것까지 여러 가지 형태가 있다.

바람기, 간통이라는 말이 갖는 의미도 시대의 흐름에 따라 변화하고 결혼과 매춘의 구별이 어려운 경우도 있다. 비공식적인 것이면서도 기본적으로 섹스산업은 번창하고 있다. 그런 가운데 왜 매춘만 나쁜가?

일반적으로 섹스를 판다는 것에 대해서는 반대 의견이 많다. 그러나 한편, 섹스를 노동이나 상품으로 보려는 의견도 있다. 섹스 자체는 범죄는 아니다.

복수의 남성에게 섹스를 파는 매춘부는 안 된다고 하지만 가정주부도 보기에 따라서는 1인의 남성(남편)에게 섹스를 팔고 있다고 말할 수 있지 않은가 하는 의견도 있다.

청결과 더러움, 윤리와 불륜, 가정의 성과 혼외의 성, 빈곤과 차별, 희생자인가 노동자인가? 이러한 다면적인 시각에서, 매춘이라는 것을 생각해 나갈 필요가 있다고 생각한다.

제4장 일본의 통치와 한국의 새마을운동

한국에서의 독재와 자유

한국전쟁이 1953년 7월 27일 휴전협정 체결과 함께 끝나고 1959년 나는 서울대학교에 입학했다. 거기에서 나는 사회혁명을 주제로 한 문학이나 평론에 흥미를 가졌다. 당시에는 이승만 대통령의 독재에 대한 반정부 시위가 빈번하게 일어나고 있었다. 사람들은 독재에 대한 저항감을 갖고 있었다.

나는 대학 1학년 때 에리히 프롬Erich Fromm의 『자유로부터의 도피』를 읽고 그가 말하는 '자유가 없는 나라'가 당시 독재국가라고 여긴 한국과 같다고 생각했다. 자유의 가치를 모르는 사람에게는 자유를 주어도 잘 이룰 수 없고 폭력을 초래한다는 내용이다. 요컨대 후진국에서는 자유가 있어도 그것을 향유할 수 없다는 내용이었다.

당시에는 서울대학교가 중심이 되어 학생 시위가 일어났고, 경무대(지금의 청와대) 대통령 집무실 앞에서 100여 명이 목숨을 잃었다. 1960년 4월 19일에 일어난 학생 혁명(4월혁명)이 그것이다.

그렇지만 이승만 정부가 무너진 현실을 일반 대중은 쉽사리 받아들이지 못했다. 이승만 대통령이 사임하면서 사회가 혼란스러워졌고, 국민들은 북한이 다시 침입하지 않을까 불안해 했다.

나는 중고교 시절에는 문학 소년이었지만 대학 시절에는 문학·문명 평론가를 목표로 삼았다. 그것은 문학 창작자에서, 읽고 분석하고 평評하는 평론가로의 전향이었다. 대학 1학년 때부터 《서울대학신문》에 『서부전선 이상 없다』, 『채털리 부인의 사랑』 등의 평론을 게재했다. 문학에서 문명으로 확장하기 위해 T.S. 엘리어트의 장시 〈황무지〉를 애독하면서 심리학과 민속학으로도 관심을 넓혀 갔다. 그것이 내 인생을 깊게 만드는 전환점이기도 했다.

당시 서울대학교가 학생들을 중심으로 한 계몽대라는 것을 만들었다. 나는 그 계몽운동에 참여하며 빡빡한 스케줄로 일하느라 몸 상태가 나빠져 결핵 말기라는 진단을 받았다. 거의 죽음 직전까지 갔다는 생각이 들었다. 대학을 휴학하고 정양을 위해 고향으로 돌아왔다. 사촌들에게 도움을 요청했지만 그들이 해줄 수 있는 것이 별로 없었다. 결국 정신병자들이 수용된 병동에 격리되어 거기에서 살게 되었다.

그 후 사회운동에 참여하지 않았다. 당시의 한국에서는 사회운동이란 곧 형무소(교도소) 경력을 가지는 것과 같았지만, 나에게는 그런 경력이 없다. 그 대신에 저술로 사회참여를 하고 싶었다.

1961년 5월 16일, 박정희가 군사 쿠데타로 정권을 잡았다. 서울대학교 사범대학의 개혁이 시행되고 이에 대한 긴급 집회가 있었다. 그것은 군사적인 개혁에 반대하는 집회였기 때문에 교문 밖에는 군용 지프가 대기하고 있었다. 윤태림, 정범모, 정병조 교수가 강연했다. 그분들의 이야기를 자세히 기억하고 있지는 못하지만, 이 강연회에서 '민주주의냐 독재냐' 하는 발언을 기억하고 있다. 이는 동아일보에도 크게 보도됐다. 윤 교수는 이후 1968년 12월 5일 박정희 대통령이 국민의 윤리와 자유민주주의, 반공의 정신적인 기반을 확고히 하기 위하여 반포한 국민교육헌장을 비난하는 수필을 동아일보에 게재하기도 했다. 선생의 저서 『한국인의 성격』(1965년)은, 일본에서도 『한국인』(고려서림, 1992년)으로 출판되었다.

선생은 1963년에 문교부 차관으로 발탁되었다. 경성제국대학을 졸업하고 황해도 금천군수, 서울지방검찰청 검사, 그 후에는 변호사로 지내다가 서울대학교 사범대학 교수 겸 학장, 문교부 차관, 숙명여자대학교 총장, 연세대학교 교육대학원장, 경남대학교 총장, 숙명여자대학교 이사장 등을 역임하였고 14권의 저서가 있다. 그는 정직함을 강조하며 노자의 세 가지 가르침인 '동정심, 검소, 겸손'을 생활신조로 삼고 있었다. 또 늘 '지는 것이 이기는 것'이라고 말씀하셨다.

1974년부터는 경남대학교 총장으로 있었는데 나는 선생이 총장인 경남대학교에 1977년에 교수로 부임하였다. 그것은 대학 학연으로부터 이어진 것이었다. 그런데 내가 일본에서 경남대의 교수로 부임을 위해 도착했을 때, 선생이 운동장 단상 사열대에서 군사훈련 중인 학생들로부터 거수경례를 받는 것이 아닌가. 역시 일본 언론들이 보도한 것처럼 한국이 군국주의 국가가 되었다는 사실을 직접 목격하고 전율해야 했다.

그 장면은 나에게는 큰 충격이었다. 나는 일본에서의 5년간, 평화로운 일본 사회라는 데에 익숙해져 버린 것이다. 저 반골의 선생께서도 군국주의 군사교육의 책임자로 물들어 버렸다는 생각에 나도 모르게 눈물이 나왔다. 나에게는 그것이 매우 역설적인 광경으로 보였던 것이다.

대학에서는 오랫동안 시위가 이어졌고 휴교를 반복하고 있었다. 어느 날 나는 이두현 선생 연구실에서 계속되고 있던 독서회에 참석하려고 대학 정문을 통과하던 중 수위실에서 제지당해 통행 허가를 받아야만 했다.

서울대학교 사범대학은 서울 동부에 있었는데, 어느 날 교통 규제가 있게 된 것은 박정희 대통령이 육군사관학교를 향해 가는 차량 행렬 때문이었다. 그때 한 대학생이 운동장 담장 안쪽에서 바깥 도로를 달리는 대통령 차를 향해 돌을 던졌다. 박 대통령은 곧바로 하차하여 대학 수위에게 가서 학장실이 어디냐고 물었다. 그리고 묵묵히 걸어가 이종수 학장에 대해 '학생 교육을 똑바로 하라'고 주의를 주었다. 물론 이 학장은 후에 해임되었다.

고교 교사 시절의 쓰라린 추억

나는 대학교를 졸업하고 경기도 평택 안중에 있는 안일상업고 등학교에서 국어과 교사로서 1964년 7월부터 1966년 5월까지 교편을 잡고 있었다. 고등학교 수업 준비는 물론 힘들었지만 감수할 수밖에 없었다. 그러던 중 영어과 교사가 갑자기 사직하여 결원이 생기게 되었고, 내가 국어 외에 영어도 담당하게 되었다. 또 영어과 교사가 병행하여 담당하던 타이핑(타자) 수업도 담당하게 되었다. 상업학교라 그런 과목이 많이 있다는 사실에 대하여 스스로를 납득시키고 말았다. 또 마이크 등 음향 설비 담당도 하게 됐다. 어느 것도 나에게는 새롭고 어려웠지만 한편으로 신선하기는 했다.

그 가운데 영어 강독에서는 학생들에게 정확한 발음으로 읽어주지 못하고 발음기호를 보고 암기할 수밖에 없었지만 그럭저럭 해냈다. 하지만 타자 수업은 완전히 새로웠고, 타자기를 만진 것도 그때가 처음이었다. 하지만 못 하겠다고는 할 수 없었다. 다행히 중고 영문 타자기를 학교에 많이 기증한 미군 부대에서 장교들이 종종 학교를 찾아왔다. 그때마다 영어 교사인 내가 교장에게 통역을 해야 했다. 그리고 그때마다 미군 캠프에서 사용한 적이 있음 직한 정도의 내 '브로큰 잉글리시(서툰 엉터리 영어)'로 창피를 당해야 했다.

그러던 중 한 미군 장교에게 개인 수업을 받으며 영어 회화를 배우게 되었고, 타자 교재를 외워서 자판을 배우는 연습도 했다. 이때 영문 타자기의 자판은 합리적으로 배치되어 있다는 사실을 점차 알 수 있었다. 왼 새끼손가락으로는 A, 약손가락으로는 E와 D 등을 빈번하게 사용할 수 있게 배치되어 있으며, 이러한 배치를 기억하면 빨리 칠 수 있고 자판을 보지 않고 손가락으로 암기해서 칠 수 있다는 것을 알았다.

학교 숙직실에 묵으면서, 교재대로 하룻밤에 몇 십 번 몇 백 번씩 치는 연습을 했다. 그리고 타자 교사로서 당당히 학생 앞에 섰다.

지금 내 나이 세대에서는 타자나 인터넷과는 인연이 없다는 사람들이 많다. 하지만 내가 항상 키보드에서 손을 떼지 않고 사는 것이 가능하게 된 것은 그때의 경험이 있었기 때문이다. 그것은 당시 곤혹스러웠던 나의 체험이 준 선물이었다.

내가 그렇게 영문 타자를 가르치고 있는 사이에 한글 타자기라는 것이 나왔다. 얼마 지나지 않아 나는 이 한글 타자기를 구입해서 학생들에게 가르치면서 스스로도 완전히 익혔다. 하지만 그 기간도 오래 지속되지 않았고 나는 학교를 떠나게 되었다.

지방 학교에서 근무하면서 교사들이 관혼상제 등을 통한 학부모나 마을 사람들과의 관계가 깊다는 사실에 놀랐다. 학부모와의 관계 때문에 자신들이 알고 있는 마을 사람들로부터 종종 회식에 초대받는 일이 있었다. 교사들은 의무적으로 이런 행사에 참석해야 한다. 나는 무엇보다도 술을 못 마시고 노래 부르고 춤추는 것도 서툴러서 곤혹스러웠지만, 그것보다도 바빠서 그런 시간을 전혀 내지 못했고 참여하고 싶어도 할 수 없는 실정이었다. 그 결과 나는 다른 교사들로부터 소외되어 가게 되었다.

나는 결핵으로 오랫동안 투병한 끝에 겨우 살아남은 처지여서 건강에 각별히 조심하면서 많은 날들을 숙직실에서 대학원 수강 준비며 국어, 영어, 타자기 수업 준비 등을 하며 지냈다. 그 외에는 책을 읽는 것이 여가를 보내는 시간의 전부였다.

어느 날 밤, 학교의 음향시설을 모두 도둑맞아 나는 담당자로서 문책을 당하게 되었다. 그런데 그날 밤은 지역 경찰서장과 교장이 마작을 하겠다며 나에게 숙직실을 비워 달라고 해서 나는 그 자리에 없었던 것이다. 마침 그날 밤 도난 사건이 일어났고, 본래는 내가 문책을 당해야 하는 것이었지만, 학교 측이 내밀하게 처리해 주어 겨우 안심하게 되었다.

그런 곤혹스러운 시대도 나를 크게 변화시키기 위해서는 역설적으로 좋았다고 할 수 있다. 그러한 시기를 거치면서 나는 어설픈 영어라도 회화를 하게 되었고, 영문 타자기에서 한글 타자기로 그리고 워드프로세서로, 인터넷으로 도구를 바꾸면서 일본어, 한국어, 영어를 이용해서 외국인들과도 소통할 수 있게 되었다. 참으로 감사한 일이다. 이상과 같이 교사로서 바쁘게 일하긴 했지만, 결핵으로 투병한다는 이유로 병역의무를 이행하지 않은 채 취업한 탓에 항상 조마조마하고 불안정한 상태였다.

그러던 어느 날, 나는 '육군사관학교에서 교관을 모집한다'는 정보를 얻었다. 들은 바에 따르면 병역이면서 교수직으로도 인정받는다고 한다. 게다가 간단한 서류를 작성해 보내서 시험만 보면 된다고 되어 있었다.

결핵 병력이 문제가 되지 않을까 불안했지만, 나는 이 육군사관학교의 교관 모집에 응모하기로 했다. 그리고 합격했다. 그러나 합격 통지를 받고 나서의 신상 조사가 일 년 이상 걸린다고 했다.

그러자 친족이나 친척 중에 북한으로 월북한 사람은 없었나 하는 걱정이 앞섰다. 촌수가 6촌 안에 있어도 직계가 아니면 문제가 없다는 것이었지만, 내 고향의 친족 중에는 한국전쟁 때 '납치'된 사람이 있어 자세한 조사를 받았다는 얘기도 들은 적이 있었다. 앞서 말했듯이 우리 마을의 청년들이 월북한 집에서는 _l들이 간첩으로 찾아올지도 모른다는 두려움을 갖고 있었다.

또 다른 문제는 건강진단서를 준비해야 한다는 것이었다. 나는 당시 병원 건강검진에서 좋은 결과를 얻기 어려웠다. 왜냐하면 결핵을 5년간이나 앓았기 때문에 흔적이 가슴에 남아 있고, X선상에는 내 병소病巢의 흔적이 비치기 때문에 '건강'이라는 진단을 내리기 어려운 상태였기 때문이다.

이는 징병을 연기할 때는 유리했지만, 교관 자격을 얻는 데는 불리한 것이었다. 그러나 학창 시절 주치의였던 강형룡 박사의 병원에 상담하러 가서 부탁드렸더니 흔쾌히 '건강하다'는 진단서를 써 주었다.

독재자 박정희의 시대

나는 이승만 정권을 거쳐 1961년 박정희에 의한 군사 쿠데타를 직접 겪었다. 1970년부터 1979년까지 추진된 새마을운동이나 유신헌법, 학생 시위, 그리고 박정희 저격 피살로 이어지는 혼란기를 겪었다.

당초 그에 대한 나의 평가는 부정적인 것이었지만, 서서히, 어느 사이엔가 모르는 중에 긍정적인 것으로 변해 갔다.

그러면 왜 내 평가는 긍정적으로 바뀌었을까? 내 인생관의 변화인가, 혹은 그에 대한 이해가 깊어졌던 것일까? 사실 나의 이런 태도 변화가 왜 일어났는지는 지금도 모르겠다. 아마도 언론매체에 의한 것이 아니라 객관적으로 사물을 보려는 나의 근본적인 태도에서 나왔을 것이라고 자기 분석을 하고 있다.

한국에서 박정희 시대는 어두운 기억이 많다. 내 인생에서도 그것과 겹치는 부분이 많다. 그는 비극적 요소를 지닌 인물이기도 하였다. 물론 독재자라고 불리는 그의 힘이 매우 강하게 작용하긴 했지만, 그에게는 그것만이 아닌 인간적인 면모와 영향력도 지니고 있었다. 특히 '새마을운동'은 박정희 대통령이 추진하여 지금은 높이 평가받고 있는 주요 정책이라고 생각한다. 독자도 본서를 읽어 가는 가운데 아마 그것을 이해해 줄 것이라고 생각한다.

그는 반일보다는 반공을 강조하면서 군사독재정권을 이어갔고, 군사정권에 반대하는 민중에 대해서는 북한의 위협을 들어 연계되어 있다고 주장하고 그 독재를 강화했다. 그의 대미 협력 정책에 따라 1965년 2월부터 1973년까지 약 40만 명의 한국군이 베트남전에 파병되었다. 그리고 4,400명이 전사했다. 전사자들은 서울 동작동 현충원에 매장되어 있다.

나는 후술하는 육군사관학교 시절에 국립묘지에서 이런 전사자를 맞이한 적이 있었다. 베트남전쟁 중 한국군의 잔학 행위에 관하여는 국제 여론이나 저널리즘에 의해 여러 가지로 문제가 되어 왔다. 그러나 한국전쟁의 비참함을 직접 겪은 나는 당시, 지금은 전쟁이 먼 베트남 땅에서 벌어졌지만, 언젠가는 또다시 직접 전쟁을 겪게 되는 것은 아닐까 하는 공포심을 갖고 있었다.

나에게는 박정희 대통령의 새마을운동에 관심을 갖게 하는 발화점이 되는 일이 있었다. 1995년 나는 식민지에 관한 연구를 하면서 일제시대의 농촌진흥운동 자료에서 우연히 박정희가 근무했던 문경보통학교에 대한 자료를 발견하고 어떤 사실에 놀랐다. 바로 문경공립보통학교가 1930년대에 행해진 농촌진흥운동의 지정 학교였다는 문서가 그것이다. 박정희가 문경공립보통학교 교사였기 때문에 어쩌면 그는 이 농촌진흥운동에 관여하지 않았을까? 그리고 그것이 그가 행한 새마을운동으로 이어진 것은 아닐까? 즉, 일제시대의 농촌진흥운동이 그의 새마을운동의 뿌리 아닐까 하는 상상을 했던 것이다.

그래서 이 가설에 근거해서 더 많은 자료 조사와 답사를 통해서 두 편의 논문을 발표했다. 하나는 사진 자료를 포함해서 『국립역사민속박물관 논문집』에 일본어로 게재한 것으로, 새마을운동은 일제시대에 조선총독부가 주도한 농촌진흥운동에 기인한 것이라고 주장했다. 또 한 편은 근대사 권위자 이현희 선생 『회갑기념 논문집』에 한글로 게재한 것이다.

이전에는 이 두 논문이 역사학자에 의해 인용되는 일은 거의 없는데 최근에는 인용되기 시작했다. 나의 논고가 다소나마 주목받게 된 것이다. 그 중에서도 특히 '새마을운동은 일본 기원이다'라는 부분이 인용되고 있다.

내가 오랫동안 일본의 도요경제일보(東洋經濟日報)에 연재하고 있는 에세이가 있는데, 한 번은 '박정희 선생과 박근혜 대통령'이라는 기사를 썼다(2013년 2월 8일자). 그 에세이를, 산케이신문 서울 특파원 구로다 가쓰히로(黑田勝弘) 씨가 산케이신문에 소개해 주었다. 그에 대하여 한국에서는, 새마을운동의 원조가 일본이라고 하는 것은 바람직하지 않다는 반응이 있었다.

먼저, 내가 쓴 글은 다음과 같았다.

박정희 대통령이라고 하면 밀짚모자 쓰고 모내기를 하는 농민 모습의 대통령, 새마을 대통령을 떠올릴 것이다. 그의 딸 박근혜 씨가 한국 최초의 여성 대통령이 되는 것을 환영하며 그녀의 아버지를 생각한다. 그녀가 대통령이 된 것은 말하자면 음덕蔭德이며, 일본어로는 '아버지의 그늘(덕분, 父親のお陰)'이다. 다른 한편으로는 부담의 그늘(덕분)이기도 하다. 음양은 우주 조화의 원리이며, 대통령으로서의 행사가 기대된다.

나는 이승만 대통령의 장기집권에 반대하는 시위에 참여했다. 군사 쿠데타로 인해 민주화가 중단된 것에는 실망하고 있었다. 육군사관학교의 교관이 된 당시를 회고하면 격세지감이 있다. 1960년대 중반의 일이었다. 어느 날, 모 대학 앞을 통과하던 중 한 대학생이 달리던 박 대통령의 차를 향해 돌을 던진 적이 있었다. 그때 선글라스를 쓴 박 대통령은 차에서 내려 정문 수위의 안내를 받아 학장을 만나 '학생 지도를 똑똑히 하라'고 주의를 주고 나서 육군사관학교로 향했다. 생도들의 '사열' 의식을 보기 위해 박 대통령은 토요일에 간간이 육군사관학교에 가곤 했다. 삼엄한 경비 속에 나는 가까이에서 그를 본 적도 있었다. 딱 한 번 같은 사열대에 동석한 적이 있다. 덧붙여 말하지만, 그때 주의를 받은 학장은 즉각 해임당했다.

박 대통령과 관련한 일화 한 가지를 소개한다. 그는 사단장일 때 가끔 식사하러 간 일본식 우동가게 할머니를 사관학교 식당으로 불러 일하게 했다. 그녀는 나에게 박 대통령이 일본 음식을 좋아한다는 이야기를 했다. 나는 그때 대통령이 매우 인정 많은 사람이라는 것을 느꼈다. 지금부터 40여 년 전쯤의 이야기이다.

때는 바뀌었고 식민지에 관한 자료를 읽다가 갑자기 박 대통령이 떠올랐다. 내가 식민지 연구상 궁금한 것 중 하나는 새마을운동이다. 나는 우가키 가즈나리(宇垣一成) 조선 총독의 농촌진흥운동 하에서 문경초등학교가 농촌진흥운동의 '중견 인물'을 양성하는 지정 학교였다는 점에 주목하여, 어쩌면 당시에 근무하던 젊은 시절의 대통령이 박 선생으로서 그 농촌 진흥과 관련이 있지 않았을까 하는 생각이 들었다.

나는 바로 일본에서 서울로 갔고 그 학교를 찾아갔다. 그리고 문경공립보통학교에서 당시 박정희 선생에게 배운 김성환 선생 등 세 제자를 인터뷰할 수 있었다. 그들의 이야기를 통해 나에겐 '선생님'이라는 이미지가 강하게 전달되어 왔다. 그들에 의하면 당시 박정희 선생은 농촌진흥 지정 학교인 문경갱생농원과 신북간이학교 갱생농원에서, 담당하고 있던 강광을 선생의 40일간의 출장 기간에 수업을 맡았다고 한다. 즉, 마을의 중견 인물을 양성한다는 농촌진흥운동의 목적으로 지도자 양성 교육을 담당했던 것이다.

다음으로, 구로다 가쓰히로 기자가 산케이신문에 쓴 〈한국 새마을운동의 원류는 '일본'〉(2013년 2월 16일자)은 다음과 같다.

(전략) 그런데 이 새마을운동의 원류가 일본이었다고는 잘 알려져 있지 않다. 일본 통치 시대인 30년대, 조선총독부가 추진한 농촌진흥운동이 그것이었다.

그리고 박정희가 대구사범학교를 졸업하고 군인이 되기 전에 잠시 교사로 있던 경상북도의 문경국민학교는 그 농촌진흥운동의 인재 양성을 위한 지정 학교였다. '박정희 선생'은 그 인재 교육을 담당해 지역의 농장에서도 지도를 했다.

농업진흥운동의 표어는 새마을운동의 그것과 똑같다. 당시의 시대 배경에서 '의례간소화'나 '충효애국'도 있었다. 박정희는 후년 대통령이 되었을 때 이게 생각났다는 것이다. 그래서 '새마을운동'은 일본이 모델이라는 이야기는 일본 연구자들로부터도 듣고 있었는데, 최근 일본 거주 문화인류학자 최길성 히로시마대 명예교수(시모노세키의 동아대학 동아시아문화연구소 소장)가 그 상세한 내용을 한국 정보지 도요(동양)경제일보(2월 8일자)에 썼다.

최 교수는 필자의 지인이므로 '무단소개'를 허락해 주실 수 있으리라 생각하지만, 그는 이 '박정희 전설'(?)을 당시 문경국민학교 제자들과 인터뷰해 확인했다고 한다.

최 교수는 일본으로 건너가기 전 한국 육사 교관을 한 적이 있으며, 그때 들은 일화도 소개하고 있다. 사관학교 식당에서 일하던 할머니는 박정희가 사단장 시절에 자주 다니던 우동집 사람으로, 박정희가 뒤에 사관학교로 불러들인 것이라고 한다.

아버지 박정희는 일본식 우동을 좋아했다고 그 할머니가 말했다고 하는데 딸 박근혜 차기 대통령의 취향은 어떨까 걱정이 된다. 그녀는 일전에 손에 들고 있었던 대형 핸드백이 해외 명품이 아니냐는 의혹설로 발전했다. 국산 중소업체 제품이라고 하여 가라앉았지만, 아버지처럼 '일본식 우동'을 좋아한다고 하면 금세 난리가 날 것이다.

또한, 전 서울시장 고건 씨(1938년생)는 새마을운동을 둘러싼 오해가 많다고 이를 어느 한국어 사이트에 다음과 같이 기술하고 있다.

새마을운동이 농민들의 환영을 받으면서 유신시대의 지지율을 높이는 데 기여한 것은 사실이다. 이 새마을운동이 일본 신촌新

村운동의 복사판이라는 비판이 있는데 내가 아는 한 일본의 신촌운동(新村作り運動)과 새마을운동의 의미는 다르다. 한국의 읍면동과 같은 것으로서 일본에서는 기초자치단체 단위인 시정촌이 있다. 일본의 시정촌(市町村)은 소규모 단위로, 수천 개에 이른다. 그 영세한 시정촌 단위로 도서관, 공회당 등 공공 복지 시설을 만들려고 했지만 그것은 비경제적이었다. 그러니까 일본에서는 수십 년에 걸쳐 시정촌의 합병을 추진해 왔다. 그것을 새로운 마을 만들기 운동이라고 했다. 새마을은 순수한 한국어다. 신작로 옆에 새로 만든 깔끔하게 단장된 동네를 '새마을'이라 부른다. 우리의 새마을운동은 일본의 신촌운동과 어원도 그 내용도 다르다.

요컨대 일본의 신촌운동과 새마을운동은 다르다는 취지의 의견이다. 하지만, 내가 주장하는 것은, 일제시대의 농촌진흥운동과 새마을운동을 비교한 것으로서 고건 씨의 위 주장과는 전제가 다르다. 그러나 다만 한국 정부와 정치권이 새마을운동의 일본 기원설을 얼마나 싫어하는지를 표명한 것으로 이해해도 좋겠다고는 생각한다.

새마을운동은 '일본 기원'인가

그렇다면 새마을운동의 실제와 그 근원을 함께 찾아 일제시대에 우가키 조선 총독이 실시한 농촌진흥운동의 영향이 박 대통령의 새마을운동에 있었는지 없었는지를 확인하고자 한다.

새마을운동에 대해서는 정부 주도로 농어산촌 주민을 행정적으로 통제하고 노동력을 동원한 운동이며, 정치적인 체제 유지를 위한 것이라고 부정적으로 비판하는 사람도 있다. 다만, 많은 사람들은 새마을운동 덕분에 한국이 경제적으로 발전을 이루었다고 긍정적으로 평가하고 있다. 이렇듯 새마을운동에는 여러 가지 견해가 있다. 그것은 사람에 따라, 경험에 따라서, 또는 지적 수준에 따라서도 차이가 있다.

원래 이 운동은 어디에서 나왔는지 그 기원에 관해서도 여러 가지 설이 있다. 다소 우회하게 될지 모르지만 나는 그 시대를 살아온 사람으로서 자기사적自己史的인 관점에서도 당시를 고찰해 나가고 싶다. 도대체 박정희는 어떤 인물이고 일본과의 관계는 어떠했던 것일까? 나는 그를 비판하거나 역으로 두둔할 목적으로 이 글을 쓰는 것은 아니다. 그것을 먼저 양해를 구하고 싶다.

일반적으로는 박정희 대통령이 '한국의 근대화는 마을 수준부터 개혁해야 한다'고 믿고, '새로운 마을(새마을) 운동'을 시작한 것으로 알려졌다. 즉 박정희의 개인적 소신이 추진력이 되었다는 것이다. 반면에 새마을운동은 박정희 자신이나 일제시대 농촌진흥운동 경험으로부터 배운 것이라고 생각하는 사람도 있다. 나도 그 중 한 사람이다.

《월간조선》 강인선 기자와의 인터뷰에서 당시 이 운동의 실행자였던 김정렴 씨는 다음과 같이 밝혔다.

> 70년대 초부터 박 대통령이 창안, 주도한 새마을운동을 통해 오랜 빈곤과 사회적으로 고통받으면서 잠재화되었던 근면·자조·협동이라는 유교적 전통이 되살아나고 획기적인 농어촌 생산력 향상과 농어촌 생활 및 환경의 엄청난 개선을 이루었습니다.
>
> (《월간조선》 1991년 5월호, 367쪽)

이 인터뷰에서 김정렴 씨는 새마을운동을 '박 대통령이 창안, 주도했다'고 하고 있다. 만약 그렇다면 그 원동력은 어디에서 나온 것일까? 나는 그 심층을 탐구하고 싶었다. 창안자인 박정희는 새마을운동의 계획과 실시를 무엇을 참고하여 실행했을까? 이리하여 나는 박정희가 군인이나 정치가가 되기 전에 소(초등)학교 '선생'이었다는 점에 주목하게 되었던 것이다.

1979년 10월, 박정희가 저격, 피살되었다. 대통령이 피살됨으로서 새마을운동의 기세가 누그러지는 게 아닌가 싶었다. 그러나 여전히 새마을운동은 살아 있는 것으로 보였고, 우리도 '새마을

연수 교육'을 받게 되었다. 나는 박정희의 죽음과 함께 새마을운동은 이미 사라졌다고 생각하고 있었기 때문에 의외였다.

박정희 독재를 싫어한 사람들은 그를 암살한 김재규를 영웅시하는 듯한 상황이었지만, 대통령이 전두환으로 바뀌고 김재규는 사형당했다. 나는 이것으로 전두환이 민주화의 기회를 가로챘다고 생각하게 되었다.

군사정권은 여전히 이어졌다. 게다가 삼청교육대라는 무서운 위협이 존재했다. 전두환이 사회정화를 위해 불량배를 일소한다는 명목으로 강원도에 설립한 이 시설에는 4만 명 가까운 삼청교육 해당자를 입소시켰다.

이 교육대에는 폭력단 같은 패거리 이외에 민주화운동 활동가들도 입소시켜 민주화운동 탄압 의도가 있었다고도 알려져 있다. 그들은 육체적·정신적 학대를 받았고, 54명이나 되는 사망자가 발생했다고 한다. 이처럼 전두환 정권은 여러 가지 방법으로 국민을 겁박했다.

박정희 생가를 방문하다

2013년 여름, 더위가 한창일 때 한국 경상북도 구미시에 있는 박정희의 생가를 찾았다. 7월 8일 김해공항에 내려 부산역까지

택시로 이동, 거기서 서울행 고속전철 KTX를 탔다. 이 KTX는 일본으로부터의 수입도 검토되었지만, 결국 프랑스의 떼제베를 도입한 것이다. 지금 시대임에도 불구하고 반자동문이나 진행 방향으로 자리 방향을 바꿀 수 없는 고정식 좌석 등 다소 불편한 점이 있다. 하지만 한국에서는 일본에 반감을 가지고 있는 사람이 많아 일본제 고속철을 도입하지 않은 것은 잘한 일이라고 생각하는 사람이 많다.

이때 구미역에는 KTX선 역과 재래선 역이 따로 있다는 사실을 모르고 곤란해하기도 했다. 또한 역으로 마중 나오는 사람에게 전화를 걸려고 했지만, 한국에서 스마트폰을 사용하는 방법을 잘 몰라 초조해하며 옆 좌석의 중학교 2학년생에게 스마트폰 사용법을 물어보았다. 의외로 학생은 한자를 읽을 줄 아는 것은 물론 영어도 읽었다. 내 스마트폰을 자유자재로 설정해 주어 통화를 할 수 있어서 감사했다.

나는 동대구에 내려 재래선의 '새마을호'로 갈아탔다. 탄 열차가 '새마을호'라니 지금부터 새마을운동을 조사하러 가는 나에게 매우 적합한 것 같다고 생각했다. 이전에는 새마을운동의 역사를 상징하는 새마을호였는데, 지금도 여전히 현역으로 달리고는 있지만 상당히 올드 타임의 열차이다. 이 열차가 새로 등장할 당시 시원스럽게 달리는 새마을호는 최고급 인기 열차였다. 그러나 지금은 완전히 과거의 유물이 되어 버렸다. 새로운 게 나오면

기존의 것들이 구식이 되고 신구는 항상 바뀐다.

이 열차는 아직 그 시대의 그림자를 남기고 있어 나에게는 반갑고 타는 기분이 좋았다. 문은 버튼을 눌러야 하는 반자동식이고, 지금은 구식이지만 당시에는 새로웠고, 게다가 비쌌다. 이 로컬 선에서는 차량보다 승객이 더 오래된 듯 느껴졌다. 큰 소리로 경상도 사투리로 말하는 사람들은 정말 반갑고 친근감을 느꼈다. 열차의 버전이 바뀌는 것처럼 많은 사람들도, 나도, 다양한 버전으로 바뀌어 왔다. 내가 살아온 버전도 바지저고리(한국의 전통의상)에서 군복, 양복 등으로 바뀌었다.

나의 생각과 인생관도 변화 발전했다. 문학 소년 시절, 민속학의 초년병, 일본 유학에서의 근대화주의자, 일본 연구자, 국제적 조사연구의 문화인류학자로서 과거를 돌아보지 않고 미래를 향해 걸어왔다. 그러한 내 인생의 각각의 버전을 멋지게 꾸며서 설명해 줄 수도 있고 처량한 고생담으로 얘기할 수도 있다.

많은 사람을 만나고 많은 사람들과 멀어지고 무의식적으로 상처를 준 사람, 많은 신세를 진 사람, 사랑과 은혜로 이어진 삶을 되돌아보는 일도 최근에는 많아졌다. 그런 생각에 잠기면서 박정희 생가를 향해 달리는 기차 창문으로 풍경을 바라본다. 산골 분지에 있는 농촌인데도 현수막 등에는 '첨단기술의 도시'라고 적혀 있기도 하여 농촌의 풍경에는 다소 어울리지 않는 느낌이 들었다.

실은 이 부근은 지금 IT나 디지털 관계가 주된 산업이 되고, 이러한 기업의 공단에 사는 가족들이 지역 인구를 유지하는 40여만의 도시로서 경제적으로도 활성화되고 있는 것이다. 이는 구미시가 박정희로부터 큰 은혜를 입고 있다는 것을 의미한다. 왜냐하면 박 대통령은 자신이 태어난 고향에 수출공단을 유치하고, 농업이 아닌 공업도시로 만든 것으로 유명하기 때문이다. 최근에도 여기서 박정희를 주제로 한 심포지엄이 열렸다고 하는데, 그런 사실만 봐도 구미시가 얼마나 박정희의 은혜를 의식하고 있는지 알 수 있다.

이런 것들을 이것저것 생각하고 있는 사이에 열차 '새마을호'는 구미역에 도착했다. 이송희 사장이 출영을 나와 나는 그의 차로 금오산 자락에 있는 호텔 금오산에 체크인했다. 이씨는 이곳에서 태어나 계명대학교 일본학과에 입학, 거기서 나와 사제관계를 맺었다. 졸업하고 나서는 이곳에서 지역 언론사를 운영하는 한편으로 정치적으로도 활약하고 있다. 지금은 '인터넷 구미신문'을 경영하고 있는 사장이다.

호텔 금오산은 4성급인데, 여름의 더위에도 불구하고 냉방을 하지 않고 창문을 연 채로 선풍기를 틀고 있었다. 이씨는 냉방이 없는 이유로 한국에서는 원자력발전소 고장으로 전국적으로 전기 사정이 좋지 않아 절전을 위해서라는 설명을 했다. 나는 오히려 에어컨 바람보다 높이 1천 미터에 조금 못 미치는 금오산의 정기가 내려온 듯한 시원한 바람을 즐기고 있었다. 특히 저녁이 되면 전혀 에어컨을 켤 필요가 없었다.

나는 지관처럼 금오산을 올려다보았다. 바람은 단순한 산바람이 아니었다. 산의 정기를 느꼈다. 나는 민간신앙을 믿고 있는 것도 아닌데, 풍수신앙은 믿고 있을지도 모른다고 생각하기 시작했다. 몇 년 전 어떤 사람이 부모의 묘를 이장하라고 했을 때 나는 완강히 거절했던 적이 있다. 그것은 내가 풍수신앙을 믿고 있었기 때문은 아니었을까 하고 이제야 생각하는 것이다.

그래서 박 대통령이 금오산 바람의 정기를 타고 태어났다는 속설도 절반쯤은 믿고 있는 것 아닌가? 박정희 생가 방문의 중요한 목적으로 일단 그가 풍수적으로 태어났다는 영웅담을 검증하는 것부터 시작하기로 했다.

다음날 7월 9일 화요일 아침, 박정희 대통령 생가에 닿기까지의 거리에서는 '박정희로'나 '새마을로' 등 박정희에 연관 지은 도로명에 시선이 갔다.

일제시대에는 일본식 지명을 붙인 곳이 많았다. 그것을 종전 후 한국 정부가 을지로, 충무로, 세종로와 같은 역사적인 영웅과 연관된 이름으로 바꾸었다. 그래서 '박정희로'도 그런 맥락에서는 이해할 수 있다. 단순한 마을 활성화 현상으로 여겨지지도 않지만, 역시 거기에서는 정치적 의도를 느낀다.

박정희는 생전에 과연 '금의환향'을 원했을까? 하긴 이곳 구미를 발전시키고 싶은 마음도 있었겠지만, 결코 좁은 의미에서의 애향심으로 과소평가할 일은 아닐 것이다. 그가 지역 편중 혹은 지역 차별을 촉발시켰다는 비난을 받는 것은 사실이지만, 적어도 나에게는 그런 것을 초월한 인물이었다고 생각된다.

식민지 시대의 역사를 지명에 남기는 나라는 그리 많지는 않다. 하지만 한국처럼 완전히 부수어 버리는 나라는 드물다. 싱가포르에서는 거리의 많은 이름에 '래플즈'라는 영국 식민지 지배자의 이름이 붙여져 있다는 사실에 나는 놀랐다. 전후 싱가포르 정부는 식민지를 상징하는 건물로서 유명한 래플스 호텔을 허물려고 했다. 그러나 역사적인 건물을 그대로 보존하여 이용하는 것이 합리적이지 않으냐는 반론이 있어 부수지 않고 사용하게 되었다고 한다. 그 호텔은 보존되어 지금도 예약이 어려울 정도로 번창하고 있다.

영웅의 이름을 지명으로 하는 예는 세계적으로도 많이 있다. 어리석은 자는 곧 허물어질 동상이나 탑을 세운다. 시가지에 치졸한 동상을 세우고는 부수는 역사를 우리는 자주 본다. '스탈린 광장' 등은 그 대표적인 예라 하겠다. 독재자들은 생전에 자신의 이름을 역사적으로 남기기 위해 이런 지명을 만든다. 지명이 정권에 따라 달라지는 경우도 있고, 독재 국가에서는 그런 현상이 넘쳐난다. 이윽고 박정희가 태어난 마을에 도착했다. 옛날에는 좀 더 벽촌인 시골 농촌이었을 것으로 짐작되는 풍경이다. 나도 모르게 이런 벽촌에서 정말 영웅이 나올까 하고 생각하기도 한다. 역시 풍수신앙 이외에는 설명할 수 없다고 생각했다.

일반적, 세속적으로 말하자면 오늘날 한국에서 위인이나 영웅은 자연스럽게 생겨나는 것이 아니라 시험지옥에 의해서 만들어지는 것 같다. 요컨대 문벌을 배경으로 갖고 태어나고, 교육에 힘을 쏟는 '엄마'의 힘에 의한 과외수업과 시험지옥을 거쳐 출세하는 것이며, 이렇게 빈한한 마을에서는 영웅 따위가 태어날 것 같지 않다. 그렇기에 시험지옥을 거쳐 명문 대학에 들어가 고위 관료가 되어 가는 현재의 출세 행로와는 다르니 오히려 풍수설이 잘 어울리는 것이다.

지리적으로 영웅이 나오는 '명당'이라고 일컬어지는 박정희의 생가에 도착했다. 금오산 자락에 자리 잡은 초가집이 시야에 들어온다. 확실히 풍수적으로 위대한 인물이 나온다는 이야기가 어울리는 듯한 느낌이 드는 집이었다. 나는 풍수사(지관)라도 된 듯이 산세를 보았다. 풍수란 문자 그대로 자연환경을 의미하기 때문이다.

나는 풍수에 관하여 적지 않은 지식을 가지고 있다. 1990년대에는 무라야마 지순(村山智順)의 『조선의 풍수』(조선총독부, 1988년)를 한국어로 번역 출판한 적도 있다. 그때 나에게 많은 사람들이 자기 묏자리를 봐 달라는 의뢰가 쇄도하여 곤란했던 일이 있다. 나는 당시 풍수신앙을 믿을 생각이 없었기 때문에 그런 사람들에게는 응하지 않았다. 어떻든 나는 다만 풍수적 지식을 갖고 있을 뿐이다.

나의 이러한 지식으로 박정희의 생가를 보니 분명히 풍수적으로 나쁘지 않다고 생각됐다. 역시 그는 풍수적인 인물이라고 생각할 수 있을지도 모른다. 또한 풍수 이외에는 이곳에서의 영웅 탄생을 설명할 수 없다고 생각했다. 그만큼 이런 마을에서 박정희 같은 사람이 탄생했다는 사실은 놀랍기만 하다.

박정희가 그러한 시대에 태어났음을, 풍수라는 말 대신 좀 더 세속적으로 말한다면 '운'이라고 말할 수 있을지도 모른다. 즉 그가 아무리 자조, 노력, 근면 등을 신조로 살았다고 해도 그것만으로 위대한 인물이 되는 것은 아니고, 그것은 어디까지나 그가 가진 운이라고 하지 않을 수 없다. 아무튼 '풍수' 아니면 '운'일 것이다.

북한의 김일성과 중국의 마오쩌둥(毛澤東)을 비교해 보면 비슷한 것을 알 수 있다. 모택동에게는 '인걸지령人傑地靈', 즉 풍수가 인물을 낸다는 풍수적인 설명이 더해져 있고, 김일성의 아들인 긴정일에게는 백두산에서 태어났다는 풍수적인 설명이 더해져 있다.

나는 독재자라고 불리는 인물들로 마오쩌둥, 김일성, 박정희 세 사람을 떠올려 본다. 박정희는 산골짜기의 가난한 농촌에서 태어나 사범학교를 나와 문경보통학교의 '선생'이 되었고, 급전환하여 군에 입대하고 육군사관학교를 졸업하고 만주군 장교가 되었다. 한국이 일본의 식민 지배로부터 해방되고 나서는 공산주의자 혐의로 형무소 신세를 진 뒤 출소하여 한국의 육군 소장이 되어 쿠데타를 일으키고 대통령이 되었다.

일본의 어느 재일 한국인 독설가는 쿠데타, 장기 집권과 인권 탄압, 암살 등을 이유로 '박정희는 태어나서는 안 될 사람'이었다는 발언을 하였고, 한국의 야당 국회의원이 그것을 인용하여 소동을 일으킨 적이 있다. 인권 의식에서 나온 발언이라고 하지만 전혀 인권 의식이 없는 사람의 이야기였다. 박정희는 피살이라는 비극적인 죽음을 맞은 사람이다.

그의 생가는 농촌 출신들의 출세 행로를 알기 쉽게 전시하고 있다. 박씨에 대한 평가는 대체로 긍정적이라고 봐도 좋다. 『성공한 대통령 실패한 대통령』의 저자 김충남은 '박정희 대통령은 한국의 대표적 지도자일 뿐만 아니라, 반만년 민족사에 우뚝 선 지도자의 한 사람으로서 두고두고 기억될 것'이라고 평가하였다. 그 주요한 이유로서 새마을운동을 추진해 큰 성과를 거두었음을 지적하고 있다.

그렇다면 북한의 김일성은 어떨까? 김일성의 생가가 있는 만경대는 성역화되어 있다. 나는 몇 년 전에 평양에 있는 김일성의 생가를 보러 간 적이 있다. 초라한 초가집을 원형 그대로 보존해 놓은 점이 특이했다. 하지만 잘 정돈된 모습에서는 부자연스러움을 느꼈다. 그리고 가는 곳마다 참배를 강요당하는 느낌이 들게 하는 김일성의 동상이 세워져 있었다. 아마도 북한의 독재체제가 무너지면 제일 먼저 철거될 것이다.

중국에서도 아직 마오쩌둥의 동상이 여러 곳에 세워져 있다. 김일성과 마오쩌둥은 독재자이면서 인생행로를 무사히 마친 사람들이다. 그들은 독재자였어도 비극을 체험하지 않은 채로 인생을 끝냈다. 마치 왕조의 임금처럼 운이 좋은 인물들이다.

박정희 생가 역시 소박한 감이 있다. 그의 경우 그런 소박함은 무엇을 의미하는 것일까? 농촌에서 태어나 위대한 일을 한 영웅을 더욱 빛나게 하기 위한 것인가? 나는 생가를 궁전처럼 만들지 않은 것만으로도 긍정 평가한다. 그 점에서는 김일성의 생가와 비슷할지도 모른다.

비극성이란 사람을 비참하게 만들기도 하지만, 대부분 극적인 효과로써 비교적 오랫동안 사람들에게 각인시키는 힘을 가졌다. 따라서 박정희는 그 비극적 요인 때문에 영웅화되기 좋은 요소를 지니고 있다고 할 수 있다. 비극 속에서도 원한은 큰 힘을 가진다. 부인 육영수가 암살되었고, 그 딸이 대통령이 되었다. 나는 전에 고려 말기의 최영 장군과 일본의 스가와라 미치자네(菅原道眞)를 비극적인 인물로 비교한 적이 있다. 이때 비극적인 요인이 한을 표출한다는 현상을 분석한 경험이 이번 내 생각의 배경이 되고 있다.

'박정희 생가'와 '김일성의 생가'는 비슷하다. 그러나 박정희는 김일성과는 결정적으로 다르다. 김일성은 독재자인 채로 천수를 누린 가운데 지금까지 3대째 권력을 세습해 오고 있지만, 박정희는 뜻밖에 암살된 비극적인 인물이다. 그러나 박정희 생가의 기념 전시에는 이런 비극적인 부분이 결여되었다. 쿠데타나 인권 탄압, 암살 등에 대해서는 일절 전시되어 있지 않은 것이다. 즉, 그의 인생의 '어두운 부분'은 여기에는 표현되어 있지 않다. 그래서 김일성의 생가와 그리 다르지 않게 되어 버렸다.

이것은 도대체 무엇 때문일까? 전시를 짧게 둘러보도록, 시간 절약을 위해서 생략된 것일까? 아니면 의도적으로 그의 어두운 부분을 감추고 싶어서일까? 전시에서는 그의 일생의 '일부'만 강조되고 있을 뿐이다.

유감스럽게도 이것은 종합적인 자료관이라고는 할 수 없다. 생가답게 탄생만을 강조한 것에 불과하다. 그저 평범한, 영웅의 기념관에 지나지 않는다. 그의 비극적인 부분은 김일성의 생가와는 본질적으로 다른 '위대함'이 있음에도 불구하고 말이다. 이래서는 단순한 시골 마을 행차라고 말해도 어쩔 수가 없다고 생각했다.

한여름의 더위 속에 9시부터 개관하는 시간에 두 대의 관광버스와 스무 대의 승용차가 주차되어 있었다. 안으로 들어가자 주차하고 있는 차에 비해 관내의 관람자는 적다. 버스에서 내린 사람들은 어디로 갔을까? 관내 관람객이 적은 이유를 알 수 없다.

정기휴일도 아닌데 식당과 기념품 매점도 문을 닫았다. 종업원의 휴가 여행 때문이라고 한다. 좀 더 상세한 자료와 정보를 요구해도 '모르겠다'는 대답이 돌아올 뿐이다. 자료를 판매하는 가게도 정리 중이라고 휴업하고 있다. 박정희 영상 자료나 책은 전혀 없다. 이렇게 기념관이 불성실한 경우는 대부분이 공적 기관에 의한 관리라서 그럴 것이다. 반면에 유족 등이 운영하는 사설 또는 민간 시설에서는 더욱 친절하고 정중하고 성의가 느껴진다.

나는 한 사람의 성실한 관광객이 되어 열심히 관람했다. 전자 방명록에 기록하고 대통령 내외의 사진 옆에 서서 기념사진을 찍었다. 그리고 직경 15미터, 높이 10미터의 원형 하이퍼돔 안에서 12분짜리 영상을 의자도 없이 카펫에 앉은 채로 360도로 펼쳐진 영상을 통해서 시청했다. 박정희의 업적을 짧게 압축한 영상인데 스크린이 종횡으로 넓혀져 있는 탓에 내용 이해가 오히려 어렵고, 게다가 스크린 크기에 압도되어 그저 '위대한 인물이다'란 인상을 받았을 뿐이었다. 이 돔은 정보를 전달하기 위한 것은 아니고 다만 압도감을 줄 만한 공간이라고 느꼈다.

구미 박정희 생가에는 추모관이 있고 배례할 수 있도록 개방되어 있다. 중국 마오쩌둥 기념관에서도 작은 동상 부적 따위가 판매되어 그것이 신앙의 대상이 되고 있다고 한다. 사회주의 국가인 중국에서도 마오가 신앙의 대상이 되고 있는 것이다. 북한에서는 김일성의 유체가 보존되어 존경과 신앙의 대상이 된 것과 같다. 마오쩌둥 기념관에서는 마오쩌둥을 기념하는 식당이 유명하다. 박정희 생가에도 춘궁기를 체험하는 식당이 있고 마찬가지로 관광지화되어 있다(그날은 휴업).

나는 박정희에 대한 존경의 마음을 가지고 모인 사람들의 태도를 관찰하는 것도 박정희 생가 방문에서 하나의 주목 포인트로 삼았다. 박정희는 군인으로서 군사 쿠데타로 정치가가 된 사람이지만, 경제를 발전시킨 '한강의 기적'을 일군 영웅이라는 것이 전시되어 있다.

새마을운동 등에 대한 대통령의 연설문이나 결재 문서, 사업에 관한 공문서, 마을 단위의 서류, 지도자로서의 성공 사례와 편지, 시민으로부터의 편지, 교재, 관련 사진과 영상 등 약 2만 2,000여 건의 '새마을운동 기록물'이 2013년 6월 유네스코 세계기록유산에 등재되었다고 한다.

나는 영정을 모시고 있는 추모관 앞으로 가서 묵념했다. 단순한 영웅으로서가 아니라 한 인간으로서 그의 일생을 본다. 그러나 보는 사람에 따라서는 보잘것없는 인물, 독재자 군인, 혹은 경제개발로 조국 근대화를 이룬 위대한 대통령으로 볼 것이다.

안중근은 이등박문(이토 히로부미)을 암살해도, 사형을 당해도, 위대한 영웅으로 이름을 남기고 있다. 한편 김재규는 대통령을 저격함으로써 죽음에 이르게 한 국사범으로 처형됐지만, 일찌감치 잊혀 갔다. 같은 살인자인데 무엇이 이렇게 상반된 결과를 만드는 걸까?

생가 바깥으로 돌면 '새마을운동 테마공원' 안에 박정희 동상이 서 있다. 주민들 성금으로 세웠다고 한다. 이 박정희 상은 멀리서 보더라도 내가 생각한 이미지와는 많이 동떨어져 있었다. 동상이 생각한 것 이상으로 규모가 컸다. 그는 몸집이 왜소한 군인이었지만, 생가의 동상은 정장 차림의 키가 큰 신사로 표현했다. 억지스럽다는 느낌을 지울 수 없다. 다시 말해 영웅화의 의도가 농후한 것이다.

김일성 동상은 커도 위화감을 느끼지 않았지만 여기서는 매우 위화감을 느꼈다. 알고 있는 그의 이미지와는 너무도 동떨어진 이 작품은 졸작인가, 혹은 이미지 업의 의도가 더해진 창작인가? 그것이 내게 강한 위화감을 느끼게 했다.

박 대통령의 생가를 찾아가도 박정희 일생의 전체상을 볼 수가 없었다. 그를 알기 위한 '본고장'이란 기대를 하고 갔지만, 그곳에는 나의 궁금증을 채워 줄 것들이 거의 없다시피 했다. 앞에서도 말했지만, 박정희의 비극적 최후 자체가 영웅 서사의 핵심이기도 한데, 그 서사의 인과를 알게 하는 요소들이 전면 누락되었기 때문이다. 그리고 정장 차림의 키 큰 신사로 변신한(?) 박정희 동상에 이르러서는 감동보다는 실망을 느꼈다.

나는 서점에 들러서 책 띠에『딸을 대통령으로 만든 박정희』라고 적힌 두꺼운 책을 샀다. 그리고 조만간 유네스코 세계기록유산에 등재된 새마을운동의 자산들도 봐야겠다고 생각하면서 조사를 끝마쳤다.

구미에서 김해공항까지 직행버스를 탔다. 손님은 나 혼자였다. 버스 안에서 이번에 조사한 박정희 생가에 대한 감상을 꼼꼼하게 정리해야겠다고 생각했다.

그렇다면 박정희가 '대일본제국'의 교육기관에서 받은 사범학교의 교육은 어떤 것이었을까? 그 교육이 청소년기 박정희의 의식 속에 어떻게 작용했던 것일까? 문경에서 교사를 하면서 어떤 마음으로 교육에 임하고 어떤 경험을 쌓았던 것일까? 그것들이 나중에 혁명을 일으켜서 대통령이 되고 농촌혁명을 일으킬 때 어떤 영향을 미쳤던 것일까? 그것들을 자세히 알아보고 싶었다.

박정희에게는 장점은 물론 단점도 많았다. 하지만, 박정희는 역시 영웅이다. 그런데 왜 그의 단점, 잘못한 점들을 생가 전시관에서 일부러 누락시킨 것일까? 박정희는 애증과 장단점을 국민과 공유했던 인물이다. 그러한 사실들을 무시 또는 부정하고 일방적으로 영웅화하려 한 것은 역시 큰 문제가 아닐 수 없다. 박정희 영웅 서사를 그의 추종자들 스스로 형해화시킨 것이란 생각이다.

사람은 누구나 결점이 있다. 그런 만큼 사람을 평가하는 기준은 그것을 포함하는 인간애가 근본이라고 나는 생각한다. 그 점에서 말하자면 박정희 생가에서 보는 영웅화, 관광을 목적으로 한 전시展示는 역시 적절하지 않다고 생각한다.

제5장 육군사관학교 교관이 본 한국군

입대까지의 혹독한 훈련

앞에서 설명한 바와 같이 고등학교에서 교사로 재직하던 나는 육군사관학교 교관 모집에 지원하여 합격했다. 하지만 신원조회에 시간이 걸려 1년 정도 안절부절 못하며 발령이 나기만을 초조하게 기다리고 있었다. 사관학교 교관으로 정식 내정되면 학교를 그만두게 되기 때문에 학교에서는 나에게 후임을 정하라고 했다. 그래서 후임으로 친구인 대학원 동급생을 추천하여 취직을 결정할 수 있었다. 하지만 아무도 내가 고등학교를 떠난다는 것에 서운하다든가 영전이라든가 말해 주는 사람은 없었다.

친구는 곧바로 찾아와 하숙하면서 나의 퇴직을 기다리고 있었는데, 신원조회나 건강검진 등으로 시간만 흐르고 사관학교 발령은 좀처럼 나지 않았다. 그 때문에 후임으로 정해진 친구는 내게 우선 퇴직부터 하라고 재촉하며 불평했다. 그에게는 미안하다고 생각하면서도 조금 더 기다리고 나서 겨우 사직할 수 있었다. 지금 생각해도 미안한 이야기이고 친구가 내게 불평하는 것도 당연했을 것이다.

드디어 육군사관학교로부터 통지를 받고 기쁜 마음으로 학교를 떠날 수 있었다. 1년 정도의 재직이었지만 고등학교는 나에 대해서 아주 냉담했다. 다른 교사와 달리 송별회도 뭐도 없이 나는 쓸쓸히 학교를 떠났다. 당시 그 학교에서는 교사가 전근 가거나 할 때는 학생들이 울면서 이별하는 것이 통례였는데, 내가 떠날 때는 배웅하는 학생조차 없었다. 마을의 관혼상제 등에 초청되어도 밤늦게까지 참가할 만한 대열에는 들지 못하고 혼자 숙직실에 남아서 공부했던 것이 역시 후회스러울 정도였다.

황톳길을 걸어서 정류장까지 걸어가는 내 모습은 자신이 보기에도 쓸쓸할 정도였다. 그러나 나는, 이제부터 영전해 가는 것이라고 스스로를 위로했다. 그리고 냉담한 그 학교나 지역 사람들과 얽힌 복잡한 추억을 회상했다. 예를 들면 겨울 어느 날, 소를 끌고 가는 사람이 있는 다리 위로 차가 무리하게 달려 소를 끌고 가던 사람이 강물에 빠진 일이 있었다. 하지만 자동차 운전자는 그 사람이 물 속에서 기어 올라오는 것을 보고도 웃으면서 그냥 달려갔다. 그렇게 남의 고난을 보고 웃는 그런 인정 없는 곳에서 보낸 날들을 생각하니 눈물이 났다. 나는 그런 일을 회상하면서 바로 그 다리를 건너 서울로 향했다.

나는 그런 인정 없는 곳에는 두 번 다시 오지 않으려 했지만, 우연한 일로 몇 년 후 그 초임지가 그리워져 방문해 본 적이 있었다. 하지만 나의 후임자였던 친구도 이미 사직한 뒤였다. 그리고 그것이 마지막 방문이 됐다. 고등학교 교사를 경험한 유일한 장소였고 많은 사람에게 신세를 졌다고는 생각하지만, 인정이 없는 곳이라는 인상은 지금도 지울 수가 없다.

그리하여 나는 1966년 5월 말부터 사관학교에 가게 되었다. 신원조회는 꽤 걱정했는데 무사히 통과해서 드디어 대망의 육군사관학교에 도착했다.

간부후보생은 모두 7명이었다. 국문을 비롯하여 영문, 철학, 경제, 역사, 정치 분야에서 거의 한 명씩 선발되어 있었다. 전원이 대학 등에서 강사를 하거나 연구직에 있거나 하는 상황에서 병역을 연장했던 사람들이었다.

우리는 초빙된 신분으로서 편안한 마음으로 온 것이었다. 그런데 곧 사복을 군복으로 갈아입고 운동장에 모이도록 지시가 내려왔다. 그래서 웃통을 벗고 가슴을 펴고 등에 연필을 끼워 떨어뜨리지 않도록 하는 테스트가 있었는데, 전원이 연필을 떨어뜨려 실격했다. 그 때문에 모두가 팔굽혀펴기를 하게 됐고, 야구 방망이로 서너 대씩 두들겨 맞았다. 나는 아픔을 참을 수가 없어 땅바닥에 뒹굴었다.

그렇게 해서 우리에게는 어느 정도 긴장감이 심어지게 되었고,

군대에 들어온 것을 후회했다. 그러나 군법 강의를 들은 우리에게는 이미 군법이 적용되고 있어 탈출하면 군법에 따라 처벌된다는 것을 알고 있었다. 또 상관의 명령에는 어떤 경우에도 복종해야 한다는 점도 강조되어 있었다.

밤이면 한 방에서 일곱 명이 나란히 눈을 감고 잠들 때까지 감시를 받는다. 24시간 어떤 주제로든 토론과 협의가 불허됐다. 하지만, 점심 식사 후에 한 시간 정도의 휴식이 있는데 대부분 지쳐서 땅바닥에 누워 그대로 잠들어 버리는 탓에 사실상 대화를 할 힘도 겨를도 없었다. 그런 상황에서 훈련이 계속 이어졌다.

우리 훈련 담당자는 대위와 중위로 이 둘은 육군사관학교 출신이다. 그들은 우리를 좋은 교관으로 만든다는 교육방침으로 훈련에 임하는 듯했다. 그들보다 상부의 방침으로써 이 후보생들은 나이도 먹었고, 주로 교단에 섰던 교사들이기 때문에 그만큼 강도 높은 훈련을 시키지 않아도 된다고 하는 소문을 들은 적도 있었다. 하지만 그것은 우리의 단순한 소망이었고, 오히려 훈련은 혹독했다. 훈련을 담당하는 장교나 강사는 나중에 동료가 될 사람들이지만 훈련 중에는 전혀 그런 분위기가 없었고, 그저 두려운 상하관계의 상관이었다.

그래도 어느덧 훈련의 날들은 지나가고 시간이 흘러갔다. 우리는 이렇게 보낸 날들이 아깝고 여기서 그만두는 것은 아깝다고 생각해서 어떻게든 참으려 노력하면서 훈련에 임하고 있었다.

훈련이 끝나갈 무렵에 두 가지 큰 난관이 있었다. 하나가 남한 산성까지 왕복 40킬로미터를 구보로 하루 만에 갔다 오는 것이었다. 무게 20킬로그램에 가까운 완전군장에다가 교장의 하사품인 돌을 들고 달려온다. 우리는 이 훈련을 통해서 몇몇 생도가 죽었다는 소문을 들었다. 결핵 환자인 나에게는 가장 고된 훈련 과정이 아닐 수 없었다.

이 훈련으로 지병인 결핵이 재발하면 자신이 죽지는 않을까 하는 강박관념이 나를 괴롭혔다. 바로 생사가 달린 문제라고 생각했다. 그 때문에 나는 결핵 치료가 막 끝났고, 이 훈련은 몸이 감당할 수 없어 포기할 수밖에 없다고 교육생 동료들에게 고백했다. 하지만 여섯 명의 동료들 모두 자신들이 도와줄 테니 힘내라고 해서 결국 모두와 함께 구보를 하게 되었다.

50분 달리고 10분 휴식, 논의 흙탕물을 마시면서 하는 최악의 훈련이 시작됐다. 그러나 뒤쪽에는 구급차가 만일을 대비해 따르고 있고, 여섯 명의 훈련생 동료들도 내 총을 대신해서 가끔 들어주기도 하는 등 도움 덕분에 훈련을 무사히 마칠 수 있었다. 이렇게 훈련을 마친 나는 동료들 모두가 생명의 은인처럼 여겨졌다. 하지만 나는 이런 나약한 모습으로 교단에 설 수 있는지, 자격이나 품격을 갖춘 장교가 될 수 있을지 자신감을 잃어가고 있었다.

우리는 훈련 중에 시선을 딴 데로 돌릴 수가 없었다. 대통령이 하사했다는 수영장 옆을 행진하면서도 그 수영장으로 시선을 돌릴 수가 없었다. 시선은 항상 정면 15도 위쪽을 향하게 되어 있기 때문이다. 난생처음 야구 방망이로 맞았을 때는 아픔을 참는 것이 얼마나 어려운가를 실감했다. 입대 전에 기대했던 것과는 거리가 먼 지옥에 떨어진 듯한 상황에 나는 크게 실망했다.

이러한 체험으로부터 나처럼 약한 사람은 고문이라도 받으면 영락없이 즉사할 것만 같았다. 나 자신이 정말 겁쟁이라는 사실을 새삼 확인했다. 영화 속 고문 장면을 보면서도 당하는 사람 처지에서 그게 얼마나 힘든 일인가를 실감하게 된다. 그러나 여기까지 오는 데 걸린 시간과 많은 사람들의 기대를 생각하면 그만둘 수 없다고도 생각했다. 그리고 그만두는 것조차도 군법을 어기는 일이고, 크게 불명예가 될 것이라고도 했다.

그런데 훈련의 또 다른 난관은 수영장에서의 수영이었다. 어느 날 저녁 무렵, 우리 일곱 명의 훈련생은 마침내 수영장 주변을 돌며 준비운동에 들어갔다. 그것을 정지하자마자 담당 병사들이 뒤에서 들이받고 우리를 풀장에 던져 넣었다. 그나마 나는 시골에서 물장구치며 배운 개헤엄으로 떠올랐지만, 어떤 동료는 나오지 못하고 물 속에서 허우적대고 있었다. 한 병사가 그를 구하려 하자 담당 교관인 대위는 "물을 좀 더 먹게 내버려 둬" 하고는 몇 분 뒤에야 구조했다. 그는 그 뒤로 수영장 근처만 지나게 되면 제대로 걸음을 옮기지 못했다. 나도 두 번 다시 수영장에는 들어가고 싶지 않아 몸이 굳어 버리고는 했다.

내가 결핵으로 오래 고생했다는 건 장교도 알고 있었는데, 나는 이런 차가운 물에 들어가 감기라도 걸리면 그야말로 죽어 버릴 거라는 생각에 그 후의 훈련을 아예 거부해 버렸다. 차라리 야구 방망이로 맞는 게 낫겠다고 생각했다. 뜻밖에도 장교는 나를 대열에서 빼주었지만, 나는 이것으로 자신이 교관이 되는 길은 끝장이라고 각오했다. 그러나 그대로 훈련은 끝났다.

군사분계선의 진실

10주 동안의 훈련이 끝나자 이번에는 '전방 시찰'이라는 명목으로 군사분계선의 비무장지대를 보고 돌아오는 때가 왔다. 1966년 8월의 일이다. 사관학교 교관으로서의 외출을 겸하도록 우리가 탄 사관학교 군용버스 앞에는 헌병차가 늘어서 있고, 순찰차가 사이렌을 울리며 선도하는 가운데 일행은 최전선을 향해 북진했다. 나는 오랜만에 훈련장 밖을 볼 수 있어서 기분이 상쾌했다. 차량 행렬은 고향에서 가까운 동두천을 지나 더 북쪽으로 달렸다.

제20사단의 전방 경계초소에 들렀다가 마침내 군사분계선 남방한계선에 있는 DMZ의 유격 부대에 도착했다. 육군사관학교 출신 장교가 반갑게 맞아 주었다. 그들은 특수부대 유격 수색부대원들로서 보급품이 풍부하게 공급되는 가운데 그들 나름 즐겁게 보내고 있는 듯했다. 그 때문인지 군의 일반적 분위기와는 사뭇 달랐다.

나는 20사단 최전방 소초(GP=GUARD POST)에 들어가게 되었다. 저녁이 되자 경계 근무 실습에 투입되기에 앞서 경계 근무에 대한 주의 사항이 전달됐다. 야간 경계 근무 중 초소 안에서 졸고 있으면 침투한 북괴군이 '낫으로 목을 베어 간다'는 경고를 들으며 몸에서 전율이 이는 것을 느꼈다.

나는 남방한계선에 있는 우물 구멍 모양의 참호식 GP에 들어가 그곳에서 불침번을 서게 되었다. 이전에 북한 측에서 철책에 구멍을 내어 침입한 사건이 있어 이 장소도 상당히 위험하다는 주의 사항을 들었다. 그런 곳에서 적에게 보이지 않게 어둠 속에서 다른 병사하고 둘이서 함께 감시하는 것이다.

이 GP라는 것은 북한의 군인이 보이고 목소리도 들릴 정도로 북한과 가까운 곳에 있다. 근무에 맞추어 실탄과 총, 수류탄이 주어졌다. 최전방에서는 이러한 총기에 의한 사고도 많다고 한다. 또 주위에는 아군의 지뢰 수색팀도 발견하지 못한 지뢰가 많이 산재해 있다고 한다. 그런 것들을 포함해서 비무장지대와 최전선 철책 부근은 지금도 아시아에서 가장 위험한 지대로 남아 있다.

그런 가운데에서도 함께 초소에 들어간 병사들은 태연한 모습이고 장교인 내가 상당히 겁먹은 느낌이었다. 사위가 캄캄한 가운데 작은 소리에도 귀를 기울이게 되고, 이런 곳에서 '졸음' 따위는 나로서는 상상도 할 수 없었다.

지뢰와 철책에는 의도적으로 빈 깡통을 늘어뜨려 그것들을 만지면 소리가 나고 경우에 따라서는 클레이모어 지뢰가 터지게 되어 있다. 이렇게 해서 나는 밤새도록 대단한 고통과 두려운 시간을 보냈다. 총탄을 장전한 총에 몸을 맡기는 것 말고는 할 수 있는 일은 아무것도 없었다.

이때 북한의 선전 방송에 맞서 한국 측이 확성기로 하는 선전 방송도 들었다. 선전 방송은 북한 비난 일색에 마치 욕을 내뱉는다는 느낌이었다. 실망스러웠다. 칠흑 같은 어둠 속에 그런 생각을 하며 북쪽 전방을 주시하던 중 지뢰가 폭발하는 소리가 천지를 흔들었다. 순간 나는 공포에 질려 버렸다. 그때의 긴장감은 인생을 살 만큼 산 지금도 뚜렷이 기억하고 있을 정도이다.

그날 밤 나는 군사분계선 양쪽으로 서로 2, 30미터 정도의 거리를 두고 북한 군인과 대치해야 하는 GOP로 들어섰다. 우리는 해질녘으로부터 완전히 어두워진 후에 GOP 하나를 정해서 철책 문을 열고 안으로 들어갔다. 이는 적에게 장소가 특정되어 공격받는 것을 막기 위해서였다. GOP는 단지 땅을 파서 만든 것으로 두 사람이 겨우 앉을 수 있을 정도의 구덩이였다. 그 안에서는 항상 무장하고 있어야 했다. 그날 밤의 책임자는 동료 병사였지만, 그는 곧 눈을 감았다. 이런 데서도 용케 잠이 오는구나 싶었다. 겁쟁이인 나는 낮에 목이 베인다는 말이 떠올라 겁이 났다. 용기 있는 전사가 될 주제는 아니었다. 다만 어떻게 하면 오늘 밤을 무사히 보낼 수 있을까 하는 생각이 전부였다.

나는 훗날 북한 측 DMZ에 들어간 일도 있다. 그때 안내해 준 북한군 병사는 휴전선 남측에 지뢰를 설치해 놓고 있다는 이유로 남측을 비난했다. '비무장지대'라고 하면 평화로운 이미지가 연상되기 마련이다. 그러나 한반도의 중심부를 가로지르는 비무장지대는 세계에서도 가장 위험한 곳이다.

그런데 그날 밤도 나는 두려움 속에 긴장하면서 눈을 딱 뜨고 어두운 전방을 열심히 감시하고 있었다. 문득 무슨 소리가 났다. 나는 총을 쏘려고 했다. 하지만 초소장 역할을 하는 병사는 자주 나는 소리라며 나의 행동을 제지했다.

게다가 자정을 훨씬 지난 심야에도 이상한 소리를 들었다. 지뢰와 연결된 빈 깡통에서 나는 소리 같기도 했다. 나는 병사에게 수류탄을 던지라고 했으나 그는 내 명령을 가볍게 무시해 버렸다. 사실 나는 정식으로 임관된 장교도 아니고, 그들의 직속 상관도 아니기 때문에 그가 내 명령을 들을 리가 없었다.

잠시 후, 지뢰 폭발음이 들렸다. 그와 함께 후방 GP와 철책 경계초소들에서도 일제히 사격 소리가 들려왔다. GOP 구넝이에서 몸을 일으키기라도 하면 총탄에 맞을 위험이 있다. 나는 이대로 죽음을 맞아야 하나 싶어 불안하기 짝이 없었다. 병사는 후방에서 들려오는 총소리에 대하여 침투한 북한군을 사살하고 공적을 세워 포상휴가를 가고 싶어 하는 병사들이 대부분이라고 내게 속삭였다. 그 여유가 이때의 나에게는 큰 위로가 됐다.

완전히 날이 밝아지기 전에 GP에서 나오라는 지시를 받고 우리는 밖으로 나왔다. 심야에 들었던 폭발음과 총소리가 불안했지만, 별일은 없었고 사슴(노루 또는 고라니)이 지뢰를 밟고 죽었을 뿐이었다. 중대 본부에서 그 희생된 사슴을 보았다. 다만 이런 짐승 고기는 재수가 없다고 해서 부대에서 먹는 일은 없다고 했다. 다음에는 자기들에게 불길한 일이 일어날지도 모르기 때문이다.

'DMZ', 즉 비무장지대(demilitarized zone)란 문자 그대로 보면 무장을 해서는 안 되는 곳이지만, 실제로는 완벽하게 무장한 군인들이 적대해 있는 곳이다. 서로 균형을 유지하고는 있지만, 그곳은 '전투지대'이며 항상 크고 작은 사건이 일어나는 곳이라는 것을 실감했다.

경찰관을 걷어차는 군인

이런 전방 경계 근무 실습을 마치고 1966년 8월 30일 나는 육군 중위로 임관했다. 문교부(지금의 교육부)에서는 전임강사 직위를 받아 일단 나는 육군 중위로서 육군사관학교에서 국문학을 담당하는 교관이 됐다. 교관이 된 것은 다음날인 1966년 9월 1일이다. 또 임관 1년 만에 대위로 승진했다.

승진해서 대위 계급을 달게 되었어도 상관은 많이 있었다. 대위에서 네 계급 올라가면 장군이긴 하지만, 나는 그런 군인의 길은 생각하지 않았다. 후에, 만약에 나 자신, '장군님'이 됐으면 어땠을까 생각해 본 적은 있지만.

이렇게 졸지에 장교가 되었어도 고위 장교와의 관계에는 늘 긴장감이 있었다. 특히 상관을 만났을 때 먼저 알아채고 경례를 하기가 어려웠다. 쌍방의 거리를 생각하면서 계급을 순식간에 판별해야 한다. 실수로 하급자에게 경례하면 부끄럽고 상관에게 경례하지 않으면 군율을 어기는 것이다.

훈련 중 항상 감시를 받을 때와는 달리 교관 생활이 시작되어도 군대에서는 모든 행동이 계급에 따라 위계 의식이 확고하고 그것이 조직에 배어 있었다. 다만, 그러한 군대 안에서도 계급이 낮아도 장군처럼 발언하는 사람도 있고, 장교라도 병사처럼 행동하는 사람도 있다. 나는 당시 장교였지만, 군대에서의 생각과 행동이 일개 병사보다도 못하지 않았나 쓴웃음을 짓고는 한다.

군대에서는 차 안에서도 앉는 좌석 순서가 있다. 교관끼리도 항상 계급의식이 있어서 일상 대화를 할 때에도 계급의 상하관계를 염두에 두어야 했다. 일반적으로 한국 사회에서는 윗사람이나 아랫사람을 의식하면서 이야기하는 것이 일상적이지만, 군대에서는 그것이 더욱 명확하고 엄격해야 했다. 모든 관계며 소통 방식이 오로지 계급에 의한 것이었다. 그러나 나는 제대할 때까지 군대의 그런 관습에 익숙해지지 못했다. 제대하고 예비군에 편입되었을 때에도 정기적으로 예비군 훈련을 받았지만, 그 상하 관계는 도무지 적응할 수가 없었다.

나는 매일 아침 태릉 사관학교에 통근차로 출퇴근했다. 통근차는 군용차였지만 일반 차량들과 달리 국방색으로 칠해진 차체에 '육군사관학교'라고 씌어 있었다. 소형 군용버스이면 대여섯 명이 탑승하고, 퇴근길에는 대형 군용버스를 이용하기도 했다. 그럴 때도 늘 좌석 순서를 의식했다.

내가 군인이 된 것은 한국전쟁이 끝나고 10여 년이 지났을 무렵으로, 앞으로는 군인의 가치도 떨어질 것이라고 말들을 했지만 그래도 육군사관학교는 명문의 지위를 유지하려 하고 있었다. 특히 군사 쿠데타를 일으켜 정권을 잡은 박정희 대통령의 출신교라는 점에서 생도나 교관들은 자부심이 대단했다. 그러나 때로는 그것이 나쁜 방향으로 나타나는 일도 있었다.

어느 아침 출근 시간의 일인데 운전수인 병사가 시내의 교통신호를 무시하고 돌진했다. 출근 시간이 임박했을 때는 이렇게 운전자가 신호를 무시하는 일이 잦았다. 하지만 이때는 수신호로 교통정리를 하던 경찰관이 우리 출근 버스를 세웠다. 그러자 앞쪽 상석에 앉아 있던 소령이 일부러 경찰관이 접근하기를 기다렸다가 아무 말도 하지 않고 그의 가슴을 걷어차더니 '버스 문을 닫고 출발하라!'고 소리쳤다.

발길에 걷어차인 경찰관은 길바닥에 쓰러졌고 버스는 그대로 출발했다. 차량 안에서는 이것이 앞좌석 상관의 임무인 것처럼 받아들여졌고 모두는 웃으며 출근했다. 이후 수신호 경찰은 우리 출퇴근 버스를 못 본 척했고 이쪽을 쳐다보지도 않았다. 이렇게 해서 우리 군용차는 언제든 신호를 무시하고 달릴 수 있었다.

어느 날, 우리 출근 차에 동승한 한 할머니가 있었다. 길게 이야기를 들을 수는 없었지만, 그녀는 박 대통령이 사단장이었을 무렵에 그 부대 앞에서 일본식 우동집을 하고 있었고 가끔 그곳에 박 사단장이 찾아와 우동을 먹었다고 한다. 박 사단장은 일본식 우동 맛에 끌려 손님으로 왕래하다가 전출 가면서 연락이 끊겼다고 한다. 그러다가 나중에 대통령이 되고 박정희는 그 우동집이 생각나서 그녀를 찾아 육군사관학교 식당에 근무하게 한 것이다(이것이 바로 산케이신문의 구로다 기자가 앞서 인용한 일화이다).

박 대통령은 독재자이면서도 인간적인 면이 있었다고 하는데, 위의 이야기는 그런 미담 가운데 하나였다. 나는 박정희는 서민적이고 인간적인 인물이며, 실은 일본 문화를 좋아한 사람일 것이라고 느꼈다. 실제로 그녀는 박 대통령의 마음 씀에 감사하고 은혜를 깊이 느끼고 있었다. 어느 날 그녀가 술병을 가슴에 안고 버스를 타고 온 적이 있다. 그녀는 그날은 대통령이 오시는 날이라서 그를 접대하기 위해 그 술을 준비했다고 말했다.

　평상시에는 경찰에 의해 치안이 유지되지만, 전쟁 시는 군인 혹은 헌병이 치안 유지를 맡고 권력과 권위를 가진다. 게다가 작전 중에는 헌병도 치안 임무에서 벗어나고 무기를 든 군인만이 치안을 통제하는 무서운 상황이 된다. 요컨대 만일 전쟁 중이었다면 아까 통근버스를 세운 경관은 권총 총탄에 맞았을지도 모른다. 그런 상황이라면 여성에 대한 성폭행이나 약탈 등은 더 자유자재로 일어날 것이다. 나는 그 현장을 목격한 것이다.

　나는 이러한 군내의 모순을 산더미같이 알게 되었다. 헌병은 군인을 대상으로만 검문을 하고 기율을 단속하는 것이 상식이자 복무 수칙이지만, 전쟁 중에는 그런 논리는 아무런 의미가 없다. 전쟁을 군인끼리의 스포츠 경기 따위로 여긴다면 큰 실수라는 것이다.

군 복무와 학술 연구의 양립

　군 생활이 힘든 것만은 아니었다. 나는 일주일에 50분 수업을 한 번 하는 것으로 족하고 군 내에서는 꽤 자유로웠다. 군은 일반인은 면회 신청이 없이는 출입이 금지되는 격리된 영역이다. 나는 출근해서 퇴근할 때까지 거의 종일토록 도서관에서 공부했다. 그곳은 계급을 의식하지 않고 자유롭게 연구할 수 있는 공간이었다. 나의 일생에서 면학에 가장 몰두할 수 있었던 3년간이었다고 말할 수 있을지도 모르겠다.

그렇기는 하나 어떻든 그곳은 군대이기 때문에 도서관과 연구실 사이를 걸어갈 때도 가슴을 펴고 정면을 보면서 천천히 걸어야 하는 한편으로 그 태도는 씩씩해야 했다. 물론 상관이 50보쯤 전방에 보이면 반사적으로 거수경례를 해야 했다. 어떤 사람은 멀리서 교장인 장군에게 경례하지 않았다는 이유로 호출을 받았고, 50회 또는 100회에 걸친 경례 벌을 받았다는 얘기를 들었다.

당시의 나는 군 내에서 요인에 대한 예의가 지나치게 형식적인 것이 불만이었다. 즉, '나무 말뚝이라도 군모를 씌워 놓으면 경례를 해야 한다'는 식의, 군대의 경직된 계급문화에 대해 진정으로 적응하지 못하고 있었던 것이다. 군대에서 이러한 계급의식에 적응하지 못하면 얼마나 고생을 해야 하는지, 그것은 일반 사회에서도 마찬가지일 것이다.

어느 날인가 커다란 프로젝트가 육군본부에서 내려왔다. 그것은 육군사관학교 교육 프로그램의 개혁에 관한 것이었다. 제2차 대전 후 육군사관학교는 거의 일제시대의 제도 그대로의 내용이었는데, 거기서 완전히 벗어나서 미국 육군사관학교인 웨스트포인트의 교과 과정으로 개혁하겠다는 것이었다.

나는 서울대학교 사범대학에서 교육 과정 등의 강의를 한 적도 있어 이 개정 작업에 참여했다. 나는 웨스트포인트 교과 과정을 읽고 그것이 한국군에 맞도록 교육의 이념 등을 검토했다. 그리고 그 마지막 개편 과정을 육군본부에서 오는 장군들 앞에서 브리핑(프레젠테이션)하라는 명령을 받은 것이다.

그날은 육군본부로부터 온 장군 이하 고급 장교가 열석列席 했다. 나는 긴장한 채 브리핑을 위해 그들 앞에 섰다. 긴장한 나머지 나 자신이 무슨 말을 했는지 잘 기억나지 않지만, 교수부장인 김영선 준장은 마음에 들어 하는 것 같았다. 김영선 준장은 군인 중에서도 지식인으로 알려져 있다. 내가 군에서 3년간 근무하다 제대를 앞두고 있을 때 그는 군모를 벗고 (계급의식을 풀고) 내 연구실에 찾아와서 '최 대위를 내 부관으로 삼고 싶다'고 말했다. 즉, 직업군인으로 남아 군에서 출세하는 것이 어떻겠냐는 권유를 받았다. 나는 영광이지만 정중히 거절했고 그는 떨떠름한 표정을 지었다. 이후에도 여러 차례 권유를 받았지만, 나는 직업군인이 되고 싶지 않다고 계속 말했다. 장군의 부관이라는 것이 실은 비서 역할이고, 담뱃불도 붙여 주고 구두도 닦고 신변의 뒷바라지를 포함해서 기민하게 움직여야 한다. 물론 동시에 군인으로서 성공하는 지름길이기도 했다.

나는 결국 제대를 선택했다. 김영선 장군은 박정희 대통령을 암살한 김재규를 재판하는 재판장을 맡고 전역한 뒤에는 국회의

원도 했다. 당시의 기록 영상 화면에 비치는 그의 모습을 볼 때마다 그의 제안을 받아들였더라면 나의 인생은 어떻게 변했을지를 상상해 본다. 그것은 내 인생의 중요한 분기점이었다. 그대로 군인을 계속했다면 아마 지금보다는 나은 연금 생활을 하고 있었을 것이다.

1968년 1월 21일 밤, 여느 때처럼 퇴근 버스를 기다리고 있을 때였다. 전군에 비상대기 명령이 내려졌고, 전선으로 즉각 출동할 수 있도록 대기하라는 명령이 떨어졌다. 대기하고 있던 것은 몇 시간 정도였지만 무척이나 긴 시간처럼 느껴졌다. 자세한 상황을 알 수 없고, 아마 전쟁이 발발한 게 틀림없다고는 생각하면서도 누구 하나 입을 여는 사람은 없었다. 다만, 전선에 나갈 각오만을 하고 있었다.

그때 나는 대위라는 입장의 지휘관으로서 불안하기만 했다. 군에서는 교관을 하고 있지만, 실제 전선에서 부하를 거느리고 임무 수행을 할 수 있겠는가? 아니, 변변히 싸워 보지도 못하고 아마 가장 먼저 죽을 것이라고, 무릇 군인답지 않은 생각을 하고 있었다. 나에게 있어 그것은 단지 죽음만을 생각하는 시간이었다고 할 수 있을지도 모른다.

결국 비상대기 명령이 해제됐고 퇴근 차량도 빠져나갔다. 나중에 알게 된 사실이지만, 북한 특수부대원들이 청와대를 폭파하거나 박정희 대통령을 살해하려던 사건(청와대 습격 미수 사건. 1.21 사태)이었다. 이 사건에서는 북한의 특수부대 '124군부대' 소속 31명이 수류탄과 경기관총으로 무장하고 휴전선을 넘어 서울 시내까지 침투하여 경찰과 격렬한 총격전을 벌인 뒤 도주하였다. 이후에도 경기 북부 일대에서 1월 말까지 교전이 이어졌고, 31명 중 28명이 사살되고 김신조란 공비가 생포되었다. 그는 생포된 후 '박정희 목 따러 왔다!'고 소리쳤는데, 지금은 전향해서 개신교 교회 목사가 되었다.

이렇게 육사 교관을 하고 있을 때 나는 박정희 대통령에게 접근할 기회가 가끔 있었다. 박 대통령은 승마나 골프 등을 할 때 종종 모교인 화랑대(육군사관학교 캠퍼스)를 방문했다. 나는 몇 번인가 그를 보았고, 한 번은 사열대에 동석한 적도 있다.

대통령이 육사에 사열하러 올 때에는 초비상 사태로 돌입한다. 우선 전 장병의 총기가 점검된다. 대통령이 도착하기 몇 시간 전에는 모든 총기, 특히 총탄은 모두 반납한 채 완전 비무장 상태가 된다. 이것을 보며 군인인 자신들이 대통령을 보위하는 것이 순리이지만, 사실은 학교 책임자와 교관, 후배인 생도들까지 전적인 신뢰를 받지 못한다는 사실을 알게 됐다.

드디어 사이렌 소리와 함께 검은색 경호차가 선도先導하는 가운데 대통령이 탑승한 차가 도착한다. 검은색 옷차림의 경호원들이 총을 들고 사방을 향한 사격 태세로 호위 자세를 취한다. 장교들이 모두 기립한 가운데 한복 차림을 한 육영수 여사가 먼저 내리고, 뒤이어 내린 대통령이 걸어서 연병장 사열대에 올랐다. 대통령 내외가 계단식 교단의 중앙, 이른바 로열박스에 앉는다. 나는 그 왼쪽에, 5미터쯤 떨어진 자리였다. 한 교관이 뒤늦게 행사장에 들어오려다 경호원에 의해 밖으로 끌려 나간 적도 있었다. 그런 추억이 있다.

앞서 설명한 바와 같이 중위로 임명된 후 1학기는 준비 기간으로, 강의는 한 주에 50분 한 번뿐이었다. 나는 시간적 여유를 만끽할 수 있었다. 도서관에서 연구하는 시간은 군 계급 사회로부터 조금만이라도 해방되는 시간이었다.

그래도 나는 육군사관학교 교관 중 가장 말단 계급인 중위였기 때문에 항상 상하관계를 염두에 두어야 했지만, 연구실에서는 병사들이 조수 역할을 하며 구두를 닦아 주기도 하고, 시험이나 채점을 도와주기도 하고, 통계나 학습 결과를 차트로 정리해서 보고해 주기도 했다. 그 때문에 교관인 나는 수업 준비와 연구에 전력할 수 있었다.

이러한 환경에 감사해야 하면서도 나는 계급주의를 싫어했기 때문에 거의 조수 병사를 쓰지 않고 역으로 그들에게 존댓말을 쓰거나 해서 병사들 입장에서 보면 다소 난감했을 것이다.

그러는 중에 나의 동기 교관인 신영복 씨가 연루된 '청맥사건'

이라는 게 터졌다. 청맥사건이란 통일혁명당이라는 정치단체가 발행한 잡지《청맥》(1964년 창간)에 박정희의 군사 쿠데타에 참여한 지식인들을 비판하거나 반정부적인 언론운동을 전개하고 있던 사람들이 기고하고, 1968년 그 멤버가 혁명을 음모 계획했다는 것으로 체포되어 사형 등의 판결을 받은 사건이다.

신씨는 숙명여대 강사에서, 나는 고등학교 교사에서 함께 육군사관학교 교관이 된 동료이고, 예의 혹독한 훈련을 함께 받고 교관이 된 뒤에는 군무와 사회 봉사활동을 함께 했다. 사건 후 신씨는 무기징역을 선고받아 20년간이나 옥중에 있다가 정권이 바뀌고 나서 출옥했다.

신씨는 1941년 경상남도에서 태어났다. 아버지는 대구사범을 졸업하고 경상북도에서 간이학교 교장을 지냈다. 그가 서울대학교에 입학한 것은 나와 같은 1959년이며, 같은 시기에 4.19 학생의거와 5.16 군사 쿠데타를 목격했다.

대학원을 졸업하고 숙명여자대학교에서 강사를 하면서, 잡지《청맥》연구회에 참가하고 있었다. 이 모임이 신씨가 교관으로 임용된 지 얼마 지나지 않아 통일혁명당 산하의 민족해방전선이라고 발표된 것이다. 우리는 교관 생활을 하며 친하게 지내고 있다가 그가 체포되었다는 소식을 듣고 너무 놀랐다. 그가 투옥된 부천형무소에 갔지만 면회가 되지 않았고, 나는 일본에 유학하여 그 후 소식 불통이 되어 버렸다.

육군사관학교 교관으로 현역 장교 신분이었던 신씨가 주모자인 정치사상범이었다는 것으로 군사재판에서는 사형이 선고되었으나 후에 법원에서 정상을 참작하여 1968년에 무기징역이 확정되었다.

나는 이 사건과 무슨 관련이 있었는지는 모르겠지만, 사관학교 교관임에도 불구하고 정보부(한국 중앙정보부=KCIA)에서 특별 교육을 받아야 했다.

나는 며칠 동안 이문동의 시설 안에서 반공 교육을 받았는데, 그것은 교관으로서의 국가관을 확고하게 하려는 것이었을 것이다. 교육은 주로 반공 영화 등을 보고 강연을 듣는 것이었으나 장소가 장소인 만큼 긴장하지 않을 수 없었다. 나의 담당자라는 사람은 나의 거주지 및 신상 관계 등의 자료를 완벽하게 소유하고 있어 공포스러웠다. 그뿐 아니라 '이런 것을 가족에게 이야기하면 다음날 여기로 끌려오게 된다'고 하는 따위의 위하적威嚇的인 경고도 내포되어 있는지라 간접적인 두려움도 느껴졌다. 그런데 이 체험이 후에 나에게 큰 행운을 가져다주었다.

그것은 다음과 같은 에피소드이다. 나는 제대하고 일본으로 유학할 목적으로 여권을 신청했다. 하지만 당시에는 신원조회에 시간이 걸려 여권을 작성하기 위한 서류 작성에 1년 정도가 필요했다. 그러한 시대에 여행사로부터 '어떤 특수 교육을 받은 증명 없느냐'는 연락을 받고, 나는 정보부에서 교육을 받았던 기억이 나서 그것을 제출하고 짧은 시간에 여권을 만들 수 있었다.

그러나 그러한 혜택을 받은 것의 다른 한편으로 나는 일본 유학에 필요한 일본어 공부를 하지 않고 일본에 와 버렸고, 그것은 커다란 실패로 귀결되었다. 일본 선생님은 유학 경험이 없는 내가 쓴 오류투성이의 서류를 보고 나를 낮추어보았다. 나는 가능한 한 일본어를 사용하지 않고 영어를 썼다. 그 당시의 많은 실패는 내가 쓰는 서툰 일본말이 원인이었다.

그것은 준비도 없이 돌연 유학 온 나의 실수였지만, 당시 일본 사회에는 아직도 조선 또는 한국에 대한 차별이 강하게 남아 있었다. 그런데다가 언어의 벽마저 그렇게 크게 작용한다는 사실을 직접 겪은 것이다. 시간은 흘러 나의 일본어 실력 향상과 함께 일본인에 대해 이해할 수 있게 되었다.

국민교육헌장 강의

나는 육군사관학교에서 전교생을 대상으로 〈국민교육헌장〉의 해설도 했다. 이것은 생도들에게 애국심을 기르게 하기 위한 교육이었다. 하지만 나는 국민교육헌장을 강의하면서도 그것이 일본의 〈교육칙어教育勅語〉에서 온 것이라고는 꿈에도 생각하지 못했다. 내 세대는 일제시대의 교육을 받지 않았기 때문에 교육칙어를 접할 수 없었기 때문이다. 그것을 안 것은 훨씬 뒤의 일이었다. 그때는 그냥 국민 총화를 위해 정말 필요한 일이라고 생각하고 애국자를 위한 강의를 한 것이다.

국민교육헌장

우리는 민족중흥의 역사적 사명을 띠고 이 땅에 태어났다.

조상의 빛난 얼을 오늘에 되살려, 안으로 자주독립의 자세를 확립하고, 밖으로 인류 공영에 이바지할 때다. 이에, 우리의 나아갈 바를 밝혀 교육의 지표로 삼는다. 성실한 마음과 튼튼한 몸으로, 학문과 기술을 배우고 익히며, 타고난 저마다의 소질을 개발하고, 우리의 처지를 약진의 발판으로 삼아, 창조의 힘과 개척의 정신을 기른다. 공익과 질서를 앞세우며 능률과 실질을 숭상하고, 경애와 신의에 뿌리박은 상부상조의 전통을 이어받아, 명랑하고 따뜻한 협동정신을 북돋운다. 우리의 창의와 협력을 바탕으로 나라가 발전하며, 나라의 융성이 나의 발전의 근본임을 깨달아, 자유와 권리에 따르는 책임과 의무를 다하며, 스스로 국가 건설에 참여하고 봉사하는 국민정신을 드높인다. 반공 민주 정신에 투철한 애국 애족이 우리의 삶의 길이며, 자유세계의 이상을 실현하는 기반이다. 길이 후손에 물려줄 영광된 통일 조국의 앞날을 내다보며, 신념과 긍지를 지닌 근면한 국민으로서 민족의 슬기를 모아 줄기찬 노력으로 새 역사를 창조하자.

1968년 12월 5일
대통령 박정희

전술한 바와 같이 〈국민교육헌장〉은 일본의 〈교육칙어〉를 모방한 것으로 비판받았다. 〈교육칙어〉는 메이지 천황(明治天皇)의 칙어로서 1890년에 반포된 것이다. 대일본제국 정부의 교육 방침을 나타내는 것으로서 조선에서는 1911년, 타이완에서는 1919년에 실시되었다. 이 문서는 인쇄되어 천황·황후의 사진(御眞影)과 함께 봉안전에 보관되어 경축일 등에 낭독되었다. 그리고 1948년에 연합국 군최고사령관총사령부(GHQ)에 의해 폐지되었다.

'칙어'와 '헌장'이 같은 것인가, 다른 것인가에 관하여는 독자의 판단에 맡기지만 당시의 나는 칙어를 몰랐기 때문에 아무런 의심 없이 헌장을 받아들였다. 일제의 잔재를 몹시 싫어하는 한국에도, 아직도 이렇게 일본 제국주의의 유물이 의외로 많이 남아 있는 것이다.

나는 육군사관학교에서 국민교육헌장을 가르치면서 그저 애국적이기만 하려는 태도를 유지했다. 만약 내가 일본으로 이주를 하지 않았다면 아마 지금쯤은 꽤나 민족주의자, 국수주의자가 되어 있을 것이다. 당시의 나는 이 국민교육헌장을 정말 좋은 교

육지침이라고 생각해서 '역사적 사명'이라는 주제로 한 시간여의
강의를 하고 한 학기의 전체를 채우고 있었던 것이다.

육군 대위로서

얼마 후 나는 대위로 진급했다. 대위란 결코 낮은 계급이 아니
다. 야전군에서는 중대장이 되는 계급이었다. 연구실에서는 늘
두 병사를 조수로 두고 있다. 그 밖에도 명령하면 따라야 하는 병
사가 많아진다. 나는 그런 병사들에게도 가능한 한 인도적으로
상대하려고 했다. 무턱대고 그들을 꾸짖거나 벌을 주지 않았다.
병사 중에는 대학 동급생이나 후배도 있었는데, 결코 거만한 태
도로 대하거나 그들을 무시하는 일을 하지 않았다.

그러나 이러한 나의 작은 휴머니즘은 병사들에게 '만만한 장
교'로 생각되었던 것 같다. 장교 중에는 늘 병사들에게 호령하고,
마치 계급적 위계질서를 즐기는 것 같은, 병사들로서는 두려운
대상도 있었다. 그러나 나는 병사와의 관계는 단지 보통 인간관
계의 하나일 뿐이라고 계속 생각했다. 당황한 병사들은 나를 이
해하는 게 아니라 반대로 거부감을 가진 것 같다. 평등한 인간관
계를 유지하고자 하는 나의 마음을 이해해 주기보다 무능하고
무력한 교관으로 인식하는 것 같았다. 자진해서 어려운 시험을

봤고 그렇게 들어간 군대 사회이기는 하지만, 나로서는 적응하기 어려운 세계였다.

그러나 군대는 원래 죽음과 전쟁을 전제로 한 특수집단이다. 그래서 나는 적어도 군대라는 곳에서는 병사가 스스로 생각하고 행동하기를 기대하는 것은 무리라고 판단했다. 신사적인 예법으로는 군대를 통솔할 수 없는 것이다.

그리하여 '최 대위(나)'는 변했다. 우선 한 달에 한 번씩 돌아오는 야간 숙직 근무인 '주번 사관' 때였다. 이 당번은 육군사관학교 병사, 생도를 포함하여 시설 전체의 관리 책임자로서 복무하는 것이다. 10개가 넘는 경비 초소와 생도 숙사 등 많은 시설을 지킬 책무를 수행하기 위해서 심야 순찰을 한다. 그날만큼은 실탄이 장전된 권총과 지프차를 사용할 수 있다.

어느 정도 선잠을 자고 나서 심야에 경비 초소를 순찰하기 때문에 평시에는 잠만 자는 근무로 여겨져, 특히 내가 주번 사관인 날은 병사들에게는 말 그대의 자유의 날로 여겨지고 있었다.

그날도 나는 수십 명에 이르는 기간병(병사)들을 집합시켰는데 정렬도 잘 안 되고 잡담이 많았다. 나는 일단 비상사태를 전제로 병사들에게 훈시하고 각자에게 임무를 부여하였다. 병사가 펼친 야전침대 옆에는 두 명의 병사를 배치하고 통신 당번을 맡도록 지시했다. 그들도 항상 계급에 짓눌려 있고 가끔은 자유로운 시간을 갖고 싶다는 마음은 알지만, 나는 나대로 무력한 교관으로 보이는 것에 내심으로는 화가 나 있었다. 내가 군인으로서 계급 의식이 희박하고 군율을 이해하지 못하는 무기력한 장교라는 소문에 화가 나 있었던 것이다.

그 밤은 일석점호가 끝난 지가 한참 지난 심야까지 병사들은 술을 마시며 군기라고는 찾아볼 수 없을 정도로 방탕한 상태였다. 분명히 나는, 나에게 주어진 계급을 지킬 수 없는 무기력하고 나약한 장교였다. 그리고 나 자신이 생도를 교육하는 교관 자격이 있는 것일지 다시 한 번 자문하고 있었다.

그런 상황에서 심야에 육군본부에서 비상 전화가 걸려왔다. 그에 대처하기 위해 내 옆에 대기하고 있어야 하는 통신 당번인 두 병사는 다른 곳에서 잠을 자고 있다가 허겁지겁 달려왔다. 긴급 전화는 내가 직접 대응하고 본부로부터 지시받은 직무를 수행했다. 드디어 나는 담당자에게 책임을 묻고 나아가 병사들을 엄격하게 조련할 결심을 하였다.

우선 나는 그 심야에 야간 근무병 전원에게 연병장으로 비상 집합을 명령했다. 그리고 처음 모여든 수십 명을 점호했다. 그리고 나오지 않은 몇 병사들 찾아오라고 하고, 집합한 병사들을 연병장 바닥에 무릎 꿇게 했다. 그리고 짧게 훈시하며 '스스로 자유를 지키는 것이 신사이고 나는 그것을 바랐다. 하지만 너희는 노예에 지나지 않다'고 말한 뒤, 한 사람 한 사람의 다리를 내 군홧발로 걷어차는 체벌을 가했다. 그들은 아픔보다는 내가 호랑

이처럼 변신한 게 의외라는 표정을 지었다.

이 체벌을 견디지 못하고 쓰러지는 병사도 있었다. 나의 일생에 단 한 번뿐인 잔인한 행동이었다. 그리고 평생 후회하는 행동이기도 했다. 그 순간, 나는 그렇게 무섭고 '훌륭한 장교'가 되었던 것이다.

그 밤 에피소드는 금방 소문이 났고 다음 근무 때는 병사들 앞에 내가 서는 것만으로 병사들은 긴장했다. 곱게 말을 걸어도 병사들은 늘 긴장해서 듣게 됐다. 역시 사람은 강한 면과 약한 면을 동시에 가지는 것이 좋을지도 모른다는 생각이 들었다.

징병제도와 애국심

어떤 한국인이 일본인에게 '징병제도가 있어 한국 남자는 강인하다' '한국 남자에게는 기질이 있다'고 자랑했다고 한다. 그리고 '일본 남자에게는 그것이 없다'라고. 하긴 한국은 전쟁 전부터 징병제도를 가지고 있고 한국인에게는 그것이 정착된 것 같다.(한국의 징병제는 1949년 8월 6일 「병역법」이 공포되면서 제도화됐으나 곧이은 6.25전쟁으로 인해 시행이 늦춰졌다가 전쟁 중인 1950년 12월 「국민방위군설치법」에 따라 17세 이상 40세 미만의 남자를 국민방위군으로 소집하면서 본격화됐다. -편집자 주) 때로는 일본인으로부터도 '한국의 징병제도가 부럽다'는 말도 듣기도 한다.

그렇지만 좀 다시 생각하기 바란다는 말도 잊지 않고는 했다. 나의 어머니는 내가 성장하기 전에 병역제도가 없어지길 바랐고, 내가 성장함에 따라 병역에 대한 불안을 키워 갔다. 다행히도 나는 전쟁 중은 아니었지만 모질고 혹독한 훈련을 받고 장교가 되었다. 나는 군대란 국민을 지키는, 국가에 의한 생명의 보장기구와 같은 존재라고 육군사관학교 생도들에게 가르쳤던 기억이 난다.

실제로 한국에서는 병역 의무를 진 많은 남성이 그것을 피하고 싶어 한다. 그러한 바람은 국민 개개인들의 관심사이고, 그런만큼 병역은 항상 첫 번째로 꼽는 부담이기도 하다. 정치인을 비롯한 고위 공무원, 돈 많은 재계 인사들이 아들의 병역을 회피하게 동원하는 편법과 각종 비리가 주기적으로 자주 화제가 되는 것도 병역이 그만큼 국민의 의무 부담으로 작용하기 때문이다.

어느 날, 병역을 마친 두 명의 한국 유학생이 자신들은 군 생활을 통해 규칙적으로 바뀌고, 무엇이든 할 수 있다는 자신이 생기고, 그리고 국가를 지키는 애국정신을 가지게 되었다고 말하는 것을 들었다.

예비군은 1968년 4월에 창설되었다. 그해 1월 21일 김신조를 비롯한 북한 특수부대 요원들이 청와대 코앞까지 침투한 것이 직접적 계기였다. 1969년 8월 31일 자로 육군 대위로 현역에서 제대한 나는 1991년까지 예비역으로 복무했다. 매년 동원훈련과

대학에서는 예비군 대대장도 하는 등 오랜 병역의 의무를 다한 것이다. 또 단기간이나마 지역 예비군에도 배치됐었고, 뒤에는 직장 예비군으로도 복무했다.

이렇게 해서 나는 20대부터 만 50세까지 현역과 예비역을 포함하여 오랜 기간의 병역의무를 마치고 일본에 온 것이다. 그래서 일본의 평화헌법이 부러웠다. 나는 그 일본이 지금 반대의 길로 향하고 있는 것은 아닌가 걱정한다.

최근 각국에서 다양한 사람들이 세계대전의 '전후 70주년'을 떠들고 있다. 나는 이런 것들이 각국의 전쟁 의식을 고양하고 있는 것은 아닌지 걱정한다. 일본의 야스쿠니(신사) 참배에 자극받은 중국과 한국의 군국화, 나아가서는 일본의 군국화를 우려하는 목소리도 높아지고 있다. 전쟁을 기억하고 평화를 추구하는 것은 중요하다. 그러나 전쟁을 기념하며 승전의 영광을 필요 이상으로 과시하는 경향이 두드러지고 있다.

얼마 전, 한 한국계 미국인인 유명 학자로부터 전화를 받았다. 그는 한국으로부터 재정적인 지원을 받아 '아베(安倍) 놈'에 대항하는 영문 연구서를 미국에서 출간하고 싶다고 한다. 더 들어보니 그것은 위안부 문제에 대한 일본 정부의 대응 태도를 보겠다는 다분히 반일적인 출판물이었다. 나는 그가 거론하는 위안부 문제의 학문적 객관성을 지적했다.

그러자 그는 "그런 건 상관없다"고 했다. 참으로 개탄할 일이다. 한국인으로서 미국에 유학해서 그대로 정착했고, 대학 교수로 있는 것 같은 인물이어도 한국의 반일 감정에서 벗어나지 못하고 있는 것이다.

분명 미국은 '인종의 도가니(멜팅 포트)'라고 불리는데, 이런 한국계의 강한 반일 감정에 놀라 나는 며칠간 기분이 무거웠다. 그들의 민족의식은 영원불변하는 것인가 싶어 적이 실망했다.

군사 쿠데타에 대한 실망

나는 1960년 이승만 대통령의 하야를 기억한다. 당시 정치 불신은 있어도 이 대통령에게는 카리스마가 있었다. '하야'에 대한 이해 여론은 바뀌었지만 그 후의 자유화, 민주화 과정은 혼란 상태였다. 나는 혁명 후에는 사회가 안정될 때까지 가만히 기다리는 기간이 있어야만 한다고 생각하고 있었다.

민주주의를 쟁취한 후에는 조용히 기다리면서 협력해 나가는 것이 필요하며 불만이나 울적함을 해소하기 위한 시위는 불필요하다고 생각했다. 특히 초중학교나 그 주변에서 이루어지는 대학생들의 시위에 대해서는 불만이 컸다. 4.19 당시에는 시위를 하지 않았던 삼류 대학생이나 중고생, 심지어는 노무자까지 시도 때도 없이 중심가를 막아 교통에 지장을 주었고, 어떤 대학생은 총리의 출근을 방해하는 시위까지 벌였다.

나는 한국의 민주화를 위해서는 4.19혁명의 결과를 조용히 기다려야 한다고 믿고 있었다. 왜냐하면 민주주의의 성숙을 기다릴 줄 아는 것도 민주주의를 정착시키기 위해서는 필요하다고 생각했기 때문이다. 그것을 깨닫지 못하고 행동하는 철부지 학생들이나 지식이 깊지 않은 군중의 시위가 정말 걱정스러웠다. 군사 쿠데타를 우려하지 않을 수 없었기 때문이다.

우려는 현실이 되었다. 그 상황을 바로 국민이 만들어 준 것과 같은 결과가 되고 만 것이다. 결국 한국이라는 나라는 군사 쿠데타를 통해서만 안정될 수가 없던 것이다. 나는 진정한 자유를 모르는 한국 민중에 실망했다. 나는 국민이 선동과 소란에 열광하지 말고 조용히 성숙하기를 간절히 바라고 민주주의의 안정을 기원하고 있었다. 그만큼 당시 나는 국가와 민족을 생각하고 한국을 사랑했다. 나는 민주주의의 정착 후에 이루어지는 선진화가 국가 발전의 유일한 길이라 믿었다. 그런 만큼 중남미 국가들에서 빈번한 쿠데타가 한국에서 현실이 되는 것을 우려하지 않을 수 없었다.

이리하여 1961년 5월 16일, 올 것이 오고 말았다. 박정희 소장이 군사 쿠데타를 일으킨 것이다. 나는 그날 동대문 앞에 서 있는 무장 군인들을 보았다. 순간, 전쟁이 아니면 쿠데타임을 직감했다. 너무나 실망스러웠다. 나는 아직 결핵을 완전히 치유하지 못한 채 병역을 연기하고 있을 때였다. 하숙집으로 돌아오는 길에 묵정동 파출소가 한밤중에 습격당하는 것을 보았다. 그것은 전쟁과 다름없었다. 나는 눈앞이 캄캄해졌다.

쿠데타 직후 나는 박정희가 발표한 혁명 공약을 읽어 보았다. 그 안에 있던 '반공을 국시로 삼는다'는 선언이 나의 불안을 어느 정도 해소해 주었다. 북한과 대치하고 항상 위협받고 있던 당시, '오늘 이 혁명은 전쟁이 아니라 한국을 그대로 유지하는 것'이라는 혁명 공약이 다소나마 위안이 된 것은 사실이다.

한편으로 내가 의아했던 것은 당시까지 '반공'과 '반일' 두 가지는 '국시(정책이념)'였는데, 박정희의 공약에서 '반일'이 삭제된 점이다. 그래도 당시에는 두 가지 짐이 반으로 줄어들고 가벼워졌다고 할 정도의 감각을 당시 나는 갖고 있었다. 당시에는 나뿐 아니라 국민 대다수가 박정희가 친일인지 반일인지 알 수 없었다. 다만 그는 전쟁을 체험한 사람이므로 아마도 반공일 것이다, 즉, 이 시점에서 혁명이라고 해도 반공을 국시로 삼겠거니 하는 믿음으로 안도하고 있었다. 북한의 위협을 항상 느끼고 있는 군인으로서 반공은 하나의 안전핀이 되어 있을 것이라는 판단이었다.

그래도 거듭거듭 나의 뇌리에서 떠나지 않는 것은 박정희의 혁명 공약에서 '반일'이 사라진 것에 대한 의문이었다. 그 답은 훨씬 뒤에야 알 수 있었다. 처음 박정희의 모습을 보았을 때 사람들은 의심하는 마음이 컸다. 몸집이 작고 까무잡잡한 남자, 게다가 까만 선글라스를 낀 군인이 군사 쿠데타를 일으켜 정권을 잡았다.

그때까지 일반인들은 민족 지도자라는 인물은 흰 수염을 기른 노인, 즉 세속적인 상식에 구애받지 않는 도인 같은, 이승만 대통령과 같은 인물을 마음속에 그리고 있었다.

반면, 군인 출신인 박정희의 모습은 매우 날카로운 인상이었다. 당시 이런 박씨에게 호감을 갖는 사람은 별로 없었다. 더욱이 그의 카랑카랑한 목소리는 한층 더 사람들의 귀에 거슬렸다. 이러한 그의 인물상은 북한의 김일성과도 대조적이었다.

한국인들은 돌고 돌아 결국 독재자를 맞게 되었다. 박정희는 18년에 걸친 독재 통치 끝에 1979년 10월 26일 후배이자 부하인 김재규에 의해 암살당했다. 그리고 그 비극이 있은 지 20여 년이 훌쩍 지나 그의 장녀가 대한민국 최초의 여성 대통령이 되었다. 그러나 박근혜 대통령은 임기를 다 채우지 못한 채 탄핵당해 하야한 최초의 대통령이기도 했다. 그녀는 지금 영어의 몸이다. 이유야 어떻든 국민은 각자의 입장에 따라 그녀에게 실망했다.

한국이 겪은 이런 전후사를 북한이나 중국은 경험하지 않았다. 공산 독재 체제인 채로 권력이 안정되어 있다. 그들은 민주주의에 대해 불신하는 것이 분명하다. 선거제도는 민주주의 최후의 보루이지만, 그것은 종종 포퓰리즘, 즉 인기 영합주의에 의한 잘못을 되풀이한다. 지금 한국은 바로 이러한 혼란과 비극을 되풀이하고 있다. 그 정점에 공교롭게도 박정희와 근혜, 부녀 대통령이 있다는 것만 한 비극이 또 있을까 싶다.

제6장 성고문과 민주화운동

경찰관에 의한 성폭행 사건

언제인가, 나는 한 학생에게서 메모 같은 쪽지를 받았다. 그것은 작은 글씨로 씌어 있었다. 거기에는 한 여성이 형사에게 성적 고문을 당했다는 내용이 적혀 있었다.

보다 자세한 내용은 이렇다. 어느 날 저녁 9시쯤 문(귀동)이라는 형사가 권양이라는 여성을 수사과 조사실로 불러내 팔을 등에 돌려 수갑을 채우고 무릎을 구부리고 다리 사이에 각목을 끼우고 다른 형사들에게 성폭행을 하게 했다는 것이다.

이런 내용의 고발은 학생들에 의해 확산됐다. 삽시간에 전국으로 퍼져나간 것은 물론이다. 자기 나라 국민을 이렇게 잔혹하게 대하느냐고 여성의 수치심을 이용한 성고문에 대하여 온 나라에서 분노의 소리가 터져 나왔다. 그리고 그것이 1980년대 한국 민주화의 큰 기폭제가 되었다.

확실히, 학생 시위가 격렬했을 무렵에는 성적인 스캔들로 교수가 학교에서 쫓겨나는 경우도 많았다. 일반적으로 한국인들은 신체의 노출에 대해 매우 우려한다. 성에 관한 터부도 강해 법률적으로도 엄하다. 박정희 대통령 시절에는 매춘이나 윤락 행위를 단속하고, 비밀 댄스홀을 급습해서 그곳에서 춤을 추던 주부들을 트럭에 태우고, 망신시키기 위해 시내를 돌기도 했다.

그리고 1986년 6월 4일, 전두환 정권하에서 일어난 것이, 경찰에 의한 이 '권인숙 양 성고문 사건'이다. 당시 서울대 학생(의류학과 4학년, 21대 더불어민주당 비례대표 국회의원)이었던 권양은 학생 신분이면서 노동운동을 할 목적으로 경기도 부천시에 있는 회사에 위장 취업하기 위해 타인의 주민등록증을 위조했다는 죄로 체포되었다. 그리고 동료의 은신처를 자백하도록 심문을 받으며, 담당 문귀동 형사로부터 성적인 고문을 당했다는 것이다.

권양은 저녁 9시쯤 부천경찰서로 연행된 뒤에 이튿날 새벽 3시까지 심문을 받았는데, 경찰 측은 그 심문 결과에 만족하지 않고 6월 6일과 7일 두 번에 걸쳐 수갑을 채우고 그녀를 강간하고 성적인 고문을 했다고 한다. 그녀는 7월 3일에 문 형사를 강제추행 혐의로 인천지검에 고소하고 진상규명을 요구했다. 그러나 반대로 그녀는 공문서 위조, 절도, 문서 파손 등의 혐의로 구속되어 기소된 것이다. 이 사건은 한국에서는 널리 알려져 있다.

권양은 면회 간 부모를 통해 이 사실을 언론에 알려 사건을 공개했다. 그러나 경찰 당국은 형사 문씨가 수사에 너무 몰두한 나머지 우발적으로 그녀의 가슴을 가볍게 건드렸을 뿐이라고 발표했다. 이에 대해 권양을 지키겠다면서 사상 최대 규모로 일컬어지는 166명의 변호인단이 구성되었다.

종교 단체를 비롯한 〈여성단체연합 성고문대책위원회〉가 만들어져 '생명의 상징인 인간의 성을 고문 수단으로 악용하여 인간의 존엄성을 침해했다'고 호소했다. 7명의 변호사가 문씨와 경찰 당국을 검찰에 고발했다.

이 성적 고문이 폭로되고 커다란 사회문제가 되어, 마찬가지로 치안본부 물고문으로 사망한 박종철 사건과 함께 1986년에서 87년 민주화운동의 큰 힘이 되었다. 이렇게 전두환 군사 독재 정권의 사회적 횡포와 군사 정권에 반대하는 동기를 부여한 사건이 바로 '부천서 성고문 사건'이다. 야당뿐 아니라 여성단체, 종교단체 등이 집결하여 '성고문 범국민 폭로 대회'를 열었는데, 이러한 집회는 경찰에 의해 봉쇄되었고 검찰 수사 결과도 다르지 않았다.

문 형사에게는 강간죄는 성립되지 않았으며, 권인숙 씨에게만 1987년 징역 '1년 6월형'이 확정됐다. 게다가 검찰은 '권씨에 의한 성적 모욕의 허위사실 유포는 반체제 세력은 성조차 혁명의 도구로 이용한 증거다. 네 년은 더럽다'라고 쏘아붙였던 것이다.

권인숙 씨는 1987년 7월 8일에 양심수 석방을 요구하는 여론에 따라 가석방되었다. 그리고 1994년에 여성학 전공을 위해 미국에 유학한 뒤에 명지대학교 교수로 재직하고는 2020년에는 국회의원이 되었다. 이 사건의 진상이 드러나는 과정에서, 한국인의 성 의식에 대한 원동력이 민주화 운동의 큰 기폭제가 되었음은 확실하다.

지금까지 언급했듯이 성폭행이나 매춘은 전쟁 중에만 국한된 현상은 아니다. 그것이 전후에도 계속되고 있고, 지금도 한국에서는 매춘이 있고, 게다가 '매춘 천국'이라는 말까지 듣게 되었다. 한국에는 '매춘에 종사하는 여성이 100만 명'이나 있다고 한다 (검찰청과 여성개발원의 보고서)[3]. 윤락행위등방지법(상대방도 1년 이하의 징역이나 3백만 원 이하의 벌금)도, 청소년보호법(미성년자에게 금품을 주고 성행위를 하면 1년 이하의 징역)도, 매춘 방지에 대해서 그다지 효과가 없다.

여기에서 아무래도 나에게는 한 가지 의문이 생긴다. 왜 명백한 범죄인 유엔군의 성폭력, 즉 미군이 한국전쟁 당시 성폭행을 했다는 것은 그들(민주화운동 세력)에게 있어서 문제가 되지 않는가? 왜 한국인들은 이 문제를 거론하려고 하지 않는가? 확실히

---

3) 2007년 여성가족부의 공식 통계는 약 27만 명으로 발표하고 있으며, 이는 2013년 통계청 발표 전체 여성 인구의 1.07퍼센트에 해당한다. 그러나 3년 뒤 여성가족부는 성매매 여성 숫자를 14만 7,000명으로 발표했는데, 이는 집창촌 등의 업소를 끼고 성매매하는 여성으로만 국한된 것으로 '조건만남' 같은 온라인 성매매, 노래방 등에서 이루어지는 성매매, 일명 '스폰' 등의 형태로 이루어지는 성매매는 배제한 것이다.(편집자 주)

미군을 비롯한 유엔군이 공산 세력으로부터 한국을 지키고, 자유민주주의를 위해 크게 기여했음은 부정할 수 없기 때문일 것이다. 한미행정협정에 의해서 미군 병사를 한국 내에서는 재판할 수도 없었다. 이 때문에 미군에 의한 인권 침해도 사회적으로 큰 문제가 되는 일은 거의 없었다. 이것은 한국 정부의 경제 정책과 한미 우호 관계의 유지라는 정부 정책에 의한 것이기도 했다.

주한미군은 2008년 시점에서 28,500명이 주둔하고 있다. 그리고 그들을 적극적으로 비판하는 정책은 취해지고 있지 않다. 즉, 전후에도 미군의 매춘은 많이 있었지만 법률적인 제약도 별로 없고, 그래서 미군에 의한 강간이나 매춘은 정치·사회적으로 큰 문제가 되는 일은 없었다는 것이다.

확실히 미군은 한국전쟁에 있어 깊은 은혜가 있는 우호군이며, 그 주둔은 한반도 안전보장의 상징적 존재였다. 즉, 안전을 베푼 그들에게 생명보다도 소중한 '정조'를 바친다는 논리인 셈이다. 유엔군이나 미군에 대해서는 일부에서 '부도덕한 성생활' '성병·마약중독자' '사회병리의 온상'이라는 지적도 있기는 하지만, 미군 측은 한국 정부의 두터운 비호하에 있고, 미군의 성폭행이나 매춘에 대해서는 한국 정부는 크게 문제 삼지 않는 것이다.

지금 한국 정부는 위안부 문제를 정치적·외교적 카드로 빈번하게 쓰고 있지만, 이것은 결코 좋은 일이라고는 할 수 없다. 이러한 전후 문제는 타국만의 현상이 아니라 역사적으로 거슬러 올라가는 한국 자신의 문제이기 때문이다.

성의 문제에 관해서 페미니즘과 내셔널리즘은 항상 긴장 관계에 있었지만, 적대(?) 일본에 대한 것과는 대조적으로 미국에 대해서는 매우 관용적이었다. 즉 미군 상대 매춘은 비교적 자유로우며 법률적인 제약도 별로 없었다. 한반도의 안전보장을 위해서는 한국 정부에 협력하고 있는 그녀들 매춘부의 행위는 어떤 의미에서 애국적 행위로 생각되었기 때문이다. 그러니까 미군의 성폭행이나 범죄에 대해서도 엄한 조치는 취해지지 않았다.

그러나 그렇다고는 해도 근래 들어 여성 인권에 관심이 높아지면서 미군 성폭력을 비판하는 움직임도 일어나고 있다. 그리고 여기서도 유교적인 성 윤리 및 정조 관념이 정치운동의 원동력이 되는 현실이다.

기생과 매춘

현대의 매춘부들 중에는 '섹스 워커' 즉, 섹스를 파는 것은 노동이라고 생각하는 사람도 있다. 동시에 사회 복지에 종사하는 사람이나 인권 운동가들에 의해 이런 매춘부들에 대해 새로운 정체성이나 직업적 자부심을 부여하고자 사회적인 대책도 다양하게 마련되어 있다. 이러한 움직임에 의해서 매춘은 사회문제인 동시에 노동문제이기도 하다는 아이덴티티가 완성되었다.

그것에 의해서 매춘부는 점차 쾌락을 추구하는 매력적인 존재로까지도 진보(?)되어 갔다. 그녀들의 행위는 사회적인 양심과 동정, 박애 관념으로 이론화되어 원조와 관리라는 면에서 고려의 대상이 된 것이다. 그리고 경제와 빈곤, 출입국 관리, 조직 범죄, 건강 관리, 성병의 예방, 폭력 행위 방지, 인권 옹호, 사회적 차별 철폐, 매춘 투어의 감시, 출산, 아동 성 학대, 아동 노동 등에 대한 대책이 취해지게 되었던 것이다. 또한 매춘부들의 갱생을 돕는 프로젝트 등도 행해지고 있다.

나는 일찍이 고대 로마의 폼페이 유적에 남겨진 섹스 문화를 보고 놀란 적이 있다. 섹스의 매매는, 11~12세기까지는 성 아우구스티누스 같은 신학자도 말하는 것처럼 필요악(궁전의 하수도)이었다. 그리고 일정한 지역에는 상행위로서의 섹스가 있었다. 또한 중세 도시 생활에서도 필수적인 것이었다. 그래서 많은 문학 작품의 대상이 되기도 했다. 그러나 1822년 매춘부가 처음으로 '범죄자'가 되었다. 그것은 왕족의 쾌락주의를 억압하는 영국의 프로테스탄트 운동에 의한 것이었다.

현대의 조사이지만 미국에 이민 온 한 여성은 섹스 워커를 선택한 이유로서 수입이 좋은 점, 시간적인 융통성 등을 들었다. 매춘으로 얻는 수입으로 사회적 지위도 향상됐다고 한다. 그녀는 본국에서의 강간·고문·친족 살인 등으로부터 도망쳐 왔으며, 거기에 비하면 현재의 생활환경은 매우 안전하고 쾌적하다고 말한다. 하지만 동시에, 매춘은 불명예스러운 것이라는 인식도 갖고 있다. 미국에서는 네바다 주처럼 매춘이 합법화되어 있는 지역도 많다. 그들 사회에서는 이런 섹스 워커나 매춘을 부정적으로 취급하는 것은 직업 차별로 이어질 수 있다고 한다.

이러한 사상은 한국 정부가 미군을 상대로 한 군 매춘부들을 애국자처럼 생각했던 것과도 일맥상통하는 것은 아닐까? '한미 행정협정' 때문에 한국인이 살해당해도 미군 병사를 한국에서 재판할 수는 없었다. 그래서 매춘에 관해서도 적극적인 정책을 취하지 않았다.

약 4만 명에 가까운 미군에 대해 그들을 상대하는 매춘부들 숫자를 전후 40년간에 걸쳐 25만 명에서 30만 명으로 잡고 있다. 참고로 현재 한국에서 전업 매춘부의 수가 100만 명이 넘는다는 사실은 상기한 바와 같다.(210쪽 각주 참조)

1970년대 박정희 대통령 시절에는 기생관광이란 것이 있었다. 정권은 경제 개발 정책을 위해 이러한 기생관광을 장려했다. 정부는 이농한 여성, 실직한 여성들을 모아 '여러분은 애국자다'라고 하며 기생으로서의 소양 교육을 했다. 그녀들에 의한 매춘은 외화를 획득하기 위한 행위로 묵인되었다. 자정 이후 통행금지 시간에도 이들은 통행이 허용됐다. 다만, 경제적으로는 효과가 있어도 국민의 지지를 얻는 것은 꽤나 힘들었다.

한국 정부는 관광진흥법을 근거로 국제관광협회에 요정과를 설치하고 기생에게는 '접객원 증명서'를 내주어, 그것을 소지한 여성이 합법적으로 영업을 했다. 특히 일본에서 오는 남성이 많이 이용했기 때문에 일본인은 '섹스 애니멀'이라고 불리며 반일 감정을 조장하며 한일관계가 나빠진 적도 있었다.

그러던 중 기생인 한 여성이 '(일본인에게) 담뱃불로 온몸을 지지는 일을 당해 더 참을 수가 없다'는 유서를 남기고 투신자살하여 사회문제가 되었다. 다시 여성단체가 중심이 되어 이 사건을 조사하고 한국 내뿐만 아니라 국제 문제로도 거론되었다. 그것을 주제로 한 연극의 상연도 있었다.

그러나 한편, 남성에 관해서는 '자손을 얻기 위해서' 등의 이유로 첩이 용인되기도 하고 전통적으로 기제도妓制度도 존재했다. 남성끼리의 대화에 성적이고 외설스러운 말이 반복적으로 나타나는 것도 그것을 상징하는 것은 아닐까? 한국의 대학 교수들조차 회식 자리에서 음담패설 농담을 즐기는 것은 지극히 일반적이다. 한 교육감은 수백 편의 음담패설을 즉석에서 이야기할 수 있다고 한다. '구라'란 별칭으로도 널리 알려진 유명 작가의 구라는 여성을 대상화한 음담패설과 성적 농담, 희롱으로 점철되어 있다.

성적인 문제에 대하여 비교적 융통성이 있는 일본과는 달리, 유교 문화가 체면을 존중하면서 겉치레 문화를 만들어 온 한국 사회에서 내부적으로는 남성이 성적으로 방임되어 온 것이 사실이다. 이러한 역사적 배경이 현대사회에까지 연결된 것이다.

그것과 관련된 한국의 여성사 연구에서도 알 수 있듯이 여성에게는 혼전 순결과 한 남편만 섬긴다는 일부종사一夫從事의 정절이 강요되고 있다. 정절이 부덕婦德의 기본으로 여겨졌고, 그것이 체제를 지배하는 이데올로기로 작용하였다. 정절은 여성에 있어 생명보다 중요한 것으로 여겨진다. 이러한 유교 윤리적 사상을 백본backbone으로 하여 한국인의 정조관은 강하게 지켜져 온 것이다. 일제시대의 천황제도 조선 전통의 가부장제를 강화했다.

그러나 이러한 유교 윤리가 강한 전통사회에서도 매춘은 있었다. 즉, 정조 관념을 여성에게는 엄격하게 요구하면서 남성에게는 매춘이나 첩을 허용한다는 이중규범(더블 스탠더드)이 그것이다. 그러나 20세기 초 '개화' 이래의 근대화에 의해서 성 모럴이 급격하게 변화했다. 그 중에서도 일본 식민지에서의 유곽 제도, 한국전쟁 때의 매춘 등이 그 계기가 되었다. 특히 한국전쟁에서 유엔군의 성폭행으로 마을 여성의 정조를 지키기 어렵게 되었을 때, 마을 사람들은 유교적 성 윤리를 부분적으로 완화하고 매춘을 공적으로 인정하게 되었다. 그 때문에 매춘부들은 강간을 두려워한 주민들의 환영을 받았다.

한국에서는 약 2만 8,000명의 미군 병사가, 96개소의 지역에 8,000만 평의 토지를 점유하고 있다. 소설 『분지糞地』(남정현)에는 '한국 땅은 미 제국주의의 똥으로 더럽혀진 땅이다'라고 씌어 있다. 작가는 이 '분지 필화 사건'에 의해서 1965년에 기소되어 유죄 판결을 받았다.

일본에 주둔하고 있는 미군보다도 한국에 주둔하는 미군의 매춘이 성황이라고 한다. 한국 정부는 미군의 매춘을 적극적으로 단속하는 정책은 취하지 않았다. 이것은 전후 얼마 되지 않은 무렵의 일본과 비슷할지도 모른다. 일본의 점령군과 당시 일본 정부 및 일본 국민의 의식도 역시 마찬가지였던 것은 아닐까?

일본에서도 당시 일본 여성이 미군 병사에게 성폭행을 당한 기록이 많이 있는데, 국민도 정부도 크게 문제 삼지 않았다. 그러나 최근에는 오키나와에서의 성폭력 사건 따위가 있으면 발칵 뒤집힌다. 그리고 한국에서도 이제서야 여성단체 등에 의해 미군기지 주변 마을에서의 매춘이 민족의 치욕으로 거론되기에 이른 것이다.

그러면서도 임진왜란 당시 진주의 기생 논개가 적장을 끌어안고 강에 투신자살했다는 전설의 의암義岩이 있는 곳에서는 여성 관광객들이 코스프레라도 하듯 전통의상을 입어 보는 것이 크게 인기를 끈다고 한다. 또한 넓은 공원 안에는 애국충정의 기념비 등이 늘어서 있는데, 새롭고 산뜻한 현대적 공원 안에 낡고 고루한 시대를 다루고 있다. 나는 여기서 부자연스러운 전통문화의 창출, 말하자면 날조된 전통과 각색된 역사를 보며 낯뜨거

워지는 것이다.

한국전쟁과 반공의식의 확대

한국 국민들은 한국전쟁이라는 외국 세력에 의한 전쟁에 휘말려 민족의식이라는 것이 강해졌는지도 모른다. 그 중에서도 공산주의에 대한 반감, '반공反共' 의식을 강하게 가지게 되었다. 이것은 한국전쟁에서 얻은 큰 교훈이었다. 앞에서도 언급했듯이 당시에는 반일사상과 반공사상이라는 두 개의 국시國是 기둥이 세워져 있었다. 그러나 많은 국민에게 반일감정은 있어도 반공은 그다지 실감이 나지 않았다. 그러나 한국전쟁 후에는 그것이 일변하여 반공사상도 일반화되었다. 학교에서는 반공교육이 철저하게 행해졌으며, 정부는 정권 유지를 위해 북한의 도발을 이유로 애국심에 의한 총화 단결을 호소했다.

나는 1953년에 중학교에 입학했는데, 칠판 양쪽에는 '반공' '반일'이라고 빨간색으로 쓴 표어가 걸려 있었다. 학교에서는 거의 매일 '6.25 노래', '통일의 노래'를 합창하게 했다. 전자는 끝까지 적을 찔러 죽인다는 내용이고, 후자는 빛나는 국기 아래 나라를 통일하자고 하는 내용이다. 나는 가사의 일부를 지금도 외우고 있다.

6.25의 노래

아아 잊으랴 어찌 우리 이날을

조국을 원수들이 짓밟아 오던 날을

맨주먹 붉은 피로 원수를 막아내어

발을 굴러 땅을 치며 의분에 떤 날을

이제야 갚으리 그날의 원수를

쫓기는 적의 무리 쫓고 또 쫓아

원수의 하나까지 쳐서 무찔러

이제야 빛내리 이 나라 이 겨레

이러한 강한 반공사상은 그 결과로써 군사정권 탄생의 촉매 구실을 했다. 또 일본인에 비해 한국인은 단결심이 약하다고 반성하는 말이 유행했다. 한 사람 한 사람의 일본인은 약해도 여럿이 된 일본인은 두려울 정도로 단결력이 강하다. 한 자루의 화살은 금방 부러지지만, 여럿이 뭉쳐 있을수록 부러뜨리기 어렵다고 하는 옛이야기가 초등학교 교과서에 실렸다.

이승만 대통령은 '뭉치면 살고 흩어지면 죽는다'는 캐치프레이즈로 국민에게 단결을 호소했다. 그리고 북한의 위협으로부터 나라를 지키기 위해서 반공을 주장했다. 박정희는 반일보다는 반공을 강조하며 군사 독재 정권을 이어갔다. 반공은 '친미'를 뜻하기도 했다.

한국 정부는 유엔군이 한국전쟁에서 지켜준 데 대한 보답으로 한국군의 전투력을 국제적으로 과시하는 듯한 선전을 했다. 그러나 '미국은 실탄을 제공하고, 일본은 물자를 팔고, 한국은 피를 팔았다'는 말이 유행하고 반전 여론도 조금씩 생기기 시작했다. 그런 중에도 베트남에 파병됐다가 무사히 돌아오면 잘 살 수 있다는, 꿈을 갖게 하는 선전은 계속됐다.

안석영 씨는 1947년 '우리의 소원은 독립'을 작사하여 국민적으로 애창되게 되었다. 그것이 1950년 한국전쟁 후에 '우리의 소원은 통일'로 바뀌었고, 더 많이 애창되게 되었다. 지금은 국민적 가요 '통일의 노래'로서 남북 양쪽에서 모두 불리고 있다. 이 노래가 한국은 물론 북한에서도 애창되고 있다는 사실을 나는 2002년 북한을 방문했을 때 확인했다.

노래 작곡자는 유명한 동요 작곡가인 안병원 선생이다. 안 선생은 나의 경복중학교 시절 음악 교과 교사이기도 하다. 바로 그 안 선생의 아버지가 작사자인 안석영 씨이다.

나의 은사인 안 선생은 캐나다 토론토로 이주하여 사시다가 2015년에 돌아가셨다. 향년 89세였다.

제7장 한국인의 정조 관념

반일과 내셔널 아이덴티티(국가 정체성)

한국의 건국 정신으로 기둥을 이루는 두 이데올로기는 앞서 말했듯이 반공과 반일이다. 정부는 북한의 도발을 이유로 애국심에 의한 총화단결을 호소하고 그에 따라서 한국 국민은 '반공反共'의식을 강하게 갖게 되었다. 종군위안부 문제가 모든 한국인의 정조가 일본인에 의해 유린된 것 같은 강한 '반일' 감정과 결부되는 것도 그러한 흐름의 하나일 것이다. 즉, 정조를 내셔널 아이덴티티(국민의식)의 형성에 이용한 것이다.

정조란 남녀가 서로 성적인 순결을 지키는 것, 특히 남성에 대한 여성의 순결을 말하는 경우가 일반적이다. 이것은 어떤 의미에서는 '동양적인 것'이라고 말할 수 있을지도 모른다. 공자는 '논어'에서 남녀관계의 성에 관해 직접 언급하지는 않았지만, 군자의 세 가지 금기禁忌 가운데 하나로 '색色'을 들고 있다(君子有三戒

少之時 血氣未定 戒之在色). 이는 금욕적 의미가 강한 것으로 제도적인 것은 아니다. 그러나 그 후의 오랜 역사에서 사회제도로 정착되어 갔다. 그 성 윤리가 제도화된 것은 송나라 주자朱子에 의한 것이다. 이것은 특히 동아시아에 영향을 미쳤다.

한국의 성 윤리는 유교에서 비롯된 것이라고 하지만, 그것은 기본적으로는 '여성의 성으로서 사회의 성 윤리를 세우고 관리한다'는 것으로 생각되고 있다. 즉 유교에 의한 성 윤리라는 것은 개인이 아닌 사회에 의해 억제되는 것이라고 할 수 있다.

한국 사람들은 성을 억제하기 위해서 금욕은 아니고, 근신한다. 처녀의 정조는 결혼 상대를 위한 유보이고, '짚신도 짝이 있다'는 속담처럼 인간은 누구나 결혼해야 할 숙명으로 여겨지고 있다. 따라서 불혼不婚은 본인에게도 사회적으로도 불행한 것이 된다. 특히 미혼인 채로 죽는 것은 원한으로도 연결되고, 가족이나 사회에 폐를 끼치는 것이라며 대단히 부정적으로 본다.

결혼은 통과의례이자 인생의 기본 조건으로 누구나 해야 할 당위로 규정한다. 하지만, 그럼에도 결혼은 일생에 단 한 번뿐이란 전제가 깔려 있다. 이러한 윤리가 강하게 남아 있으며, 특히 여성은 초혼이 실패해도 재혼은 허용되지 않는 유교 윤리로도 연결되는 것이다.

박정희 대통령 때부터 줄곧 북한의 위협을 항상 정치에 이용해 왔기 때문에 국민은 너무 둔감해져 버렸다는 소리가 있다. 하지만, 위협에 둔감해지는 것은 역으로 행복한 일이라고 말하는 사람도 있다. 한편, 언제 일어날지도 모르는 현실의 전쟁에 대해서는 둔감하면서도 이와는 대조적인 '과거의 전쟁', 그 '역사인식'에는 매우 민감하다. 전후 70여 년 이상이 지난 지금, 그것들을 어떻게 받아들여야 할 것인가?

내가 보기에 두 나라 사이에는 서로 다름과 서로 비슷함이 혼재된 것처럼 느껴진다. 이것이 서로 오해하기 쉬운 요인으로 작용하는 것은 아닐까? 한국은 가부장제적 윤리에 대한 반성도 충분하지 못한 채, 종군위안부를 내세운 정조관으로서 국가 정체성을 강조하고 일본을 비난한다. 미군의 성폭력이나 그들에 대한 정부 차원의 매춘부 제공에 대해서는 아무 말도 하지 않으면서 말이다. 박정희 시대에는 심지어 매춘부들을 '애국자'라고까지 치켜세우지 않았나 말이다.

드라마 《겨울 연가》에서 보는 한국인의 정조관

그러면 현대의 일본인들은 한국인의 정조관을 어떻게 보고 있을까? 2004년 10월, 히로시마의 한 여자대학 학생들 44명에게 그 유명한 텔레비전 드라마 《겨울 연가》 대강의 줄거리를 설명하고, 단계적으로 화상을 보이고 나서 리포트를 쓰게 한 것을 아래에 소개한다.

우선 대략적인 줄거리는 다음과 같다.

여고생 유진(최지우)은 친아버지를 찾기 위해 춘천으로 전학 온 준상(배용준)과 사랑에 빠진다. 준상은 교통사고로 기억상실이 되고, 미국으로 건너가 이름도 인격도 변한 다른 사람 민형이 되었다. 그로부터 10년 후, 어른이 된 유진 앞에 미국에서 귀국한 준상이 나타난다.

그러던 중 유진의 약혼자인 상혁이 그녀를 침대에 쓰러뜨리는데 유진은 저항하고 도망쳐 버린다. 유진은 준상에게 '사랑한다'고 고백한다. 다시 사랑에 빠진 두 사람은 기억을 더듬는다. 유진과 준상은 둘만의 결혼식을 올리려 한다. 하지만 준상은 쓰러져 병원으로 실려 간다. 의사로부터는 실명의 두려움도 있다고 진단받는다. 이 야기에서는 두 사람이 이복 남매가 아닐까 하는 의혹이 뒤따른다.

다음으로 이 이야기의 내용에 관한 여학생들의 감상을 발췌하고 요약하여 소개한다.

- 겨울연가를 너무 좋아해서 계속 보고 있었습니다. 그런 순애보를 하고 싶다고, 너무 동경했어요. 지금 일본인들은 자신을 소중히 여기지 않고, 곧 육체관계로 들어가 버려 이상해요. 한국에서는

결혼할 때까지 처녀를 지키는 사람이 많다는 것을 알고 깜짝 놀란 반면, 동경도 했습니다. 일본 젊은이들은 아무렇지도 않게 몸을 허락하고, 육체관계는 당연하게 되어 있습니다.

- 겨울연가에서는 베드신 등 에로틱한 장면은 거의 나오지 않는다. 한국에서는 혼전 성교를 꺼리는 풍조가 있다는데 몇 십 년 전의 일본도 그랬다. 그러나 지금은, 특히 젊은 세대에서, 혼전 성교를 당연시하는 공기가 흐르고 있다. 그리고, 중년 여성이 예전 자신의 젊은 무렵 시절을 떠올리며 빠져 있는 건 아닐까? 지금 일본 젊은이들의 지나치게 세속적인 가치관을 바꾸고 재검토하기 위해서도, 과거의 일본을 떠올리게 하는 '겨울연가' 등이 그 계기가 되기 바란다.

- 겨울연가 현상에는 역시 성 문제가 매우 깊게 관계된 것 같다. 지금의 일본 드라마나 영화는 리얼리티를 추구하기 때문에 성을 있는 그대로 묘사하고 있다. 왜냐하면 지금의 젊은이들이 '사랑=섹스'라고 여기는 것처럼, 요컨대 사랑이 있다면 섹스를 하는 것은 자연스러운 일이라고 생각하기 때문일 것이다. 엄마와 함께 겨울연가를 몇 번 본 적이 있는데, 걸핏하면 부모가 자식의 연애에 대해 참견하고 있었던 것 같다. 자식의 연애에 대해 적극 개입하는 등, 한국에서는 부모의 의견이 매우 중요한 것으로 보인다.

- 아직도 순애보인 한국이기에 할 수 있었던 드라마라고 생각합니다. 처녀 비율의 일본과 한국의 차이에 놀랐습니다.

- 나는 지금의 사회 속에서 자랐고, 현대사회의 성 풍속 속에서

살고 있지만, 이렇게 지금도 여전히 성을 소중히 하는 나라들을 진심으로 부러워하고, 존경마저 느낍니다. 오늘날 일본은 왜 이렇게 성에 대한 의식이 바뀌었고, 자신을 소중히 여기지 않는 사람들이 늘어나 버렸는지, 왠지 저로서는 그게 더 이상하게 느껴집니다.

• 겨울연가를 나도 어머니와 함께 보았다. 드라마 중에서는, 기억상실 등 일상에서는 있을 수 없는 일이 잇따라 일어나, 매번 TV를 향해 '그런 건 아닐 거야' 하며 혼자 파고들면서 보고 있었다. 드라마를 다 보고 나서 이상한 점이 있었다. 일본 드라마에서 연인 사이가 된 두 사람의 베드신은 자주 있다. 하지만 '겨울연가'에서는 결혼 전 유진을 호텔로 데리고 들어간 상혁에 대해 유진은 화를 낸다. 이 장면을 봤을 때 나는 연인 사이인데 섹스를 하지 않는다는 것이 신기했는데, 유진은 꼭 상혁을 좋아하지 않아서 섹스를 싫어했다고 멋대로 해석했다. 하지만 사실 한국에서는 결혼 전의 순결을 지키는 것이 일반적인 것이다.

• 한국 드라마에는 일본 드라마와 달리 연인끼리 성관계를 갖지 않는 플라토닉 러브인 것이 많다. 한편, 현재의 일본에서는, '생겨 버린 결혼' 등의 말이 있듯이 마찬가지로 결혼 전 임신한 커플은 많고 섹스 경험 없이 결혼하는 커플은 소수라고 생각합니다.

• 나는 '겨울연가'를 마지막 회까지 보았습니다만, 정말 남녀관계가 순수하고 풋풋하게 그려진 드라마이기 때문에 지금의 일본 드라마에는 없는 신선한 인상을 받았습니다. 그렇지만, 역시 한국의

전통과 문화는 지금의 일본과는 크게 다르다고도 느꼈습니다. 예를 들어 상혁이 유진을 호텔로 데리고 들어갔을 때에도 두 사람은 가까운 시일 내에 결혼도 생각하고 있는 약혼자 사이인데 유진은 정말 싫어했고, 무엇보다 놀랐던 것이 그 일로 인해 상혁의 아버지가 격노한 일이었어요. 만난 지 얼마 안 된 커플도 아니고 이미 결혼을 약속했기 때문에 본인들이 알아서 해도 된다고 생각했어요.

• '겨울연가'에는 일본의 연애 드라마라면 반드시 있어야 한다고 전제되는 키스 같은 러브신조차 별로 나오지 않는다. 그것은 순애보를 테마로 하고 있기 때문만이 아니라 한국의 연애관에도 관계가 있는 것 같다.

• 누구나 인정하는 순애보의 모습이다. '겨울연가'가 3,40대 여성, 또는 그 이상의 연령층에 지지받고, 20대 미만에서 별로 지지받지 못한 것은 그러한 순애 기준의 어긋남은 아닐까? 요즘 일본 드라마는 베드신을 극의 기본 요소로 삼고 있어서 3,40대 여성들에겐 순애보라고는 생각되지 않을 것이다. 순애에 굶주린 그녀들은 '겨울연가' 같은 연애에 동경을 갖고 빠져 버린 것은 아닐까?

• 나는 '순결'이라는 말에 묵직함을 느낀다. 프리섹스까지는 아니지만, 마음으로 정한 사람이라면 성교를 해도 좋다고 생각한다.

• 최근의 일본 드라마에서는 볼 수 없는 것이 갖추어져 있다. 또한 베드신이 없는 것이 어느 연령대에서나, 특히 고령의 여성이 보기 좋은 이유라고 생각한다. 상혁이 유진을 호텔로 데리고 들어온

장면을 통해서 약혼까지 한 사이임에도 두 사람 사이에는 아직 성관계가 없었다는 사실을 알게 되었고, 지금도 그런 의식이 뿌리 깊게 자리 잡고 있음을 알게 되었다. 약혼한 사람끼리 성관계를 갖지 않는 것은 일본에서는 거의 생각할 수 없다.

- 겨울연가는 일본의 3,40대 여성에게 인기가 있다. 이 연령대는 육아가 일단락된 여성이나 갱년기 장애를 가진 여성이 많아 허무한 마음을 달래주는 도구로 순애 드라마가 딱 들어맞는 것이었다고 생각된다.

- 나는 '겨울연가'를 처음 봤을 때 케케 묵었고 현실에서는 이런 설정은 없다고 생각했다. 이 드라마에는 러브신이 없다. 그것은 한국인의 성 의식과 관련되어 있다.

- 나의 경우는 결혼할 때까지 처녀는 아닐 것이다.

어째서일까? 전후(태평양전쟁) 70년 이상이 지난 '현대' 일본과 한국 사이에서조차 정조관에 대한 이만큼의 '차이'를 찾을 수 있는 것이다. 20세 전후의 일본 여대생들은 30~50대의 여성들이 한국 드라마에 큰 관심을 보이는 것에 대해 세대차를 느끼고 있다. 20세 전후의 여대생들에게는, 30대 이후의 여성들이 비현실적인 순애보를 미화하기도 하고, 완벽하게 왕자님 같은 남자와 순수한 사랑을 해보고 싶다고 생각하기도 하는 것이 이미 케케 묵은 일로 비치는 것 같다.

그녀들은 오히려 현실적으로 멋진 남성과 만나 자연스럽게 섹스하고, 보다 인간적으로 묘사된 쪽에 더 관심이 있는 것 같다. 있을 수 없는 이야기나 완벽한 인간으로서 설정된 주인공들에 비해서, 이런 대학생들은 오히려 라이벌로 등장하는 여성 채린이나 연적戀敵인 상혁 쪽이 훨씬 인간적이라고 생각한다.

유진은 준상의 사정이 아무리 달라져도 그를 잊지 않고 계속 기다린다. 이는 전통 한국 여성의 '일부종사' 정조관을 연상케 한다. 이 드라마에서는 현대사회를 사실적으로 묘사하기보다도 이상화하여 플라토닉하게 가공하고 끝까지 섹스신은 없다. 원작에서는 마지막에 결혼하는데 드라마에서는 로맨틱하게 끝난다. 베드신이 없고 한 여학생은 '애들 연애인가 보다'라고 말했다.

또한 아시아 여러 나라에 체재했던 한 일본인 상사원은 이렇게 말했다.

"세계에는 아직 결혼 상대 여성에게 처녀를 요구하는 나라가 많이 있습니다. 그런데 생각해 보면 일본도 20년 정도 전까지만 해도 그랬습니다. 제가 중학생일 때는 남성은 당연하다는 듯이 결혼 상대에게 처녀일 것을 요구했습니다. 당시 TV에서 미국 남성들이 '결혼 상대는 처녀가 아닌 것이 좋다' '여러 남성 경험을 쌓은 여성을 인생의 반려자로 삼고 싶다'고 말하는 것을 듣고 충격을 받았던 것을 기억하고 있습니다. 그렇지만, 내가 스무 살이 될 무렵에는, 일본에서도 그것이 당연하게 되어 있었습니다. 아시아 여러 나라도 앞으로 10년 정도 지나면 그것이 상식이 되어 갈 것입니다. 그리고 결혼 상대에게 처녀를 요구하는 것 같은 남자는 바보 취급당할 수도 있어요."

일본에 비해, 왜 한국이나 중국 사람들은 처녀성(virginity), 혹은 혼전 성교에 구애받는 것일까? '겨울연가'가 한류 붐을 일으킬 때인 2000년대 초반만 해도 한국에서는 처녀막 복원 수술이 유행하기도 했다.

그러나 그로부터 20여 년이 흐른 지금, 한국 사회는 완전히 달라진 양상을 보인다. 젊은 세대의, 결혼이 전제되지 않은 상태에서의 성관계 인식이 일본이 겪은 그것보다 훨씬 급속하게 개방, 수용되고 있는 세태이다. 자유로운 연애와 '프리섹스'의 이면에서는 결혼과 출산 기피라는 사회적 문제와는 별개로.

종교관과 정조관

톨스토이는 성욕과의 싸움이 가장 어렵다고 말한다. 또한 정조에 관한 문제는 종교의 중요한 주제이기도 하다. 예로부터 주색에 의한 실패를 훈계하는 금욕은 어느 사회에나 존재하고 있다.

한국 사회는 뿌리 깊은 유교 전통을 바탕으로 엄격한 윤리관을 유지해 왔다. 그러나 그것은 겉으로 드러난 한 단면일 뿐이다. 유교적 윤리관과 형식주의의 이면에서 남성들은 외설과 음탕을 과장하여 과시하는 것을 즐기고, 그와 아울러 성희롱과 성추행이 빈번한, 겉과 속이 전혀 다른 성 인식의 이중구조 사회이다. 전술한 바와 같이 정조관은 주로 여성에 대해서만 신체적인 '순결'이나 '처녀성'을 요구하고, 불평등 즉 여성에 대해서만 다른 규범이나 보다 엄격한 규범의 적용이 강요되는 2중 규범의 사회인 것이다. 그 때문에 '처녀' 또는 '순결'을 잃은 딸은 부모의 분노와 비탄은 물론 사회의 비웃음과 비난을 온몸에 받아야 했다.

그 다른 한편으로 남자가 동정童貞이 아닌 것은 결혼에 불리한 조건이 되지 않는다. 만약 결혼할 때 남자의 순결을 문제 삼는 자가 있다면 세상 물정을 모르는 사람들로 놀림을 받을 정도이고, 남자는 일반적으로 순결이 아닌 것이 보통이고, 당연하다고 여겨지고 있다.

여성이 처녀라는 것은 장래의 남편을 위한 것으로서 의미가 있는 것이고, 순결이란 그 남편의 것이다. 재혼도 남성에 대해서는 아무런 문제도 되지 않지만, 여성에게는 문제가 된다. 즉 여성에게는 정조를 지키는 것이 아내의 의무로 여겨지는데, 남자에게는 매춘이나 축첩도 용인된다. 이러한 구조에서는 성적인 문란이 잠재되는 것은 당연하다.

세계를 보면 신부의 순결성 확인을 결혼 의례로써 치르는 사회도 있다. 지중해의 어떤 사회에서는 딸의 정조, 즉 처녀성을 지키기 위해 부모가 딸과 함께 잠자리를 같이하고, 1930년대까지는 결혼식을 올린 그 첫날밤이 지나고 날이 밝으면 그 피 묻은 침대보를 동네 사람들에게 보여 주는 관습이 있었다고 한다. 이러한 관습은 동아시아 유교 사회에서의 정조 관념과 매우 유사하다.

기독교의 성 윤리는 유교적인 성 윤리와는 대조적이다. 기독교에서는 신약성서에서 이야기하듯, 가능하면 결혼하지 않고 금욕하는 것을 권하고 있다. 철학자 미셸 푸코Michel Foucault(1926~1984)는 「정조와의 싸움」이라는 논문에서 카스Cass의 이론을 소개하면서 정조의 주관화를 중요시했다. 특히 성직자 등이 육욕적 충동이나 자극에 대해서 의식적·무의식적 차원에서 어떻게 억압하고 있는가를 서술하고 있다. 예를 들면 의식하에서의 자위, 무의식 하에서의 몽정 등에 대해서 어떻게 대처할 것인가 같은 문제이다.

한국의 경우는 이러한 성을 억제한다기보다는 특정 인간관계 쪽에 초점을 두고 있다고 할 수 있다. 나는 그 전형적인 예가 한국 사회에서의 정조 관념과 재혼 금지라고 생각한다. 한국에서 사전적인 의미에서의 정조라고 하면 '남녀가 서로 성적 관계의 순결을 지키는 것, 특히 여성의 남성에 대한 순결'을 말하는 수가 많다. 이는 기독교에서 자위나 몽정 등을 제한하는 것 같은, 즉 '자기 자신의 금욕'이라는 의미가 결여된 정의이며, 이 부분이 극히 동양적인 것이다.

그러나 전후에 이르러 축첩이 금지되면서 여권이 상승하고, 상대적으로 남성 측의 바람기나 매춘을 제한하게 되는 등 역설적으로 성 윤리를 도입하게 되었다. 더욱이 기독교의 보급으로 금욕 사상도 다소는 들어갔다고 생각된다.

그러나 원래 한국인의 정조관은 서양적인 금욕주의와는 다르고, 부계제父系制에 의한 남존여비男尊女卑의 성차별 구조에서 온 이데올로기라는 경향이 강하다. 그것은 현재에도 강하게 남아 있다.

기독교의 보급에 의해서 다소는 금욕 사상이 수그러들었지만, 근본적으로 유교 사상을 바꾸었다고까지는 말할 수 없다. 이런 유교적 사회에서는 정조를 훼손당한 여성들이 빠져나가려 한다. 예를 들어 매춘부 중에는 일본이나 미국으로 탈출하려는 사람이 나온다. 물론 그것은 정조만으로 설명할 수는 없고, 경제적 요소나 자기를 잘 아는 땅에서 도망치려고 하는 보편적인 심리에서 오는 것도 있을 것이다. 특히 중국에 있는 조선족 여성들이 한국에서 결혼하기 위해 유입되는 현상은 주로 경제적인 이유로 보인다.

한편, 불교에서도 육욕을 내면적으로 억제하고, 죄 혹은 악업의 원인이라고 생각한다. 이처럼 기독교나 불교에서는 성적 억제인 금욕이 주된 것이다. 그에 비해서 유교에서는 객관적 혹은 사회적인 성 윤리가 중시된다. 그러므로 한국의 정조관은 성 자체를 삼가는 것은 아니다.

물론 공자의 가르침에도 금욕주의적인 점이 보이지 않는 것은 아니다. 그러나 그것은 강조하지 않으며 역사적으로도 교의敎義로 발전해 왔다고까지는 말할 수 없다. 이 점에서 서양의 기독교와 동아시아의 유교의 성에 관한 윤리는 매우 대조적이라고 할 수 있다.

또한 한국의 성 윤리는 일본의 그것과도 근본적으로 다르다. 한국에서는 유교와 기독교에 의한 정조관의 영향이 강하지만, 일본에서는 그러한 것은 상대적으로 약하다. 따라서 일본에 비하면 한국인들은 혼전 성교에 대한 관심, 성욕의 억제, 수절守節이라는 의식이 강하다고 하게 된다.

한국인들의 정조관을 상징적으로 보여 주는 것으로서 제주도와 같이 신혼여행으로 인기 있는 곳에서는 '첫날밤에 상대가 처녀가 아닌 것을 알고 이혼하는 커플이 많다'고 들었다. 또한 한국의 많은 드라마에서는 남성이 연인인 여성을 아파트까지 데려다주어도 단정하게 아파트 앞에서 헤어지는 장면을 보여 준다. 이런 점들로 보아도 현재 한국인의 정조 관념이 강함을 알 수 있다.

현대에 와서는 조금씩 변하고 있다고는 하지만, 그럼에도 '유교'의 문화·습관의 영향이 강한 중국이나 한국 젊은이들의 혼전 성교에 대한 생각은 여전히 보수적이다. 그러니까 여성도 처녀성은 생명보다 더 소중한 줄 알고, 앞서 설명한 바와 같이 처녀성을 잃은 여성들이 처녀막 재생 수술을 받는 것이다. 중국에서도 공산당이 여성 중심으로 혼전 성교를 엄격히 통제하고 있어 일본에 비하면 계속 보수적인 의식을 보인다.

「청소년의 성행동」이라는 조사 보고에 따르면 이른바 완전히 '프리섹스'라는 대답이 일본인 남자에게서는 91.7퍼센트, 여자도 87.2퍼센트에 이른다고 한다. 또, '여성은 결혼까지 처녀로 있어야 한다고 생각합니까?'라는 질문에 관해서는 응답자 중 '그렇다'고 답한 일본인이 8.1퍼센트인데 반해, 일본에 거주하는 아시아권 외국인은 61.5퍼센트가 '그렇다'고 답했다고 한다.

이 조사 중에서 25세의 한국인 남성(학생)은 "저는 종교 이야기까지는 하지 않습니다만, 그래도 누구하고라도 섹스하는 건 '악'이라고 말하지 않을 수 없습니다. 특히 여성은 매우 순수한 처녀성을 가지고 있으니까요. 당신이 거리의 창녀와 결혼한 모습을 상상해 보세요. 그 여성은 당신 친구나 친척들과 잤을지도 모른다고요! 그걸 용서할 수 있겠어요?"라고 했다.

실제로 아시아에서 얼마나 많은 사람이 '여자는 결혼할 때까지 처녀로 있어야 한다'고 생각하는지는 모르겠지만, 적어도 아시아에서는 상당히 발전한 나라 중 하나인 한국의 한 남성(26세, 회사원)은 '한국에서는 7할에서 8할의 남성이 결혼 상대로 처녀를 찾는다'고 했다.

또, 아시아의 대국인 중국의 여성(22세, 유학생)은 "중국에서는 최근 성 해방이 급속히 진행되고 있지만, 남자들은 대부분 아직도 처녀를 찾고 있습니다. 그들은 입으로는 '처녀냐 아니냐는 관계 없다'고 이야기합니다만, 마음속으로는 역시 처녀를 원하고 있습니다. 저는 그런 진보적인 남자들 몇 명과 교제한 적이 있는데요, 내가 처녀가 아니라고 하자 다들 충격을 받았습니다"라고 말했다.

하지만 1996년, 서울대학교의《대학신문》이 개교 50주년을 기념하여 대학생 738명, 대학원생 225명을 대상으로 실시한 의식조사에 따르면, 결혼 전의 순결에 대하여 절반 가까운 남학생의 46.5퍼센트, 여학생의 45.4퍼센트가 '지키지 않아도 된다'고 대답하고 있다. 한편, 실제로 '성경험이 있다'고 대답한 학생은 남자가 28.4퍼센트, 여자가 12.9퍼센트였다.

또한 같은 해에 서울여자대학교 '학생생활연구소'가 재학생 495명을 대상으로 성의식 조사를 한 결과에서도 '혼전 순결'에 대해 '남성은 순결을 지켜야 한다'가 68.1퍼센트, '여성은 순결을 지켜야 한다'가 72.1퍼센트로 나왔다. 이것은 여자대학교의 조사인데 여성이 여성의 순결을 보다 강조하는 경향이 보이는데, 그것도 7할 이상으로 꽤 높은 비율로 혼전 순결 쪽에 선 것이 인상적이다.

마찬가지로 1996년에 개신교 신자인 대학생, 남녀 371명을 대상으로 실시한 '기독 청년의 생활 형태와 가치관 조사'에 따르면

'혼전 성관계는 서로 사랑하는 사이에서도 안 된다'라고 대답한 학생은 83.8퍼센트를 차지했고, 혼전에 이성 간의 접촉이 허락되는 선으로서 '키스 정도거나 그 이하'가 90.8퍼센트를 차지했다. 이 조사에서도 실제로 성 경험이 있다고 답한 학생의 비율은 4.8퍼센트에 지나지 않았다. 이것에서 유교의 정조 관념과 같은 것이, 전혀 흐름이 다른 개신교에 의해서도 유지되고 있다고 말할 수 있지는 않을까?

다음으로 서울대학교 '종교사회학교실'이 같은 해인 1996년에 종교학과가 아닌 학생 103명을 대상으로 실시한 「종교와 성도덕에 대한 의식조사 보고서」에 따르면 조사 대상자의 절반이 무종교, 절반이 종교를 가지고 있다고 답한 가운데 '사랑하는 사람이 있으면 결혼 전이라도 성관계를 가져도 좋다'고 답한 학생이 무종교자에서는 78.2퍼센트, 불교도에서도 70퍼센트로 많았던 반면, 카톨릭 신자에서는 58.8퍼센트로 내려갔으며, 또한 개신교 신자에서는 36.8퍼센트에 달했다. 또한 결혼 후의 성도덕에 대해서도 '결혼 후에 배우자 이외의 상대를 사랑하는 것은 가능하다'고 대답한 학생이 불교도에서 80퍼센트, 카톨릭 신자 중에서는 76.5퍼센트, 무종교자에서는 70.9퍼센트로 비슷비슷하게 많았던 반면, 역시 개신교에서는 47.4퍼센트로서 유일하다고도 할 수 있는 높은 도덕의식을 유지하고 있다. 이처럼 신세대 개신교 신자들은 일반적인 동 세대 학생들에 비해 성도덕이 상당히 높음을 나타내고 있음을 알 수 있다.

　그러나 역사적으로 거슬러 올라가면, 이전에는 카톨릭에서도 마찬가지로 처녀성이 존중되고 있었음을 알 수 있다. 조선조에 기독교가 들어와 일단 부딪힌 것은, 영혼관과 성 윤리였다. 1784년부터 1801년경에 이르는 초기 천주교 시대에는 한국에는 아직 정식 여자 수도원이 없었다. 그러나 이 기간에도 천주교를 믿고 '동정녀'로서 신앙생활을 한 여성은 많이 있었다.

　일반적으로 '동정'은 남성의 것을 가리키는데, 천주교에서는 남녀를 불문하고 배우자를 대상으로 하는 정조와는 구별하여 하느님을 섬기기 위한 정조를 '동정'이라 부른다. 그러나 동정은 유교 윤리에서는 불효에 해당하므로 유교 사회에서 동정을 지킬 수는 없었다. 그럼에도 궁중의 궁녀나 노비는 신분적으로 결혼이 제한되어 있었기 때문에 비교적 동정을 지키기 쉬웠다. 그런데 양반이라는 신분이 높은 집의 여성이 결혼하지 않고 동정을 지킨다는 것은 사회적으로 허용되지 않았다. 그래서 천주교가 들어오면서 동정녀로서 처녀를 지키려 한 사람들은 모종의 위장결혼이라는 형식을 취했다. 당시의 조숙과 권데레사, 남이관과 조승이 같은 부부는 결혼한 부부라는 형식을 취하면서 동정을 지킨 사람들이다. 즉, 이른바 섹스리스 부부에 해당한다.

　이 가운데 권데레사는 권일신의 딸로서 일곱 살 때 어머니를

여의고, 1791년에는 아버지가 순교했다. 그녀는 네 형제의 막내 딸이었다. 주문모 신부에게 성사를 받고 동정을 하느님에게 바치기로 서언誓言하고, 21세 때 교우인 조숙과 혼인하였다. 그리고 혼례 첫날밤에 신랑에게 동정을 지키는 것은 아름다운 일이므로 함께 수절하자고 고하고, 그의 승낙을 얻어 남매처럼 결혼 생활을 했다고 한다.

15년간의 부부생활 동안 남편은 몇 차례 성교를 요구하였지만, 그때마다 그를 설득해 동정을 지키면서 신앙생활을 계속했다. 후에 부부의 선교활동이 발각되어 두 사람은 1819년에 처형되었다. 그때 데레사는 36세였다. 또한 전라도의 양반이었던 유중성과 이순이 부부도 혼인 때에 서로 동정을 지키기로 약속하고 수도 생활을 하던 중, 결혼 4년 만에 순교했다.

피임과 중절

한국 최고의 고전 명작소설로 『춘향전』이 있다. 원래 구전으로 전승되어 온 이야기가 소설화한 것으로, 19세기에 신재효에 의해 한국의 전통 예능 판소리 〈춘향가〉로 각색되어 널리 공연하게 되었다. 줄거리는 고귀한 양반의 아들 이몽룡과 비천민卑賤民인 기생의 딸 성춘향이 만나 연정을 키우고 혼인을 약속하지만, 이별하고 재회하기까지 춘향은 고난 속에서도 정조를 지킨다는 이야기이다. 즉, 유교적인 정절이 강조된 시대의, 신분을 넘어선 연애를 테마로 하고 있다. 이야기 후반, 두 사람이 재회하는 장면에서는 암행어사가 된 몽룡이 춘향이 사는 남원으로 잠입하는데, 이 장면의 절정은 춘향이가 몽룡을 알아보는 순간에 혼절하는 것이다.

이 이야기는 통상, 왕조 시대에도 민중 사이에는 늘 왕조에 대한 저항의식이 있었다는 것처럼 해석된다. 성과 정조에 관한 문제를 나는 가끔 강의에서 다루는데, 여인의 정조뿐만 아니라 남성의 정조도 논해야 하는 것 아니냐는 질문이 여성 쪽에서 나온다. 그러나 한국 사회에서 성 모럴이라는 것은 부계사회의 남존여비 이데올로기인 '남아 선호'에까지 이른다. 근대화에 수반하여 가족 계획이 보급된 현대에 있어 출산 시 남녀 성비(sex ratio) 불균형은 그 전형적인 현상이다. 즉, 전통적인 부계사회는 확실히 현재도 계속 살아 있다.

게다가 핵가족화 추세와 연동하여 이 같은 남아선호 경향은 더욱 심해지고 있다. 태아를 하나의 생명으로서 인정한다면, 성차에 근거한 인구 억제도, 다른 인권과 마찬가지로 인간의 근본적인 권리를 침해하고 있다고 말할 수 있다. 그것은 임신중절에 따른 성비의 불균형, 나아가서는 '인구론' 등에서 이야기했던 생명관에 관한 많은 문제를 포함하고 있다.

나는 그러한 문제, 즉 1980년대 후반 이후에 나타나는 출생 성비 불균형에 주목하여 분석했다. 그 결과, 역시 남성 쪽이 많이 태어나고 있는 것으로 나타났다. 성비의 비율로서는 여성 100에 대해서 남성이 104~107이다.[4] 일본 총무성이 발표한 통계에 의하면 일본인과 일본에 사는 재일 한국·조선인의 출생에 대한 성비는 정상적인 비율로 나타난다. 그 숫자는 다른 유럽 국가와 동등한 수준이라고 한다.

그런데 한국과 중국, 타이완으로 묶이는 동아시아 3국의 경우에는 그러한 일본 국내에서와는 달리 분명히 성비 불균형이 일어나고 있다. 특히 중국에서는 매우 높은 출생 성비 불균형이 빚어지고 있다. 이는 중국 정부가 1979년부터 독자獨子 정책, 이른바 '한 자녀 정책'을 실행한 결과로 보인다. 그곳에서는 주로 초음파에 의한 성별 판정 결과 강제 낙태 등에 의해 중절시켰던 것으로 보인다.

한국에서는 진찰 등을 통해 알게 된 태아의 성별을 본인이나 가족에게 알려주는 것을 1987년부터 금지한 후에도 출생 성비의 불균형이 일어나고 있다. 또 딸만 있는 가정의 여자 태아 중절 비율이 이미 아들을 둔 가정의 여자 태아 중절 비율보다 높다. 이것은 여자 태아가 임신중절의 주 대상임을 시사한다. 이런 현상

---

4) 2020년 출생성비는 여아 100명당 남아 수는 104.9명으로 집계됐는데, 출산율이 크게 떨어진 세태 속에서도 출생 성비 불균형은 여전한 것으로 나타났다. [출처:2020년 출생률, 사망률, 성비에 대한 통계 잠정 결과. 통계청] (편집자 주)

은 일본과는 대조적이다. 일본에서는 남녀의 성별을 이유로 한 중절은 거의 행해지지 않는다.

게다가 한국에서는 특히 간지干支의 '말'띠 해에 태어난 여성은 운이 나쁘다고 생각되어 민간요법이나 무속신앙에 의해서 이것을 피하려고 하는 경향이 있다(무속에서는 무당인 여성이 신령의 메시지를 전달한다). 이 때문에 말띠 해 이듬해에 해당하는 1991년의 출생성비는 남자가 133.3으로 되어 있다.

각 세대의 자녀 수가 감소함에 따라 낳을 수 있는 아이의 수가 제한되었으므로 성별에 관심이 높아지고 남아 선호 현상이 더욱 강하게 나타나게 되었을 것이다. 그리고 그 대부분은 임신중절에 의한 것이다. 2010년의 조사에서의 성비는 128.6이다.

현대와 같은 산아 제한이 보급될 때까지 확실한 피임이란 불가능했고, 그 결과 가정마다 많은 자녀를 두고 있었다. 일본에서는 전통적인 인구 조절 방법으로 '솎아내기(間引き; 마비키)'라는 영아嬰兒 살해 관습이 있었다고 한다. 이는 농작물, 특히 과일이나 채소를 솎아내듯이 아이를 죽인다는 의미이다.

1970년대 사람들의 인권 의식이 높아지면서 여성의 성과 출산에 관한 권리 의식도 높아졌다. 그 중에서도 중절이라는 행위는 남성 중심의 사회 속에서 여성들이 '낳을 권리, 낳지 않을 권리'라는 궁극의 선택권을 구현한 것이다.

하지만 자신의 생식력을 제어하려고 하는 모친의 권리와 그에 대립하는 것으로서 출생 전인 아이의 권리가 동시에 의식되게 되었다. 즉, '생명 존중'을 표방하는 인권사상이 고조되면서 어머니의 권리에 의해서 태아가 살해되는 사태가 일어난 것이다. 그렇지만 생명존중과 임신중절은 분명히 모순된다. 이리하여 생명윤리에서의 '태아의 권리'와 '여성의 권리'가 밀고 당기게(길항拮抗) 되었다.

현재 사회통념으로 통용되고 있는 일방적인 생명주의는 여성을 남성에게 종속시키는 의미밖에 갖지 못하고, 진정한 의미에서의 생명의 존엄을 의미하는 것은 아니다. 중절은 권장할 만한 행위는 아니지만, 선택지가 부족한 현 상황에서 여성이 취해야 할 최후의 수단으로서 인정되어야 한다는 의견도 있다. 한국에서도 최근 들어 '태아공양(미즈노코; 水子供養)'이 행해지게 되었지만, 이것도 따지고 보면 일본적 생명관을 나타내고 있으며, 종래의 한국이나 중국의 윤리관과는 대조적인 것으로 보인다. 태아공양은 아이러니하게도 생명을 존중하는 불교의 절에서 행해진다. 하지만 물론 이러한 태아공양의 자리에서 남아선호 등의 문제가 제기될 일은 없다.

확실히 중절은 혼외 성교의 청산, 자녀 수의 제한, 출산 간격의 조정 등으로도 행해지며 그 이유는 똑같지 않다. 그래도 첫 임신 때의 중절은 적지만 두 번째, 세 번째 임신 때에는 중절 비율이 높아진다. 한국에서는 최근까지도 연간 2만 2,000명이나 되는

'여아'가 낙태되고 있다고도 하며, 말띠해였던 1990년에는 무려 3만 4,000여 명의 여아가 중절되었다는 보고도 있다.

한편, 중국 정부의 강력한 시책도 여러 가지 문제를 일으키고 있다. 1982년에 영국의 BBC가 촬영한 다큐멘터리에 의하면, 중국 정부는 중앙에서 지방으로 관리를 파견해 1자녀 정책에 의한 산아 제한을 강력하게 지도했다고 한다.

예를 들면, 공장 등 직장에서는 월경 달력을 걸어 여종업원의 생리 상황을 파악하고 그것을 기초로 지도도 했다. 우수 지도원은 표창받고 이미 한 명의 자녀를 둔 여성이 임신 7개월이 되도록 그 사실을 감추고 있다가 발각되면 강제로 중절 수술을 받게 했다. 한 공장에서는 80건의 출산에 대하여 83건의 중절이 있었다고 한다.

중국의 1자녀 정책 추진에 대해서는 국가가 압도적인 지원을 하고 있다. 다양한 강연회나, '우리들은 다른 형제자매를 필요로 하지 않는다. 이대로 행복하다'는 내용의 아이들을 대상으로 한 노래를 사용한 프로파간다로서, 1자녀 정책을 통해 인민은 경제적으로 풍요롭게 되고, 삶의 질이 높아진다는 식으로 선전하는 것이다. 그러나 확실히 인구를 줄이려는 정책 자체는 성공했을지 모르지만, 이러한 정책에는 애초부터 많은 문제점이 예상됐다. 즉, 남자아이로의 편향이나 출생아의 호적 미등록 등의 문제이다. 국민의 의식에 의해서 자녀 수 감소 현상이 일어나고 있는 일본이나 한국과는 달리, 이러한 중국의 강제적인 정책은 역시 검토되어야 할 것이다.

전통과 남존여비

한국에서는 재산의 상속(상속권)에 관하여는 아들 중심, 그것도 장남 우선으로 되는 것이 보통이다. 가구별 (구 민법상의-역자 주) 호주의 지위는 일시적으로 여자가 갖는 일은 있어도 아이가 성장하면 남자에게 양보하지 않으면 안 되었다.

조상에게 제사 지내는 권리(제사권)도 기본적으로는 남자, 그 중에서도 장남이 거의 독점한다. 예를 들면, 그 집에 아들이 없다고 해서 딸이 대신 제사를 지내는 일은 없다. 그러한 철저하게 유교적인 부계제도가 정착되어 있다. 이렇게 아들이 절대적으로 필요한 존재라는 점에서도 남자 선호의 가치관은 의연히 강하게 존속하고 여아의 출산이 환영받지 못하는 원인이 되고 있다.

한국의 식기나 병풍 등에는 흔히 '부귀다남富貴多男'이라는 글자가 박혀 있다. 부는 말할 필요도 없이 경제적인 풍요로움이고 귀는 사회적인 신분이나 지위, 다남은 자손 번영, 특히 아들을 낳기를 기원하는 의미이다. 남자아이는 후계자로서 중요한 존재이기 때문이다. 그런 이유로 한국에서는 결혼 시기가 빠르고, 그에 따라 빨리 아들이 태어나기를 기원한다. 만일 그것이 불가능하다는 것을 알게 되면 여러 가지 대책을 세우지 않으면 안 된다. 첩을 들이거나 양자를 들이거나, 비록 여자가 있다고 해도 남자를 얻기 위해서 마찬가지의 방법이 취해지는 것이 일반적이다.

또한, 남아가 태어나지 않았을 경우의 대책으로서 대리모에게 의뢰하는 일도 있다. 대리모는 첩과 같은 세간의 나쁜 이미지도 없고, 양자로 들이는 남의 아이도 아니고, 적어도 남편의 친자식이므로 한국에서는 합리적인 수단으로 여겨지며, 명문 여자대학생이 아르바이트로 대리모가 되어 그 대가로 700만 원으로 아들을 출산한 일이 화제가 되기도 했다.

이 남자 선호는 무속신앙에서도 마찬가지이다. 여성 중심의 신앙이라고도 일컬어지는 한국의 무속신앙에서조차 아들을 열망하는 것이다. 무속에서 무당이 말하는 아래와 같은 '바리데기 신화(捨姬公主 神話)'가 그것을 이야기하고 있다.

왕비는 일곱이나 되는 아이를 낳았는데 모두 딸이었다. 기대가 어긋난 실망과 분노에서 왕은 막내딸인 일곱째 딸을 산 속에 버렸다. 그 일이 부모에게 탈이 되어 그들은 죽을 병에 걸린다. 하지만 버려졌던 딸이 갖은 고난을 이겨내고 마침내는 부모의 병을 고친다. 즉 버림받은 딸이 효행을 했다는 이야기이며, 한국의 부계사회 구조라는 것을 잘 드러내고 있다.

유교식 조상 제사에서는 아이와 미혼자의 사망을 정식으로 다루지 않는다. 이들 죽은 영靈은 보통 샤머니즘이 다루는 대상이 되어 있다. 이러한 유아의 죽은 영은 재앙을 일으키기도 하며 때로는 모친에게 달라붙기도 한다.

또한 성인은 되었으되 미혼인 채로 죽은 사람의 영혼, 특히 미혼 여성의 뒤탈(앙화殃禍)은 가장 강한 업보로써 두려워하고 있으며, 그것을 피하려고 사후에 결혼식을 한다는 관습도 있다. 여성의 경우에 처·첩은 제사의 대상이 되지만, 딸은 제사를 모실 수 없다는 유교의 논리이다. 그런 딸들이 유교가 아니라 무속신앙에 의해서 사후 결혼식 등을 통해 제사 지내는 것이다.

조선조의 대리모 제도

'집안을 지키기 위해서는 혼외의 정사情事도 필요하였다'라는 한국의 전통사회를 주제로 한 한국 영화 〈씨받이〉를 보았다. 현대에 있어서의 남아 선호 가치관을 상징적으로 나타내고, 그 의식구조를 비판적으로 이야기하는 영화이다. 이 영화도 앞서 말한 다방 매춘을 그린 영화 〈티켓〉과 같은 임권택 감독의 1986년 작품이며, 다수의 권위 있는 상을 획득한 명작이다.

스토리는 이렇다. 조선조 한 양반의 처가 결혼한 지 12년이 되어도 아이를 낳지 못해 조상에게 면목이 없다는 이유로 17세의 대리모(씨받이)를 고용해 아들을 낳게 하고 보수를 건네 고향에 돌아가게 한다. 하지만 그 아이를 낳을 때까지의 사이에 남편과 있어서는 안 되는 연정이 싹트고 만다. 하지만 씨받이인 그녀는 아이를 낳고 나면 남편에 대한 애정과 동시에 아이도 빼앗기고 부모가 기다리는 집으로 돌아갈 수밖에 없다. 그러한 상황 속에서 그녀는 자신의 목숨을 끊는 것을 선택한다.

이 '씨받이'라는 것은 아이가 태어나지 않는 명가에 고용되어 아이(아들)를 낳고 보수를 받는 것, 또는 그 여성을 가리킨다. 영화 속에서는 남자아이를 두고 집안의 계통을 지키기 위해 씨받이라는 비인도적인 존재까지도 필요로 했던 한국의 전통사회가 부각된다. 이 남편은 효자 아들이었다고 말하는 것 같은 전통적 윤리관을 중시하는 장면도 있지만, 결과적으로는 씨받이와 같은 여성을 멸시하면서 실제로는 여성들에게 지배당하고 있다는 것 같이 그려져 있다.

이 영화의 스토리 자체는 그다지 현실감 있는 이야기는 아니지만, 한국인의 부계제도와 그 사고 구조를 충분히 표현하고 있다. 최근에도 불임 부부가 계약한 대리모에게 병원에서 아이를 낳게 하고, 본처가 직후에 그 아이를 떠맡은 사안이 보도되어 사회적 논란을 불러일으키기도 했다.

이 영화에는 가계를 계승하기 위해서는 어떤 희생을 치르더라도 자손을 얻어야만 한다는 의무가 무겁게 짓누르고 있는 모습이 적확하게 표현되어 있다. 즉, 부계사회의 이데올로기를 합리화하는 '남아 선호' 사상의 문제점을 날카롭게 묘사한 작품이다.

그와 동시에 이 영화에 등장하는 남편이라는 남자는 자주성이 약하고, 그 결과 아이러니하게도 여성들이 중심이 되어 아들을 낳고자 분투하는 모습이 그려져 있다. 즉, 아무리 부계사회라고는 해도, 현실에서는 여성이 적극적으로 주도권을 쥐고 있었다는 것이 표현된 것이다. 그래서 전통사회 속에서 규범을 지키려는 효자 아들은 무력한 남자로 그려진다.

확실히, 대리모가 제도화된 것은 아니지만 한국 사회라는 것을 상징적으로 표현하고 있다. 그리고 한국 사회는 영화 〈씨받이〉에서 보듯이 사회적으로는 여성을 멸시하고 있지만, 실제로는 여성에 의해서 지배되는 것이다.

영화는 '남아 선호'의 사고 구조에 더하여 남자는 어떤 의미에서는 믿을 수 없는 것, 부계사회라고 하면서 실제로는 여성이 훨씬 적극적으로 부계제를 따라 살고 있다는 점 등을 묘사한다. 그래서 이 영화의 주역은 남편의 어머니(시어머니)와 처(며느리)이며, 이들이 대리모에게 아들을 낳게 하고 보수를 줌으로써 그 친어머니와 자식의 관계를 단절하고 비극으로 만드는 것이다. 그러니 비극의 주역은 모두 여성이라는 이야기가 되는 것이다. 그리고 그러한 의식구조는 지금도 계속되고 있다.

이 영화는 한국인의 성 의식이라는 것을 잘 표현하고 있다고 생각한다. 그리고 여기서는 전통사회가 그토록 강조하는 미혼 여성의 성, 즉 정조 따위는 아무런 존중도 받지 못하고 생식만이 강조된다.

결혼과 정절

성서에 의하면 제사장은 처녀를 맞아들여야 하고(「레위기」 21장 13절), 사람이 약혼하지 아니한 처녀를 꾀어 동침하였으면 납폐금(지참금)을 주고 아내로 삼지 않으면 안 된다(「출애굽기」 22장 16절).

어떤 사람이 아내를 맞아 그녀에게 들어간 후에 이를 싫어하고 거짓 비난하며 그녀에 대하여 나쁜 말을 흘리고, '나는 이 여자를 아내로 맞아들였지만 그녀가 처녀인 증거가 없었다'고 말했다면 그 딸의 부모는 그 딸이 처녀인 증거를 가지고 마을 어귀에 있는 장로들에게 제출하고, 딸의 아버지는 장로들에게 '나는 딸을 이 남자와 결혼시켰는데, 그는 딸을 싫어하고 딸에게는 처녀의 증거가 없었다고 말했다. 그러나 이것이 딸이 처녀인 증거입니다'라고 증언하고, 그 침대보(천)를 마을의 장로들 앞에 펼쳐야 한다. 그리고 마을의 장로들은 그것을 확인한 뒤에 남자를 잡아다가 채찍으로 때리고, 그에게 은 100세겔의 벌금을 부과해서 그것을 딸의 아버지에게 넘겨주어야 한다. 그에 덧붙여 딸은 그의 아내로 머무르고, 그는 평생 그녀와 이혼할 수 없다.

기독교에서는 기혼자의 혼외 성관계는 엄격히 금지되어 있다. 십계명에서도 간음해서는 안 된다고 엄하게 금하고 있다.

예수에게 대적하는 자들이 간통 현장에서 붙잡힌 여자를 데려와 예수에게 말했다.

"선생님, 이 여자는 간통하다가 잡혔습니다. 이런 여자는 돌로 쳐 죽이라고 모세는 율법 중에서 명하고 있는데, 당신은 어떻게 생각하십니까?"

그러자 예수가 말했다.

"너희들 가운데 죄를 지은 적이 없는 자들이 먼저 이 여자에게 돌을 던져라."

그러자 이윽고 모두 떠났다. 예수는 그녀에게 이제부터는 더 죄를 짓지 말아야 한다고 말했다.

예수는 이렇게 말하고 있다.

"또 간음치 말라 하였다는 것을 너희가 들었으나, 나는 너희에게 이르노니 여자를 보고 음욕을 품는 자마다 마음에 이미 간음하였느니라. 만일 네 오른눈이 너를 실족케 하거든 빼내어 버리라. 네 백체百體 중 하나가 없어지고 온몸이 지옥에 던지어지지 않는 것이 유익하며, 또한 만일 네 오른손이 너로 실족케 하거든 찍어 내버리라. 또 일렀으되 누구든지 아내를 버리거든 이혼 증서를 줄 것이라 하였으나, 나는 너희에게 이르노니 누구든지 음행한 연고 없이 아내를 버리면 이는 저로 간음하게 함이요. 또 누구든지 버린 여인에게 장가드는 자도 간음함이니라."(「마태복음」 27-32절)

정순매는 이혼당한 여자로서, 이득임과 홍순희와 윤점혜는 과부로서, 김경애는 기혼자처럼, 마찬가지로 조도애는 구씨의 아내로 위장하여, 그녀들은 각각 '동정'을 지켜 배교하지 않고 순교한 여성들이다. 즉 그녀들은 동정을 지키기가 어려웠던 시대에 처녀나 미혼자인 채로 천주교 신자로 살았다.

신자에는 남성도 있었지만, 완전한 독신 남성인 동정자는 드물었다. 그 중에서 정하상, 간 그레그리오, 신 그리산도는 남성 동정자였다. 그러나 이는 전통 결혼제도나 남존여비에 대한 저항감으로 도전한 것은 아니었다. 결혼을 위장하면서까지 동정을 지켰다는 것은 천주교사에서 중요한 의미가 있는 것이지만, 이런 것들이 전통 결혼제도 그 자체에 대한 개혁 사상인 것은 아니다. 반면 오늘날의 젊은 사람들이 처녀성을 존중하는 것은 유교의 가르침이 있어 떠받친 것이다.

인간의 성을 긍정적으로 보면, 부부의 성교가 신성한 것처럼 모든 성교·성애도 신성한 것이라 할 수 있을 것이다. 성은 원래 동물적인 것이며 성 모럴 같은 것은 없어도 인류는 결혼했고, 가족을 이루며 살아왔다. 말하자면 성교 자체는 범죄행위는 아니다.

하지만 상대방의 의사에 반하는 것, 상대에게 강요를 한다면 그 것은 상대의 기본적 인권을 침해하는 것이다. 이른바 종군위안 부 문제도 그러한 '강제'나 '연행'의 유무가 중요한 관점이 된다.

어쨌든 앞서 말한 바와 같이 여성의 존재가 무에 가까운 한국 사회에서는 남자아이의 출생을 바라는 '기남자祈男子 신앙'이 있 다. 그리고 남자아이가 태어나지 않았을 때 태어난 여자아이 이 름에 희남希男이라고 붙이거나 길녀吉女(다음에 태어날 동생에게 기 대한다), 섭섭(유감의 뜻), 설화에서는 바리공주(捨姬; 버려진 딸)란 이름을 붙이기도 한다.

일상에서도 여성은 남성 앞에서 조심성 있게 행동해야 하는데 그것은 예의범절 수준과는 달리 모종의 여성 멸시 같은 것이 바 탕에 깔려 있다. 예를 들면 최근까지 설날이나 이른 아침에 다른 집을 방문하는 것은 실례 또는 불경한 행위로 여겼다.

한국의 전통적인 정조관

한국에서는 결혼이라는 것을 통해서 성관계가 강조된다. 그러 므로 결혼은 숙명이고 앞에서도 언급했듯이 처녀인 채로 죽으면 원한의 혼령이 되니까 죽은 후에라도 결혼식을 올리지 않으면 안 된다고 한다. 여기에 유교 제사에 있어서는 반드시 남아를 출산

함으로서 자신이 조상이 되어야 한다는 한국인의 사고방식도 관계되어 있다.

예를 들면, 결혼식을 올리지 않고 부모와 동거하며 평생을 보내고 남아를 남기고 죽는다더라도, 그대로는 부모는 조상이 될 수 없기에 사후에 결혼식을 올릴 필요가 있다. 즉 유교와 무속(샤머니즘)의 사후관이 다르기 때문이다. 이 다른 종교가 서로 어울려 한국의 조상 신앙이 되어 있다.

이러한 부계 중심적 가치를 지키기 위해서 여성의 정조는 강조되어 왔다. 그러나 근래 한국에도 성 해방의 물결이 밀려들고 있다. 여성해방, 평등주의, 그리고 여성의 지위 향상 등이 주장된다. 하지만 그런 유교적 가르침이 풍화되고 있는 가운데에서도 한국 젊은이들의 윤리관을 떠받치는 것은 역시 유교이다. 과거 유교는 국교로서 국민은 유교 윤리(삼강오륜三綱五倫)의 철저한 교육을 받고 있었다. 거기에서는 특히, 한 배우자를 영원히 사랑해야 한다는 '열烈'의 가르침이 중요시되었다.

과거 전통사회에서는 여성은 부부의 성에 있어서조차 쾌락을 얻는 것은 좋지 않은 것으로 되어 있었다. 따라서 여성은 쾌락 없이 아이를 낳아야 했고, 그것이 좋은 아내의 기준으로 여겨졌다. 그러나 남성은 성적 쾌락을 추구해도 좋다는 구조로 되어 있어 그런 남성을 위해 매춘은 필요했다.

그런 의미에서는, '놀다'라는 의미를 가진 '유곽遊廓'이라고 하는 것은 그 명칭만으로도 비난받아야 할 것일지도 모른다. 즉, 여성을 놀이의 대상, 장난감으로 만드는 것이기 때문이다. 여성에게 정조를 강요하면서, 매춘에서는 여성으로 하여금 여러 남자와의 성관계를 허용하는 것이기 때문에 보편적 성 모럴의 기준으로 보면 남성들의 행위는 유교적 윤리로부터의 일탈로 여겨질 법한 것이다.

한편으로 여성의 재혼은 금지, 남편이 하늘이고 처가 땅이라는 삼종지도三從之道가 있는데, 아내는 남편으로부터 두들겨 맞아도 순종해야 한다. 이러한 것은 바로 일방적으로 여성에게 요구되는 정조가 제도화된 것이었다.

그런 가운데에서도 '여필종불사이부女必從不事二夫(여자는 반드시 복종하고 두 남편을 섬기지 않는다)'는 특히 철칙이었다. 그렇기에 이런 열녀를 주제로 한 소설도 많이 나왔다.(열녀란 남편 이외에는 성관계를 갖지 않는 여자를 일컫는다.) 이를테면 박지원의 『열녀 함양 박씨전』에 쓰인 함양 박씨는 19세에 임씨와 혼인하였는데, 임씨가 얼마 못 가 병사했다. 아내인 박씨는 삼년상을 지내고 탈상 날에 음독자살했다. 그 정절을 기리기 위해 열녀전이 씌어졌고, 그녀는 열녀가 되었다. 또한 앞서 다룬 '춘향전'도 『열녀 춘향 수절가』라는 소설이 되었고, 정조貞操는 신분의 높고 낮음을 불문하고 요구받아 주인공 춘향은 기생 딸이면서 열녀가 되었다.

이처럼 한국이 성과 정조를 정치에 이용하는 것은 현재만의 일이 아니라 역사적으로 거슬러 올라갈수록 더욱 뚜렷하게 나타났던 현상이다. 지금의 한국 정부도 이러한 전통적인 정조관을 가지고 내셔널 아이덴티티와 외교정책의 면에서 그것을 이용하고 있다. 이른바 '종군위안부' 문제가 좋은 예로, 특히 한국인 전체의 정조가 일본인들에 의해 능욕당했다고 주장하며, 반일 감정과 강하게 결부시키는 것이 그 대표적 표현 양식이다. 그리고 그것을 국가가 정책으로써 이용하는 것이다.

그러나 한국인의 의식구조에 있어서는 성을 내면적으로 부정하고 있는 것은 아니다. 앞에서 말했듯이 한국인은 성을 억제하는 것은 아니고 근신하려고 하기 때문이다. 예를 들면 처녀의 정조는 결혼 상대를 위한 단순한 유보이며, 결혼은 통과의례이자 인생의 최저 조건이며, 인간은 누구나 결혼해야 할 숙명으로 여겨진다.

그 한편으로 결혼은 일생에 한 번뿐이라는 윤리가 강하게 남아있어 여성에 대해서는 초혼이 실패해도 재혼은 허용되지 않는다고 하는 것과 같은, 유교적 윤리가 요구되는 것이다. 특히 조선시대에는 뿌리 깊은 유교적인 여성관에 의해서 이러한 여성 정절이 사회적으로 강하게 요구되었다. '굶주림은 극히 작은 일이고, 여성의 정절은 극히 큰 일'이어야 했다. 여자는 한 번 결혼하면 절대 재혼할 수 없고, 미망인은 남편의 무덤 옆에서 생활하기도 했다. 그 가운데에서도 가장 영향이 있었던 것은 '재가여자손금고

법再嫁女子孫禁鋼法'이며, 이것은 요컨대 재혼한 여성의 자손은 문과 시험을 볼 수 없다는 규정이었다.

남편은 첩을 두어도 나쁜 병을 가지고 있어도 집을 나가 버려도 되지만, 처는 남편이나 시댁에 할 바를 다해야 하고, 자신의 얼굴을 상하게 하거나 자살 또는 타살해서라도 남편에 대한 정조를 지켜야 했다. 이것은 남편의 행실이 어떻든 간에 처는 절대적으로 정조를 지키고 불사이부의 철칙을 지켜야 한다는 취지이다.

조선 사회의 대표적인 여성 교육 교재였던 『여범女範』에는 정貞녀 24, 열녀 41, 총 65개의 에피소드가 실려 있다. 이 가운데 허혼녀許婚女, 즉 사실상 결혼하지 않고 처녀인 채로 정조를 지키기 위해 죽은 열녀의 예가 일곱인데, 처녀가 순수하게 정조를 지키기 위해 죽은 사례는 '당나라 빈賓씨의 19세와 16세 두 딸이 도둑에게 능욕당할 뻔하다가 절벽에서 투신하여 자살했다'는 에피소드 단 하나뿐이다. 즉 '열녀'란 단지 정조를 지키는 것은 아니고, 남편에 대한 열烈, 즉 두 남편을 섬기지 않는다(不事二夫)는 이데올로기를 강조하는 것이다. 또한 『신증동국여지승람新增東國與地勝覽』에도 고려와 조선의 열녀비 등의 유래가 많이 실려 있는데, 구체적으로는 호랑이에게 물려가는 남편을 구하거나 호랑이를 죽이고 남편의 목숨을 구했다거나 하는 예가 많다. 정조를 지키기 위해, 그리고 정조를 지키기 위해서 여성은 강하지 않으면 안 된다는 이미지가 강조되고 있는 것일까? 또, '개가(재혼) 금지'

를 강조하기 위해서 결혼 약속이나 결혼식만을 치렀던 젊은 과부, 즉 '청춘 과부'에 대해서도 상징적으로 묘사되고 있다.

조선에서 전통적으로 본보기로 여겨지던 '남편에게 이변이 일어나거나 고난을 겪으면서 죽음으로써 정조를 지킨' 열녀의 예로는 조선시대의 여성교육서인 『동국신속삼강행실도東國新續三綱行實圖』에 35명의 효녀 또는 효부가 열거되어 있다. 불이 나도 도망치지 않고 정조를 지키기 위해 불에 타 죽었다든가, 남편이 다른 데 첩을 두어 집을 나갔는데 본처는 여전히 시부모에게 효도를 했다든가 하는 이야기이다.

이제까지 한국에서, 유교를 기반으로 한 성과 정조 윤리의 폐해를 언급하였다. 유교는 부계제도를 강하게 견지하는 한편, 남자 존중 사상에 따라 여자아이에 대한 임신중절을 촉진하고 그것이 태아 신앙 등으로 연결되어 있다는 것도 썼다. 그리고 결혼과 이혼, 축첩제도, 간통죄, 나아가서는 현대의 다방 매춘에 대해서도 언급했다.

성은 동물의 생존과 관련된 것으로, 성애는 신이 내린 선물이라고도 할 수 있다. 다만 쾌락은 인간을 동물화하고 타락시키기도 한다. 이로 인해 많은 종교인과 성인들이 성의 위험성을 경고해 왔다. 그러나 그러한 성의 억압이 성범죄를 일으키는 요인의 하나라는 것도 밝혀지고 있다.

제8장 한국의 반일 내셔널리즘

일본의 '성적'으로 '저속'한 대중문화

2000년대 들어 일본 문화 개방 조치가 있기 전까지 한국에서는 일본 문화를 성적으로 저속한 것으로 단정하고 일본 대중문화의 수입을 강력히 금지했다. 그 때문에 일본에서 볼 수 있는 여장 남자나 성전환 수술이 일반적이지 않았다. 각종 성 산업과 족외혼族外婚에 대한 사회적 인식과 이해의 정도에 관한 한 일본과 한국은 매우 다르다. 한국에서는 프리섹스, 동성애, 성교육, 성적인 상품, 포르노, 헤어누드(음모가 보이는 나체) 등은 그만큼 일반화되어 있지 않다.

또 일본 엔카(演歌) 등도 '저급 왜색 가요'로 치부되어 수용을 거부할 뿐 아니라 '일제 잔재 청산'의 대상으로서 배제했다. 이 때문에 일본 대중음악은 저속하고 불건전하다는 비난이 한국 사회에 만연해 있는 게 사실이다. 그 영향으로 '봉선화'(김형준 작시/홍난파 작곡)라는 일제 치하 조선 민족의 서글픈 심정을 표현한 노래가 금지곡이 되었는가 하면, 최근에는 작곡자 홍난파의 친일 행위를 문제 삼으며 곡 자체를 불경한 것으로 취급한다. 또한 한국인들이 '엘레지의 여왕'이라 부르는 이미자의 '동백아가씨'는 기성세대 대부분이 애창하는 노래임에도 일본 흉내, 즉 왜색풍이라며 금지한 적도 있었다.

원래 엔카를 비롯한 다양한 대중예술은 민중의 심정을 표현하는 것이다. 클래식 음악 같은 '음音의 예술'과 달리 가사가 주체가 된다. 이 때문에 설사 그 곡의 원음이 아일랜드 민요 등일지라도 거기에다 한국어나 일본어로 가사를 붙여 부르면, 그 가사의 내용에 의해서 친일 또는 반일로 해석되게 된다. 거꾸로 말하면 곡 자체에는 친일도 반일도 없다.

나는 젊은 시절에 이광수 등의 소설을 많이 읽었는데, 훨씬 뒤에야 그들이 친일 작가로 비난받고 있었다는 것을 알고 충격을 받았다. 최남선의 「불함문화론不咸文化論」(불, 빛의 조선기원의 문화론)이나 「독립선언서」 등을 애독하며 민속학으로 경도되어 온 나에게 있어서 그들이 '친일파'라는 것은 매우 충격적이었다.

한국에서는 '친일'이라는 말은 그 자체로 매국노를 지칭하는 대단히 모욕적인 언사이다. 물론 이는 한국 국내에서만 적용되고 쓰이는 용어로서 국제적으로는 통용될 수 없는 말이지만, 어쨌든 일본 대중문화를 '섹스나 폭력 등을 유발하는 퇴폐적이고 저질스러운 문화'라고 규정하고, 청소년에게 악영향을 미친다는 명목으로 문을 닫고 들어오지 못하게 막은 것이다.

이러한 흐름의 연장선상에 위안부 문제도 있다. 즉, 위안부 문제를 반일 감정에 대입시키는 순간, 국민 통합과 일본을 상대로 한 외교 효과가 배가되는 것이다. 정치인들은 여론을 끌어올리기 위해 정조관을 들고나온다. 그리 하면 위안부의 인권을 현저히 손상한 데 대한 성실한 사과가 필요하다고 주장하는 인권주의자나 페미니스트들과도 연대하기 쉬워진다.

한국 정부는 항상 섹스나 성 윤리의 문제를 정치적으로 이용해 오고 있고, 그것이 지금도 한국과 일본에 있어서 불화의 불씨가 되어 계속되는 것이다.

어느 틈에 위안부는 식민지 혹은 전쟁 피해의 상징적인 존재가 되어 버린 것일까? 많은 한국인은 지금도 곳곳에 놓인 위안부 동상(일명 소녀상)을 보면서 여성의 정조를 빼앗은 '일본인은 나쁘다!'라고 분개하며 격렬하게 일본과 일본인을 계속 비난하고 있다.

외적外敵이 노린 처녀-섹스 내셔널리즘

한국의 위안부 문제를 보면서 나는 '섹스 내셔널리즘'이란 생각을 지울 수가 없다. 그것은, 한국 사람들에게 있어 결코 새로운 현상은 아니다. 정조를 중시하고 '남녀칠세부동석'(7세 이상의 남녀는 자리를 따로 한다)으로 상징되는 엄격한 성도덕, 그 유교적 정조관으로부터 정치 운동이나 내셔널리즘으로 발전해 간 모습도 간파된다. 즉, 현재까지도 전통적 정조관이 한국 사회 성의 기본 윤리이며 국가 정책의 대상인 것이다.

전술한 바와 같이 성고문에 대한 국민의 분노가 민주화의 활력이 된 것도 마찬가지로 생각해도 된다고 본다. 또한 그 정조관은 외교, 즉 외국에 대한 한국의 아이덴티티의 근거로도 되고 있다. 위안부는 정조를 농락당하고 더럽혀진 모국의 여성을 가리킨다. 그러므로 일본은 악한 식민지 지배자이고 한국은 선한 피식민이라고 하는 양자 대립적인 관계가 된다. 그렇지만 그것도 한국으로서는 새로운 것은 아니다.

옛날에는 왜구倭寇(일본), 몽고(몽골), 청(오랑캐)에 모국의 처녀를 빼앗긴 치욕이라는 것을 강조하고 있다. 현재의 위안부도 마찬가지로 '피해자'에서 '영웅'으로 격상되었다. 앞서 언급한 '왜'에 희생된 기생 논개는, 심지어 무속의 '신'으로까지 승격되어 있다.

처녀의 정조는 '유리와 처녀는 상하기 쉽다'는 속담을 통해서 보듯, 한 번 망가지면 고칠 수 없는 것으로 간주한다. 예부터 한국에서는 외적으로부터 정조를 지켰으니 애국자라고 칭찬하기도 하고, 목숨 다음으로 소중한 정조를 나라에 바치는 애국자로 표현되기도 했다. 이런 가치관이 일본에 대해서는 보다 두드러지게 발현되는 것이다.

그리고 그것은 역사만으로 그치지 않고, 21세기를 살아가는 현대 한국 사회에서도 자주 부활하고 재생산된다. 7, 80년대의 '기생 관광'에 대한 비난이나 전시 중의 종군위안부 문제 등이 대표적이다.

가장 최근인 2015년까지 한국은 '간통죄'를 유지하고 있었다. 형법 제241조에서는 배우자가 간통한 경우는 배우자의 고소에 의해 2년 이하의 징역에 처한다. 같은 법 제32장의 정조에 관한 죄는 주로 강간에 관한 것인데, 제304조에는 혼인을 빙자하여 간음하거나 기타 위계에 의해 음행의 상습이 없는 부녀를 간음한 자는 2년 이하의 징역에 처한다고 되어 있다. 이러한 생각은 법률뿐만 아니라 일반 관습으로서도 강하게 존재한다.

한국에서도 성과 정조에 관한 태도는 늘 변화하고 있다. 그럼에도 여전히 서양 등 외래문화는 성적으로 타락해 있다는 이미지를 가지고 있고, 그러한 성적 문란으로부터 사회를 지키기 위해서는 전통적인 정조관을 회복해야 한다는 주장이 공공연하다. 그리고 과거 여성에게 예의범절을 가르쳐 온 교과서 『내훈內訓』 등에 표현된 전통적인 정조관을 부활시키려고 한다. 실제로 1980년대에 이 『내훈』의 저자 한씨를 주인공 중 하나로 하는 TV 드라마 〈설중매〉가 방영되고 나서 『내훈』은 졸지에 출판 붐이 일었다.

이처럼 남존여비를 배경으로 하는 열녀 사상을 근대화에 따른 성 해방이나 풍기문란의 대응 조치로 삼으려는 의도로, 전통적인 성 모럴 부흥 움직임이 그때그때 나타나고는 한다.

위안부 문제의 역사적인 배경

여기서 위안부 문제를 역사적 배경을 통해서 생각해 보기로 하자. 조선의 여성은 항상 남존여비의 정조관이나 열녀라는 영웅화의 구조 속에서 살아온 피해자였다. 그러므로 매춘부나 능욕당한 여성이 정치적 장면에 떠오르는 일 따위는 거의 없었다. 즉 정조를 여성 최고의 덕목으로 강조하는 한국 사회에서는 매춘부 같은 여성은 차별을 당했고, 정조를 지키지 못한 여성은 그 사실을 숨기는 것이 상례였다.

그래서 한국 사회는 정조를 잃은 여성을 '밖으로' 내쫓으려고 했다. 그 때문에 일본이나 미국 등 그녀들이 해외로 탈출하는 것이 이상인 것처럼 여겨졌고, 실제로 정조를 잃은 한국의 여성들이 일본으로 흘러갔다. 그런 여성들을 이번에는 영웅시하고, 위안부상을 세운다.

그것은 조선조 중기 이후의 정절이 일반적으로 신비화되어 있는 것과 표리일체라고 말할 수 있을지도 모른다. 조선시대 여성들에게 정조를 지키기 위해 가르치는 교과서, 전통적인 여성 교육의 교재로 앞서도 언급한 『내훈』이나 『여범女範』 등이 있는데, 이런 서적에서는 여성이 능욕을 당할 것 같으면 자살한다는 점이 강조됐다. 『동국신속삼강행실도東國新續三綱行實圖)』에도 '네 명의 아이가 있었는데, 왜구가 침입하여 능욕당할 번하여 반항하다 살해당한 여성', '왜란 때 남편은 전쟁에 나가 있었고 능욕당할 번하게 되자 어린아이를 두고 강에 몸을 던져 죽은 여인', '왜적이 능욕하려 하자 남편이 있는 여자로서 저항하다 팔다리가 잘려 죽은 여자'라는 세 가지 예가 있다.

한 세대 전만 해도 중고등학교 가정 과목 선생님들은 '결혼하기 전 성관계는 생명을 잃는 것과 같다'는 순결의식을 교육했다. 나는 실제로 그 교육을 받았다. 『신증동국여지승람』에서는 처녀와 상녀常女(매춘부는 아닌 일반 미혼·기혼 여성)를 구별하고 열녀비마다에 얽혀 있는 사연에 대한 설명이 많은데, '처녀를 강탈한 자는 참斬', 즉 길에서 처녀를 강탈(강간)한 자는 그 자리에서 참한다든가, 딸의 죽은 영혼을 제사하고 비가 내렸기 때문에 그 비를 '절부節婦(절개를 지킨 여자)의 비'라고 했다는 이야기도 씌어 있다. 이 무렵에는 자매 사이라도 상대의 남편이 있으면 그 방에 들어가서 말을 하지 않는다고 한 '내외의 예'가 확립되어 성별의 구분이 엄격해졌다.

나는 위안부상을 보면서 조선왕조 시대의 '열녀각', 즉 정조를 지킨 여인을 표창한 기념비와 비슷하다고 생각한다. 당시의 조선은, 물론 조선조 이전의 왕조부터 빈번하게 외적의 침략을 받았다는 것은 역사적인 문서에도 기술되어 있다. 그런 침략의 와중에서도 특히 몽고, 중국, 일본에 의해서 여성의 정조가 침해되었다는 기록이 많다.

13세기에 원元(몽고)은 일곱 차례에 걸쳐 당시의 고려 왕조를 침략했다. 원은 화평 조건의 하나로 공녀貢女를 요구했다. 그것은 중국 대륙을 침략했을 때 항복한 병사들과 결혼시키기 위해서였다. 또 여성의 성을 빼앗음으로써 고려가 반항할 수 없게 하는 목적이었다고도 한다.

그리고 원나라에 항복한 고려왕조는 혼인도감을 설치하여 12세부터 16세까지의 처녀를 징발하여 원에 보내기 시작했다. 이 '처녀 진공사進貢使'는 80년이나 계속되었다고 하며, 왕래 횟수는 50회 이상이라고 기록되어 있다. 처녀를 중요시했던 것은 혼전 성교를 금하고 부계제도에서 피를 섞지 않는다는 윤리적 이유에서였다.

원나라에 이어 중국 대륙을 지배한 명明도 '전략 결혼'을 위해서 한반도에 처녀를 요구해 왔다. 그 때문에 이 시대에는 한반도에서 조혼과 자살이 많이 일어났다고 한다. 그런 가운데에서도 특히 원나라에 대한 원한이 강했다.

한편, 일본에 대한 적개심은 왜구, 왜적, 왜란과 같이 일본을 비하 또는 혐오하는 '왜倭'라는 명칭을 통해 드러내는 경우가 많다. 예를 들어 왜적(일본)이 쳐들어왔을 때, 한 여성은 그들로부터 도망치기 위해 배에 올랐다. 그때 남자 사공이 손을 내밀어 그녀를 태웠지만, 그 여자는 남편이 아닌 남성의 손을 만진 건 강간당한 거나 마찬가지라고 생각해 강에 투신 자살했다는 이야기 등이다.

『지봉유설芝峰類説』에 의하면 임진왜란 당시 효자(67명)나 충신(11인)에 비해 압도적으로 많았던 것이 신분의 높낮이를 막론하고 스스로 정조를 지키다 죽은 부인, 즉 열녀(356명)였다. 여기서도 앞에 나왔던 논개라는 기생은 적인 적장을 강변으로 유인하여 그를 부둥켜안은 채 강으로 뛰어들어 자살했다는 이야기가 적혀 있다.

조선조 후기가 되어서도 왜구의 성적 만행에 대해서는 계속해서 기술하고 있다. 『현부열전賢婦烈伝』의 「정렬편貞烈篇」에는 50가지 예가 실려 있는데, 그 중 '고려시대 경상남도 영산에서 왜구에게 능욕당하기 전에 반항하다 살해된 20세의 처녀' 등 왜군과 관련된 사례만 일곱 가지가 있다. 그리고 '특히 왜란·호란 때에 많은 열녀가 나와 조선은 열녀국이 된 것이다'라고 기술되어 있다.

요컨대 한국인에게 있어서는 도요토미 히데요시의 조선 침략 이래 조선 후기가 되어서까지도 일본 병사에 의한 성적 만행은 계속되고 있으며, 그것이 종군위안부 등의 문제가 되어 현재에 이르고 있는 셈이다.

일반적으로 한국 사회는 유교 사회이며 성도덕이나 윤리관이 높다고 하지만 그 실체는 여성에게 엄격하고 남성에게 무른, 매우 불평등하여 특히 정조를 미덕으로 하는 것 같은 사회 풍조나 정책은 내게는 매우 어리석은 것으로 비친다. 그것은 여성이나 여성의 정조를 '남성의 것'이라고 생각하는 것 같은, 낡은 인습에 의한 것에 대한 반성이나 재인식이 부족한 데에 기인한다. 유교적인 성의 모럴이라는 것은 결국에는 여성에게만 정조를 지킬 것을 강요하고 있기 때문이다.

나는 위안부상을 볼 때마다 이러한 전근대적인 인습을 상기한다. 그것들은 예전의, 열녀를 일방적으로 칭송한 열녀문의 변신이자 전통의 탈을 쓴 즉각 철거해야 할 위선과 비겁의 상징조작일 뿐이다.

제9장 전쟁과 성

내 인생에는 한국전쟁이 길고 무겁게 눌러앉아 있다. '글머리에'에서 언급했듯이, 거기에서 나는 전쟁 철학이라고도 할 만한 것을 얻고 그것을 지주 삼아 지금까지 살아온 것이 아닌가 생각하고는 한다.

전쟁으로 인한 고난의 어린 시절을 보냈음에도 현역 군인이 되었고, 제대하고 난 뒤에는 50세까지 예비역으로도 복무했다. 그 후, 일본으로 이주하게 되어 히로시마에 살면서 늘 원폭 이야기를 들었다. 이것들이 내 인생의 전부라고까지는 할 수 없지만, 전쟁의 무거운 짐이 내게 부담이 되어 왔던 것은 사실이다.

그러나 전쟁이 나를 완전히 불행하게 한 것은 아니다. 이 책에서도 전쟁 중이라고는 해도 기쁨도 많았다고 곳곳에 기술했다.

내게 '전쟁과 평화'란 단순한 소설 제목이 아니다. 내게 전쟁이란 무엇이었던가? 세 가지 관점에서 그것을 물어보고 싶다.

①중국의 난징대학살기념관을 방문하여

그날은 맑고 더운 날이었다. 중국 난징(남경南京)에는 푸른 하늘이 없다. 안내원은 대기 오염이라고 말한다. 하지만, 이 나라에서 대기 오염을 걱정하는 사람은 거의 없다. 중국은 잘사는 경제를 무엇보다 우선시한다. 상하이(上海)를 오가는 고속전철 창문으로 보이는 오염된 하늘을 보면서 나는 숨 막히는 느낌이 들어 지난 4일간의 여정이 너무 길었나 생각이 들었다.

그런데 난징이라고 하면 학살기념관이다(정식 명칭은 '침화일군난징대도살조난동포기념관侵華日軍南京大屠殺遭難同胞記念館'). 택시 기사는 내가 일본인인지 한국인인지 궁금한가 보다. 안내자와 나는 한국어를 사용하고 있었지만, 택시 기사는 일본인이라면 태우지 않았다고 했다. 분명히 일본인에 대해서 악감정을 가지고 있다. 마침내 일본군에 의한 학살기념관에 도착했다. '30만인학살'이라는 표제가 기념관 입구에 각인되어 있다.

2014년 7월, 난징에서는 일본어를 사용하지 않는 것이 좋다는 조언에 따라 조심스럽게 난징대학살기념관을 관람했다. 영상을 보면서 이어폰으로 일본어 해설을 듣고, 캡션을 읽으면서 허용되는 범위 내에서 영상이나 사진을 찍고 녹음도 하면서 둘러보는 데만 무려 세 시간 반이나 걸렸다.

입구로 들어서자 모든 외부 빛이 차단된 어둠과 맞닥뜨렸다. 어둠 속 정면에 곧바로 일본군의 행진 영상이 떴다. 거기서 지하로 가는 계단을 내려가면 전시물이 펼쳐진다. 관내는 시종 어둡다. 그것은 전시의 방식이기도 하고 보는 이의 마음을 어둡게 하기 위해서이기도 할 것이다.

자료의 알맹이는 거의 일본 것이었다. 전시되고 있는 것은, 중국이 발굴한 유골 이외에는 영상이나 사진 기록물의 대부분이 일본 것이다. 그 때문에 일본 자료에 의한 전시를 보고 일본 역사를 이곳에서 공부하게 되었다. 영상, 전시품, 신문 기사에 이르기까지 거의 모든 것이 다 일본이 주역이고, 그러면서도 일본군은 완전히 악역이었다. 그것과 비슷한 것이 하얼빈에 있는 731부대 기념관이다.

전시 중 특히 나의 눈길을 끈 것이 사진과 함께 복원되어 관람객들이 안으로 들어가 체험할 수 있게 한 일본군 위안소였다. 그 전시실에는 '지나支那(중국) 미인'이라고 씌어 있는 사진이 있었다. 손님을 불러들이는 유곽 사진이다. 그것을 보고 나는 이것은 군이 설치한 위안소라고는 할 수 없다고 생각했다. 나는 복원된 실내에도 들어가 보았다.

모든 것을 관람한 후 어두컴컴한 통로를 통해 출구로 나왔다. 밝은 광장에 평화를 상징하는 깃발이 바람에 나부끼고 있었다. 그것은 전시에서 얻은 소감과는 상반된 광경이었다. 전쟁을 배격한다고 하면서 일본을 미워하는 감정으로 올려다보는 평화의 깃발에 큰 위화감을 느껴야 했다. 잔학한 전시와 평화의 기旗는 도대체 무엇을 의미하는 것인가? 너무 어울리지 않는다. 완전히 모순된다고 나는 생각했다.

이런 잔혹한 전시를 본 사람들이 일본을 싫어하는 것은 당연할 것이다. 그리고 그로 인해 중일 친선이나 우호의 감정을 갖는 것은 불가능하다고 생각하는 것이 보통일 것이다. 이런 실망스러운 전시를 보고 사람들이 평화에 대한 마음을 갖게 될까? 완전한 난센스이다.

히로시마의 '평화기념자료관'도 똑같다. 원폭 피해의 잔혹한 모습만을 전시하고 평화 도시를 호소하겠다는 것이 이치에 맞는 것일까? 피폭의 전시 자체는 그것으로 좋다. 죄와 사죄, 반성의 장소로서는 충분하다. 그러나 그것들에 의한 평화 도시 선언에는 역시 무리가 있다.

미국의 오바마 대통령은 원폭 투하에 대해서 전쟁의 종식을 위해 무고한 시민들이 핵 공격으로 죽임을 당한 데 대해 사죄하며 헌화와 크리스천 식 기도를 올렸다. 오바마는 연설에서 "섬광과 화염의 벽으로 인해 도시가 파괴됐습니다", "우리는 전쟁 자체에 대해 생각을 바꿔야 합니다"라고 역설했다. 전쟁에 대한 반성을 포함한 연설로서 매우 적절했다. 가해를 감추고 피해국인 체해서는 안 된다.

한편, 일본은 원폭에 의한 피해국임을 지나치게 강조하고 있는 것은 아닌가 하는 의문이 내게는 있다. 물론 일본은 분명 피폭을 당한 국가이다. 그러나 일본은 이러한 피폭의 피해자라는 구실로 태평양전쟁(대동아전쟁)의 책임을 회피해서는 안 된다.

일본을 '피해국'으로 강조하고, 모종의 '이미지 제고提高'를 꾀하려는 사람들이 있다는 사실에 거부감이 생기는 것도 어쩔 수 없다. 그런 사람들은 한국 등 다른 나라보다도 자기들 쪽이 피해자라고 말하고 싶은 게 아닌가 하는 생각이 들기도 한다. 그러나 일본은 전쟁을 일으킨 가해국임을 지워 버리려 해서는 안 된다고 생각한다. 피폭의 당사자라며 이러한 책임을 매몰시켜서는 안 된다. 원폭 투하는 어디까지나 전쟁 중에 일어난 일이다.

일본은 가해국이면서 피해국이기도 하다는 사실을 분명히 인식해야 할 것이다. 나는 전사戰死인가 학살인가, 인가된 매춘부인가 성노예인가를 당시 언론 자유에 대한 심각한 침해와 교과서에 대한 검열 등에 대해서도 많은 자료를 바탕으로 검토했다. 일본은 전쟁 책임에서 벗어날 수는 없다. 그렇지만 동시에 승전국도 패전국도 모두 전쟁의 피해자임을 깨달아야 한다는 사실을 간과하면 안 된다.

유감스럽지만, 지금 우리가 사는 지구촌에도 평화주의자로 가장한 채 파괴와 침략, 전쟁을 획책하는 자들이 많다. 그들이 하나같이 입에 올리는 말이 '평화와 인도주의'이다.

일본인 위안부가 피해자로서 자기 실명을 대고 나타나지 않는 것은, 일본인 전체가 마음속에 가해자 의식을 갖기 때문이라고 말하는 사람도 있다. 그녀들이 피해를 말하면, 또 새롭게 많은 인권 문제를 제기해야 하기 때문이라는 것이다. 그런 이유를 들어 무수한 일본인 여성의 희생이 있었음을 짐작하고도 남음이 있다고 말하는 사람들도 있는 것이다.

하지만 이것은 일본만의 이야기는 아니다. 한국이나 중국에서도 마찬가지이다. 물론 한·중·일에서 온도 차나 시각의 차는 있다. 예를 들어 재일 한국인 피폭자들은 일본의 전쟁에 의한 피해와 미국의 원폭 피폭에 의한 이중 피해자라고 주장하며, 그로 인해 겪어야 했던 피해자로서의 이중고를 특히 강조하고 싶을지도 모른다. 그들에게 있어서의 종전은 그저 단순한 해방이 아닌 것이다.

욘 라베(Rabe)의 『난징의 진실』은 사실을 근거로 해서 객관적으로 기술된 책이다. 이 책에서는 난징전의 전사자를 5~6만 명으로 추정하고 있다. 그런데 왜 중국에서는 30만 명 등으로 과장된 선전을 하는 것일까? (미국 역사학자: 역주) 아이리스 장Iris Chang(張純如)의 저서 『난징의 강간(The Rape of Nanjing)』에서도 잔혹하고 무서운 일본군의 행위가 '이 정도뿐인가!'라고 적고 있다.

한편으로, 평화운동가들이 호소하는 '평화'라는 언동에도 주의를 환기해 두고 싶다. 많은 전쟁을 '평화를 위해서'라는 대의명분으로 정당화한다는 것은 이미 말한 대로이다. 우리는 국가에 안주하고 국가에 의해 지켜지고 있지만, 국가는 전쟁도 일으킬 수 있는 위험한 존재이기도 하다는 사실을 잊지 말아야 한다. 특히, 국가를 내세운 내셔널리즘에 대해서는 늘 경각심을 가지고 제어해야 하는 이유가 그래서이다.

국가는 군대를 가지고 있다. 이후에도 전쟁이 없는 것은 아니라고 하는 전제에 서서 국가는 군대를 필요로 한다. 폭력에도 정당방위가 있듯이 방어를 위한 전쟁 또한 어쩔 수 없다. 군대는 이러한 생명보험과 같은 성질도 있는 것이다.

이 책에서 나는 한국전쟁의 체험을 이야기하고, 정조 내셔널리즘의 본질을 파헤쳐 그것의 위험성을 경고하고 싶었다. 한국의 독립기념관에서는 잔학한 일제 식민지사를 생생하게 전시하고 반일 감정을 높이고 있다. 일본군의 조직적 잔학성을 강조하면서 그것을 평화로 결부시키기는 어렵다. 누가 봐도 '잔혹한 일본군', '일본인은 절대적으로 나쁘다'로 귀결시키는 독립기념관의 존재 이유에 대해 한국 독자들은 어떻게 생각할지 궁금하다. 그와 더불어 한국 자신의 공권력에 의한 성고문이나 물고문이 행해졌다는 점도 결코 용서해서는 안 된다. 나는 전쟁은 물론 한국의 역대 대통령들에 의한 독재도 경험했다. 그런 나의 인생을 돌아보며, 나는 전쟁에 대한 반성과 평화를 외치는 사람들에게 계속해서 이야기하고 싶은 것이다.

전쟁은 평화를 외친다고 해서 막을 수 있는 성질의 것이 아니다. 선의로써 제공되는, 그런 안이한 평화는 인간 세상에 없다는 사실을 알아야 한다. 평화는 또한 자연스러운 상태가 아닌 만큼(자연계 자체가 그렇다), 그것이 필요하다면 지키기 위한 적극적인 장치가 필요하다. 그렇다고 전쟁을 전제로 말하는 것은 아니다. 전쟁이 없으면 평화가 성립되지 않는 것처럼 생각해서는 안된다. 전쟁과 평화는 별개의 것이다. 그러므로 피폭지나 격전지를 내세워 평화를 운운하는 것은 의미가 없으며, 그것들이 필연적인 것도 아니다. 전쟁과 평화의 프로세스가 얼마나 다이내믹하고, 어려움을 내포하고 있는 것인지 나는 알고 있다. 그것은 설령 에돌아 더디 가게 되더라도 교육과 문화의 힘을 통해서 실행되어야 한다.

그러나 세계적인 추세로 볼 때 격전지나 학살 기념관 등 비참한 유적을 둘러싼 관광이 한창이다. 나는 독일 뮌헨에 있는 나치스의 다하우 수용소 유적지의 기념관을 방문한 적이 있다. 2005년 말 오후, 폐문 시간 조금 전에 입장했다. 거기는 원래 1933년에 나치당이 유대인 다하우 강제수용소로 설치한 시설이다. 관람객도 적고, 해골이나 형틀 등을 보는 것도 무섭고 힘든 시간이었다. 그런 전시를 통해서 평화를 호소하는 것이 과연 옳은 일인가?

나는 이러한 '전쟁을 통해 평화를 교육한다'는 논리에 반대한다. 많은 전쟁이 '평화를 위해' 행해졌고, 그 대부분은 주체들마다 '정의로운 전쟁'이라고 주장하는 게 일반적이다. 이러한 논리가 극단으로 나아가면 '평화를 위할수록 더 전쟁을 해야 한다'는 생각에까지 이르게 되어 버린다.

그래서 전쟁이나 적을 상정한 평화 교육은 해서는 안 되는 것이다. 그러면 무엇을, 어떻게 가르칠까? 예를 들어 미국의 어린이 대상 교육 프로그램에 '세서미 스트리트Sesame Street'가 있는데, 나는 이 프로그램처럼 아이들이 '놀이'하면서 '협력'하고 서로를 '사랑'하도록 가르치는 것이 역시 가장 바람직하지 않을까 생각한다. 그 교육에서 주어는 '사랑과 평화'이고, '비참과 피해'는 아니기 때문이다. 전쟁 반대나 평화운동의 방법론이 확실히 간단치는 않다. 전쟁 피해의 현장에서 그것을 위해 어떻게 사색해 나갈 것인지 묻고 또 물어야 할 것이다.

②'정의로운 전쟁'은 있는 것인가?

전쟁은 옳은가, 아닌가? 전쟁의 본질이란 무엇인가? 전쟁 중의 도덕성, 국제정치를 어떻게 봐야 하나? 오래 전에 그런 문제를 주제로 토론이 있었다. 2009년 6월, 도쿄대학에서 열린 〈전쟁과 전몰자를 둘러싼 사생학死生學〉(대표:시마조노 진 교수)이란 심포지엄이 그것인데, 나는 당시 사회를 봤다. 나는 사회를 보던 중, 마이클 왈처Michael Walzer의 전쟁론(『정의로운 전쟁과 부정한 전쟁』)을 읽고 쓴 서평을 거론하면서 몇 마디 덧붙였다.

그의 '정의로운 전쟁'이라는 표현에 분노하는 사람도 있을 것이다. 그러나 '정의롭다'는 등의 말을 훨씬 뛰어넘은 '성전聖戰'을 외치는 사람들도 있는 것이다. 사실 이슬람이나 북한에서는 아직 성전이라는 말이 쓰이고 있다. 일본도 과거 대동아전쟁을 일으키고, '성전'을 벌였던 나라이다. 하지만, 이 책에서는 그것에 대해 상세하게 논하지는 않겠다.

전쟁 전 일본인들 다수는 성전이라고 부르지 않으면서도 자기들의 전쟁을 찬미하고, 혹은 긍정했다. 그리고 일본 영토가 확장되어, 그런 확장된 무대에서 활약한다는 희망에 부풀었던 사람도 많았을 것이다. 나는 그것을 만몽滿蒙 개척단 귀환자들의 증언을 듣고 실감했다.

그러한 일본인들도 전후 시류에 편승해 전쟁을 비난하고, 평화주의자로 변신했다는 점에 주목하고 싶다. 그것은 시대 인식으로써 성숙한 결과라고 말할 수 있는 것인가, 아니면 단순한 변절에 불과한 것인가?

나는 전후세대가 안이하게 전쟁 이전을 비난하거나 나쁘게 말하거나 하는 것을 좋게 생각하지 않는다. 나는 한국전쟁 중 공산주의가 민주주의로 바뀌는 상황을 체험했다. 그리고 이런 상황에 맞추어 변신한 사람들을 많이 봤다. 상황이 바뀔 때마다, 그래서 출세하는 사람, 희생되는 사람이 나왔다. 상황 변화에 둔감한 농민은 오히려 안전했다. 시류, 특히 전쟁 같은 상황을 통해서 우리는 각자의 삶에 대해 질문받는다는 사실을 조금이라도 생각할 기회가 있을 때 되새겨 보아야 한다.

그런데 '정의로운 전쟁'이란 어떤 것일까? 거기서는 전쟁은 인류의 비극을 막기 위한 최종적인 폭력으로, 인정하지 않을 수 없는 '필요악'으로써 행해지는 것으로 여겨지고 있다. 즉 침략이나 전쟁범죄 등을 막기 위해 전쟁을 한다는 것이다. 여기에서의 전쟁은 마치 구제책 같은 것처럼 들린다.

나는 한국전쟁에서 유엔군이 싸우고, 한반도가 김일성 집단과 세계 공산 세력의 의도에 따라 통일되지 않은 것에 감사하고 있다. 즉, 베트남처럼 공산 세력에 의해 통일되지 않고, 민주주의 국가가 지켜진 것에 감사한다. 그 의미에서는 방위를 위한 전쟁은 대규모적인 구원 활동이라고 할 수 있을지도 모른다. 문제는 '인권'이나 '평화'를 지키기 위해서라는, 정당화와 합리화의 판단이다. '전쟁이 일어난다, 그리고 평화가 온다'고 하는 식의 안이한 정당화는 위험하다. 앞에 거론한 왈처는 전쟁에 이르는 길을 막는 것이 정치요, 전쟁은 정치의 최종 수단이라고 한다. 그러나 전쟁은 어디까지나 문제해결의 수단에 지나지 않으며, 평화에 대한 기대는 될 수 없다.

그는 전쟁이 인권과 인도주의를 침해해서는 안 된다고 말한다. 그러나 사람과 사람이 죽음을 각오하고 싸우는 전쟁에 있어서 인권이란 도대체 무엇을 가리키는 것일까? 그는 잔학 행위, 비전투원 및 민간인 살상 행위가 있는 전쟁은 정의롭지 않은 전쟁이라고 말한다. 그러나 한국전쟁에서는 무방비의 민간인에 대한 살육이 실제로 일어나지 않았는가.

전쟁은 스포츠가 아니다. 민간인에 대한 약탈과 강간으로 손을 더럽히지 않는 '정의로운 전쟁'에서는 스포츠 경기처럼 선수(병사)가 과연 룰을 지킬까? 그런 정의감을 가진 천사(?) 같은 전사가 존재할 수 있을까?

전쟁 중의 가혹한 폭력에 대해서 '정의로운' 군사력을 기대할 수는 없는 일이다. 민간인 살해나 성폭행 등은 항상 일어날 수 있다는 점을 전제로 해야 한다. 그리고 그러한 일이 일어나 버리면 모든 전쟁은 결국 '정의롭지 않은 것'이 된다고 생각해야 한다. 따라서 전쟁은 대량의 목숨을 담보로 한다는 점에서 결코 인정할 수 없는 것이다.

그러나 앞으로도 선동, 광신, 민족국가의 주권 침해 등의 이유로 많은 무력 분쟁이 일어날 것이다. 머지않아 적군만을 무력화

시키고 로봇과 무인 폭격기, 감시 위성 및 첨단 무기에 의한 싸움이 중심이 된다든가 하는 것은 망상이다. 전쟁은 어디까지나 죽음을 각오한 집단에 의한 싸움이다. 실제로 지금까지 전쟁으로 인해서 얼마나 많은 사람이 희생되었는가를 생각해야 한다. 즉, 아무리 무기가 첨단화된다고 할지라도 전쟁의 본질은 상대인 적을 죽이고 파괴하는 행위란 사실을 잊지 말아야 한다.

무고한 시민에 대한 살상 행위가 있는 전쟁은 물론 정의롭지 않다. 하지만 그렇다고 해서 무고한 사람들을 주로 죽이는 테러에 대한 대응책으로도 '올바른 전쟁'론으로는 대처할 수 없다. 물론 테러라는 인류의 비극은 막아야 한다. 자신의 테러를 '성전聖戰'이라고 부르는 그런 테러는 오래 전부터 있어 왔다. 하지만 이러한 테러에 대한 방위 수단으로, 정치의 최종 수단인 여하한 종류의 '폭력'도 정당화되어서는 곤란하다. 테러는 전쟁이나 군사적 전술로 막을 수 있는 성질의 것이 아니다. 그래서 나는 생명과 인권을 존중하는 '덕치'로 돌아가야 한다고 본다. 그리고 그러기 위한 '평화 교육'이 필요한 것이다.

앞에서도 말했듯이 비록 전쟁은 없어도 국가에 군대는 필요하다. 공동체는 전쟁으로부터 스스로를 지키기 위해서 군대를 가져야 한다. 그것은 단지 억지력 때문만은 아니다. 폭력에도 정당방위가 있듯이 방어 목적의 전쟁은 필요하며, 방어를 위한 선제공격도 경우에 따라 필요하다. 그러니까, 그 전쟁에 이르는 길을 막기 위한 '정치'가 필요한 것이다.

③전쟁과 성

　나는 전쟁 중에 사회 질서가 완전히 문란해지고, 인간이 동물화되어 가는 것을 현장에서 보았다. 그 경험을 바탕으로 지금까지도 인간의 본질과 윤리에 대해 사유하고 글을 써 왔다. 특히 전쟁 중의 성폭행과 위안부의 발상發祥에 대해서 연구를 거듭해 왔다.

　한국인 대부분이 일본군 종군위안부에 대해 반감을 갖고 있다. 하지만 그것이 필요할 때마다 한국 사회의 반일 시류에 편승하여 부풀려져 온 측면도 있다. 얼마 전 나는 한국에서 온 어떤 주부와 점심을 하며 그녀가 위안부에 대해 어떻게 인식하고 있는지 들어 본 적 있다. 그녀는, 위안부는 '강제 연행된 젊은 여성이 군대 내에서, 군복을 입고, 군인으로서, 군인 전용 장소에서, 군인의 섹스 상대가 되어야 했던 여성들', 즉 여성 병사 또는 군속으로 인식하고 있었다.

　이러한 잘못된 이미지를 가지고 있는 사람은 그녀만이 아니다. 하지만, 그것에 눈 감을 수는 없다. 이런 사람들은 반대로 베트남 전쟁 당시 한국군의 잔혹한 살인이나, 경찰에 의한 자국민 성폭행이나 물고문 등에는 관용적이기도 하기 때문이다.

사람들이 서로 죽인 전장에 위안부가 왜 등장하는 것인가? 전사한 자에 대한 분노나 슬픔의 소리보다도 살아남은 위안부의 비참함 쪽이 강조되는 것은 왜일까? 전쟁 중이라는 생명의 위기에 처하여 왜 성욕이 표출되는 것인가? 전쟁이라는 특수한 상황인가, 인간성의 문제인가? 물론 나의 전쟁 체험만으로 모든 것을 이해하기는 어렵다. 그러나 실제 전쟁을 경험하고 그 현장을 다 보고 겪은 나니까 실감 나는 것도 또한 많은 것이다.

전장에는 분명히 위안부가 존재했다. 일본군도 또한 마찬가지였다. 내일 살지 죽을지도 모르는 전장에서 동물 본래의 생식 본능이 소용돌이치는 장병들이 있을 수 있다. 그런 생사의 갈림길에 선 남자들의 번뇌를 받아주고 마음을 치유하는 존재로서 위안부도 있었던 것은 아닌가?

일본 독자에게는 불쾌할지도 모르지만, 한 자료를 소개한다. 이것은 1942년의 진주만 공격 직후, 일본군 점령 하의 말레이반도에서 포로가 된 20여 명의 영국 기혼 여성과 아이들을, 싱가포르 포로수용소까지 도보로 이동시키는 과정을 그린 영화이다. 이 영화에서는 여성들이 더러운 물을 마시고 어린아이가 뱀에 물려 죽는 장면들이 나온다. 남성 포로는 사살된다. 마지막은 살아남은 두 남녀가 나중에 해후하는 장면으로 끝난다. 1956년 칸 영화제 출품이 일본 정부의 항의로 중지된 문제작이다.

일본인은 이 작품에 대해 이렇게 말할지도 모른다. 일본군은 동양의 평화를 위해 싸운 황군의 용사이기에 이런 비열한 행위를 하지 않는다. 이 영화는 완전한 허구이며 날조라고.

하지만 나는 이 영상을 보고 지금까지 일본 측의 정보나 영화만을 자료로 보고 있던 것을 반성하고 있다. 병사의 잔학성보다도 일본 병사들이 영국인의 시계나 목걸이 등을 약탈하는 장면에서의 실망이 특히 컸다. 종전 당시 소련군이 약탈을 자행했다는 증언을 많이 읽거나 듣기도 했지만, 일본군 병사들도 마찬가지로 약탈을 자행했다는 것은 그때까지 들은 적이 없기 때문이었다.

앞에서도 말했듯이 전쟁의 최전선은 경찰은 물론, 헌병조차도 치안에 아무 도움이 되지 못한다. 그런 만큼 최전선의 군인들은 가장 자유로운 상황에 놓여 있는 셈이다. 그건 광기도 아니고 정상적인 정신상태(正氣)도 아닌 경계적인 상황일지도 모른다. 그런 상황 가운데에서는 돌발적이건 조직적이건 살인이나 강간 등의 범죄가 일어나기 쉽고, 그것이 전쟁에는 성폭행이 '따라오기 마련'이라는 말이 나오는 이유가 된다.

이것도 앞서 언급했지만 전쟁 중의 성폭행은 적의 여성, 그 여성의 남편이나 가족, 그리고 국가의 명예와 긍지를 욕되게 하기 위해 행해진다는 설이 있다. 일본군에 의한 난징학살 때, 스페인 사람들이 멕시코를 정복했을 때, 종전 시의 소련군, 베트남전쟁 때, 1992년 여름에는 세르비아 병사들이 많은 보스니아 여성들을 강간했고, 인도네시아군 병사들은 중국 화교 여성들을 강간했다. 이들 예에서, 강간이나 성폭행이 적측에 전술적인 피해를 주었다는 것이다.

그러나 거듭 말하지만, 한국전쟁 때는 여성에 대한 적의 성폭행은 그다지 이루어지지 않았다. 내가 목격한 것은 적이 아니라 자기 편에 대한 성폭행이었다. 유엔군의 경우, 적이 아닌 한국의 여염집 일반 여성에 대한 성폭행이 그것이다. 미군이 한국 여성에게, 한국군이 자국민인 여성을 성폭행한 것이다.

이 세계에는 '정의로운 전쟁' 따위는 없다. 나는 그것을 통감한다.

글을 마치며

나는 전쟁 체험을 기초로 한 전후사를 자전적인 형식으로 이 책을 썼다. 확실히 전쟁은 나쁘지만, 한국 사회를 근본적으로 변혁시킨 것도 또한 사실이다. 전쟁에는 중요한 의미가 있다. 조직이나 물자 등이 사회 결속, 계층화, 해체 등에 영향을 미치기도 하고, 적을 미워함에 따라 민족주의가 강해지기도 하고, 쿠데타로 군인들이 정권을 잡기도 하고, 그로 말미암아 지식이 창출되기도 한다. 이러한 영향에는 물론 긍정적, 부정적 양면이 있는데 학자에 따라서는 보다 긍정적인 면으로 기우는 경향도 있다.

열 살 무렵의 전쟁 체험, 육사 교관, 그 후 50세 전까지 예비군 등으로 전쟁은 언제나 내 가까이에 있었다. 거기에 또 하나, '식민지'가 더해졌다. 그것은 국가로서도, 나에게도, 커다란 것이다. 내가 이런 식민지와 전쟁에 관심을 계속 가졌던 결과가 이 책이기도 하다. 이들 전쟁과 식민지 연구는 애초에는 한국으로 국한되었었지만, 일본에 유학하여 일본의 연구자가 되고부터는 한일관계가 대상이 되어 갔다. 그와 동시에 나에게 있어 '반일'과 '친일'은 위험한, 그리고 무서운 말이 되었다.

일본이 패전한 종전기념일과 한국이 해방된 광복절이 나에게는 겹쳐 보인다고 썼다. 같은 날을 두고 일본은 원폭과 그 피해를 강조하고, 한국은 광복, 즉 독립을 강조한다. '패전·종전'과 '해방·독립'이 서로 교차하는 8월에는 일본에서는 종전기념일, 한국과 타이완에서는 광복절, 북한에는 민족해방기념일이 있다. 전쟁이나 식민지의 역사는 '지배와 피지배', 혹은 '가해와 피해'의 양면이 항상 대립된다. 최근에는 거기에 위안부 문제가 더해져 한일관계는 더욱 복잡한 상황이 되었다.

나는 오래 전부터 전쟁 중의 성폭행 등에 관하여 연구, 발표를 해왔는데 그 연장선에서 이 위안부 문제를 다루게 됐다. 그 성과의 하나가 바로 앞서 낸 책『조선 출신의 경리원(일본말로 쵸바)이 본 위안부의 진실』(한국어판 출간 예정)이다. 본서는 그 짝이 되는 것이다.

특히 이 책에서는 먼저 성폭력이 일어나는 상황에 초점을 두었다. 다시 말해 범죄의 시간대에 관한 것이다. 구체적으로는 전쟁이 끝난 순간부터 치안이 회복되기까지의 기간, 말하자면 제정신(正氣)과 광기狂氣의 경계적인 시간 영역이다. 지역적으로 말하자면 매우 위험하고, 매춘부들이 들어오지 못하게 하는 곳에서 일어나는데, 그곳에서는 아직 매춘이라는 행위가 성립되지 않기 때문이다. 전쟁 중 성폭행은 이런 상황 속에서 일어난다.

다음 단계에서는 정조를 지키기 위해서 매춘을 인정하지 않을 수 없는 모순이 일어났다. 아니, 모순이라기보다는 비윤리적일 매춘이 다른 한편으로는 윤리성을 가진다는 양면성이 있음을 알게 되었던 것이다.

교전 중이라는 상황에서는 군인뿐만 아니라 일반인도 정상이 아니게 되고, 성을 매물로 내놓은 것이다. 이는 성을 파는 것은 특수한 사람들뿐만 아니라 상황에 따라서는 누구나 그렇게 될 수 있다는 말이기도 하다. 나의 고향 마을을 예로 들어 말하면, 마을 사람들은 매춘부들에게 방을 빌려주고 현금 수입을 얻을 수 있고, 성적으로 마을 여자들을 안전하게 지킬 수도 있어서 일석이조一石二鳥라고 생각했던 것이다. 이렇게 해서 전통적인 유교 윤리를 가진 마을이 일순간에 미군을 상대로 하는 매춘촌이 되고, 군대는 군대대로 마을은 마을대로 '종군위안부'에 의존하게 되었던 것이다.

다음으로 나는 위안부 문제는 당장의 문제이기는 하지만, 그 원류는 역사적으로 거슬러 올라갈 수 있다고 기술했다. 이런 것들이 최근 갑자기 등장하거나 한일관계에 의해서 생긴 것이 아닌데 실제로 외교 문제의 카드가 되고 있다. 이러한 전통적인 정조관은 역사를 넘어 현대의 정치적, 외교적 정책에 영향을 미치는 것이다.

앞에도 썼지만, 이제까지 예외적으로 '외화 획득으로 국가 경제에 도움을 주었다'는 애국적 행위로써 거론되는 일은 있었지만, 기본적으로 매춘부나 능욕당한 여성이 정치적 이슈의 전면에 등장한 일은 거의 없었다. 정조를 존중하는 한국 사회에서는 매춘부 같은 여성은 분명히 차별당했고, 정조를 지키지 못한 여성은 그 사실을 항상 감추려고 했기 때문이다. 그것은 한국에서는 최근까지 정조에 관한 법, 즉 간통죄 등의 형법을 가지고 있었다는 것에서도 이해할 수 있다.

이 상반된 감정을 표현한 것으로서 미군 상대 매춘부를 가리키는 '양갈보' '양공주'라는 말이 있었다는 것도 기술했다. 이 두 가지 말은 기본적으로 모멸적 용어이지만, 동시에 '매춘부'를 '아가씨'라고 표현하는 이중의 의미를 포함하고 있다.

1950년에 시작된 한국전쟁은 '남북통일을 위한 전쟁'이었지만, 결과적으로는 아이러니하게도 세계에서 가장 긴장감이 높은 같은 민족 간의 적대관계를 만들어 냈다. 나는(한국전쟁의) 전장에서 많은 사람이 죽어 나가고, 그렇게 죽어 널브러져 있는 사체를 수도 없이 보았다. 그것은 떠올리고 싶지 않은 기억이면서 언제까지나 머리에서 사라지지 않는다.

그러나 전쟁에는 파괴나 살인만이 있는 것은 아니고 오락과 낭비도 있었다. 나는 실제로 그것을 보고, 체험했다. 다감한 소년기의 파란 가득한 나날이었지만, 그러나 그 후의 나의 인생을 결정지은 귀중한 경험이었다고 생각한다.

2009년 9월, 나는 남아프리카공화국을 찾았다. 좀 더 가까운 역사에서의, 전세계 사람들로부터 '절대악'이라고 여겨지는 식민지 현장을 둘러보기 위해서였다.

식민지와 근대화, 억압과 자유, 불행과 행복, 조화와 갈등 등 멀고도 가까운 이야기가 거기 있다고 생각했다. 그러한 것이 이 땅에서는 어떻게 되고 있는지 궁금했다. 관광은 아니고 조사도 아니고, 방랑자처럼 그저 그 거리를 걸으며 생각하고 고뇌하는 여행이었다.

이 여행을 한창 계획하고 있을 때, 나는 몸 상태가 안 좋아져서 주위 사람들에게서도 여행을 취소하는 게 좋지 않겠냐는 걱정이 많았다. 하지만 나는 내심 이것이 '마지막 여행'이 되더라도 가겠다고 마음먹었다.

반일과 친일의 동아시아에서 멀리 벗어나 해방되어 생각하고 싶은 끝에 나선 여행이었다. 식민지라는 비참한 역사는 나날이 멀어져 간다. 그러한 가운데에서 역사는 역사, 현실은 현실이라는 것을 내 눈으로 확인해 보고 싶었던 것이다.

역사에 있어서 부負의 유산을 발굴하고 작은 문제를 크게 만들려고 하는 것은 생산적인 태도는 아니다. 물론 국가 정책으로서도 마찬가지이다.

이 책이 한일관계의 본질을 이해하는 데 일조하고 양국의 우호 관계에 다소나마 이바지할 수 있다면 저자로서는 다행스럽게 생각한다.

본서를 내는 데 있어서, 하트출판 편집부의 니시야마 세시히코(西山世司彦) 님께는 크게 신세를 졌습니다. 그리고 편집장인 코레야스 히로아키(是安宏昭) 님께는, 원고의 구성 및 교정 등에서 대단한 신세를 졌습니다. 또한 아내 행자幸子는 현지 조사에서 교정까지 좋은 파트너로서 협력해 주었습니다. 여기에 감사를 표합니다.

참고문헌

崔吉城, 「韓国社会における飲酒・飲茶の意味」 『日本民俗学195』, 日本民俗学会, 1993

崔吉城, 「韓国の喫茶店 ‘茶房’の文化人類学」 『国際研究』, 中部大学, 1994

崔吉城, 「韓国現代社会における ‘売春’」 『日中文化研究 9』, 勉誠出版, 1996

崔吉城, 「日本の水子供養と東アジアの男児選好」 『比較民俗学 16』, 比較民俗学会, 1996

崔吉城, 「波市考」 『韓国民俗への招待』, 風響社, 1996

崔吉城, 「朝鮮戦争と韓国社会の変化」 『変貌する韓国社会』, 第一書房, 1998

崔吉城, 「韓国人の貞操観」 『アジアの性』, 諏訪春雄 編, 勉識出版, 1998

崔吉城, 「韓国における性と政治」 『アジアの性』, 諏訪春雄 編, 勉識出版, 1999

崔吉城, 「朝鮮戦争における国連軍の性暴行と売春」 『アジア社会文化研究』 2号, 広島大学大学院国際協力研究科, 2001

崔吉城, 「韓国における処女性と貞操観」 『恋愛と性愛』 比較家族史学会 編, 早稲田大学出版会, 2002

J=G・マンシニ 著, 寿里茂訳 『売春の社会学』, 白水社, 1964

申蕙秀 著・金早雪 訳, 『韓国風俗産業の政治経済学』, 新幹社, 1997

田中雅一, 『軍隊の文化人類学』, 風響社, 2015

タン・クム・トッルン考, 田中紀子・山下明子駅, 『売春 性労働の社会構造と国際経済』, 明石書店, 1993

マイケル・ウォルツア著, 萩原能久監駅 『正しい戦争と不正な戦争』, 風行社, 2008

マイケル・ウォルツア著, 駒村圭吾・鈴木正彦・松元雅和訳 『戦争を論ずるー正戦のモラル・リアリティ』, 風行社, 2008

ラルフ・S・ハトックス著, 斎藤富美子・田村愛理訳, 『コーヒーとコーヒーハウス』, 同文館出版, 1992

(한국)

김용덕, 「婦女守節考」 『이조여성연구』, 숙명여자대학교 아시아여성문제연구소, 1976

최길성, 「한국의 정조관」 『한국인류학의 성과와 전망』, 집문당, 1998

주영복, 『내가 겪은 한국전쟁』, 고려원, 1990

조남훈·서문희, 『성비의 불균형 변동 추이와 대응 방안』, 한국보건사회연구원, 1994

장용걸, 「한국전쟁을 통해 보는 민중의 양의적 심성에 관한 일고찰 '한국의 미군 위안부는 왜 생겼는가'를 중심으로~」 『지역산업 연구』 41-1, 경남대학교 산업경영연구소, 2018

박주, 『조선시대의 족보정책』, 일조각, 1990

박종성, 『한국의 매춘』, 인간사랑, 1994

(기타)

Alvin and Heidi Toffler, WAR AND ANTI-WAR: Survival and Dawn of the 21st Century, Little, Brown and Company, 1993: 19,24 Noam Chomsky, At War with Asia, Fontana, 1971: 12-13

Daniel Goodkind, Sex Preference for Children in Vietnam, Sex Preference for Children and Gender Discrimination in Asia, 1996.

Grinker, Roy Richard, "The Real Ememy of the Nation: Exhibition

North Korea at the Demilitarized Zone," Museum Anthropology 19:31-40, 1995.

Gu Bao Chang Li Yong Ping. Sex Ratio at Birth and Son Preference in China, Sex Preference for Children and Gender Discrimation in Asia, 1996.

Iris Chang, The Rape of Nanking: The Forgotten Holocaust World War II, Penguin Books, 1998.

James Francis Warren, AHKU KARAYUKI-SAN: Prostitution in Singapore 1870-1940, Oxford University Press, 1993.

Moon, Katharme H.S., Sex Among Allies: Military Prostitution in U.S.-Korea Relations, 1998.

Nam-Hoon Cho & Monn-Sik Hong, Effects of Induced Abortion and Son Preference on Korea's Imbalanced Sex Ratio at Birth, 1996.

Patricia Whelehan, An Anthropological Perspective on Prostitution: The World's Oldest Profession, The Edwin Mellen Press, 2001.

Yang, Hyunah, Remembering the Korean Military Comfort Women: Nationalism, Sexuality, and Silencing. Dangerous Women, eds.

Elame H. Kim and Choi Chungmo, Routledge, 1998.

Yoo Cholin, Life Histories of Two Korean Women Who Marry American GIs. Ph.D. dissertation. University of Ilinois at Urbana-Champaign, 1993.

역자 후기

이 책은 식민지와 전쟁에 대한 관심을 계속 가져온 문화인류학자인 저자 최길성 교수가 자신의 체험을 기초로 자전적으로 쓴 것이다.

경기도 양주에서 열 살 무렵 6.25전쟁을 겪으며 직접 차례로 체험한 북한군, 한국군, 중공군, 미군이 주축인 유엔군의 행태를 가감 없이 서술하고 그 후의 삶의 체험과 연구 성과를 담담하게 기행문으로 이야기한 드문 증언이기도 하다. 저자는 전쟁의 그늘에서 일어난 '전쟁과 성' 문제도 자신이 직접 목격한 체험을 포함하여 적나라하게 보고하고 있다.

저자의 식민지 연구는 당초 한국만 대상이었지만 일본에 유학하여 일본의 연구자가 되고부터는 한일관계가 대상이 되었다. 청산해야 할 식민지로서의 쓰라린 과거와 정치적 가치를 공유해야 하는 이웃이라는 현실을 마주하고 '가해와 피해'의 양면이 항상 대립되는 양국관계에는 위안부와 강제 징용 문제가 더해져 더욱 복잡한 상황으로 전개되고 있다. "식민지라는 비참한 역사는 나날이 멀어져 간다. 그러한 가운데에서 역사는 역사, 현실은 현실이다. 역사에 있어서 부(負)의 유산을 발굴하고 문제를 크게 만들려고 하는 것은 생산적인 태도는 아니다. 물론 국가 정책으로서도 마찬가지이다"라고 저자는 충고한다.

저자는 전부터 전쟁 중의 성폭행 등에 관하여 연구, 발표를 해왔는데 그 연장선에서 위안부 문제를 다루고 있다. 민감한 외교적 갈등의 중심이 된 주제를 다루면서 그러나 저자는 희망한다. "이 책이 한일관계의 본질을 이해하는 데 일조하고 양국의 우호관계에 다소나마 이바지할 수 있다면 저자로서는 다행스럽게 생각한다."고

일본어로 기술되어 일본에서 출판된 이 책의 원제목은 '미군 위안부의 진실'이다. 그러나 책의 내용은 거기에 국한되어 있지는 않다. 최길성 교수는 문화인류학자로서의 넓은 지식을 바탕으로 역사적인 관점, 지역적인 특수성을 더하여 주제에 접근하고 있다.

"나는 한반도의 38선 근처 남쪽에 있는 작은 마을에서 태어나 열 살 무렵에 한국전쟁의 비참한 상황을 체험했다. 그곳에서는 유엔군 병사에 의한 성폭행이 있었고 그것을 막기 위해 매춘부

들이 마을에 들어왔다. 그녀들은 이른바 '미군 위안부'이다. 나는 이런 것들에 대해 깊이 생각하고 독자를 향해 말하고 싶다."

"당시 내게는 반전사상 같은 것은 없었다. 괴롭고, 무섭고, 그리고 한편으로는 재미있는 그런 혼란스러운 심리였다. 이러한 복잡한 생각을 배경으로 '한국전쟁' 그리고 '전쟁과 성(性)'이라는 것에 대해서 생각해 보고 싶다."

노학자의 폭넓은 분석이 돋보이면서도 읽기 쉽게 쓴 저술이다.

2021년 8월

옮긴이 이신범